雁苑文丛

A Study on the Rule of Law in Cross-border
Futures Trading Supervision

跨境期货交易监管法治研究

石光乾◎著

中国政法大学出版社

2025·北京

图书在版编目（CIP）数据

跨境期货交易监管法治研究 / 石光乾著. -- 北京：中国政法大学出版社，2025. 9. -- ISBN 978-7-5764-2263-4

Ⅰ. D922.287.4

中国国家版本馆CIP数据核字第2025KM2776号

出 版 者	中国政法大学出版社	
地　　址	北京市海淀区西土城路 25 号	
邮　　箱	fadapress@163.com	
网　　址	http://www.cuplpress.com (网络实名：中国政法大学出版社)	
电　　话	010-58908524(第六编辑部) 58908334(邮购部)	
承　　印	保定市中画美凯印刷有限公司	
开　　本	720mm×960mm　1/16	
印　　张	17.5	
字　　数	300 千字	
版　　次	2025 年 9 月第 1 版	
印　　次	2025 年 9 月第 1 次印刷	
定　　价	79.00 元	

本书由兰州文理学院出版基金资助
本书为兰州文理学院学术文库成果

石光乾

甘肃平凉人，中共党员，法学学士、硕士，2012年破格晋升副教授，2017年晋升教授。现任兰州文理学院教授、国家二级职业指导师。甘肃省陇原人才（C类）、甘肃省公平竞争政策特聘专家、甘肃省科技专家、国内核心期刊审稿专家。兰州仲裁委员会仲裁员、平凉仲裁委员会仲裁员。中国银行法学研究会理事、中国法学会会员、中国可持续发展研究会会员、甘肃省保险行业协会调解员。甘肃省可持续发展研究会常务副秘书长、《可持续发展在甘肃》系列丛书主编、《可持续发展研究》杂志副主编。

主要著作：《经济法》《创新城市建设投融资与金融风险防控机制研究》《税法与税务会计》《税法与税务会计（第2版）》《经济法教程》《基础会计学》《可持续发展在甘肃（发展战略卷）》《可持续发展在甘肃（教育振兴卷）》《可持续发展在甘肃（文化建设卷）》等10余部。

主要学术论文：《省思与规制：我国跨境期货交易法律困境及应对》《我国跨境期货交易法制体系研究论纲》《金融科技赋能地方金融数智化监管：机制、挑战与对策》《金融科技驱动数智化金融监管转型：逻辑理路与规则体系》《金融科技驱动下数智化地方金融监管体系构建研究》《金融科技视域下地方金融风险监管及其政策供给》《互联网众筹融资监管标准的多维度构建》《众筹金融域外立法经验及其监管启示》《我国众筹融资行业发展及监管启示：基于新金融业态视角》《新金融业态下"证券"权利转进及法律认定》《论我国证券交易基础账户的法律体系与担保》《"一带一路"背景下股权融资市场证券结算担保机制研究》《信用货币财产权：基于同质货币兑换权的法律标准》《论我国反垄断案件调查机制》等60余篇，其中人大复印报刊资料转载、CSSCI及北大核心期刊论文近20篇。

序 言

金融法的核心在于通过制度设计平衡市场效率与风险防范，而期货法的特殊性则体现在其对未来性权利交易的规制哲学上。习近平总书记在党的二十大报告、中央金融工作会议等场合，明确作出"加强金融法治建设""稳步扩大规则、规制、管理、标准等制度型开放"的战略部署。这一全新的"金融重点领域立法+制度型开放目标"布局理论，系统擘画了稳步扩大金融领域制度型开放、重塑期货交易规则、规制、管理、标准等立法建设目标，也为推进期货市场监管规则和制度变革提供了研究遵循。

跨境期货交易[1]作为金融全球化背景下金融市场发展的必然产物，其监管法治体系构建既是国家金融主权的延伸，亦是新时代国际金融治理秩序的重要组成部分。从中国跨境期货发展的现状来看，近年来境内投资者通过合格境内机构投资者（QDII）、互联互通等渠道参与境外期货交易的规模持续增长。与之不相适应的是，跨境期货纠纷司法管辖认定率较低，这种"市场交易超前、制度供给滞后"的典型特征暴露出诸多层面的理论不足。从中国跨境期货交易监管范式来看，现有跨境监管立法在规范层面、执法层面、司法层面均面临诸多困境，至今存在仍未构建起差异化监管标准体系、跨境操纵查处因取证困难导致处罚效能减损、衍生品诉讼暴露准据法选择与投资者保护法价值冲突等问题。中国现行的《期货和衍生品法》[2]仍存在市场目标不够明确、交易客体和市场的覆盖不完整、禁止和限制行为规范割裂、投资人和交易人保护机制亟待加强以及现行法规体系的国际化水平不高等问题，亟

---

[1] 为行文方便和避免歧义，如无特别说明，本书中所称"跨境期货交易""涉外期货交易""境外期货交易""跨境期货""跨境交易""跨境"等，均指"境内投资者（包括个人、机构）从事非本国（境外）期货市场交易"，即"境内机构或个人从事境外期货交易"。

[2] 为行文方便，本书中提及的我国规范性法律文件均省略"中华人民共和国"字样，如《中华人民共和国期货和衍生品法》简称为《期货和衍生品法》。

需各界学仁协同发力，为推进期货监管法治建设贡献学术智慧。

作者正是在我国金融交易与依法治理国际化这一必然趋势和发展方向的宏大叙事背景下，对跨境期货交易监管治理进行系统研究的。该书基于跨境期货法律关系多维性视角，通过分析、借鉴域内外跨境监管经验，系统搭建"行为特殊样态—监管正当性基础—治理体系建构"三阶理论分析框架，明确提出制度型开放目标下推进跨境期货交易监管范式转换的法理基础，并从目标原则、理念革新、模式变革、协作共建、路径优化、监管标准、法治理路等多重维度，为革新跨境期货交易监管模式、优化跨境监管治理体系、提升跨境投融资便利化提供政策建议。该书付梓出版，在理论创新与实践价值上具有以下突破：

第一，研究选题不易。该书以跨境期货行为监管为对象，在我国《期货和衍生品法》出台前，即展开对"跨境交易监管"这一主题的专门研究，但当时其能否成为期货立法的关注重点尚不可知，既有研究参照难度亦存在一定学术风险。其间，作者产出成果被权威报刊资料转载、其后新法颁行也首次设立"跨境交易与监管协作"专章，不仅是对作者先期进行此主题研究的立法回应，亦凸显了跨境期货交易监管的现实必要性，更提振了作者持续研究动力，直至有此成果问世。以此为主题深入研究，并出版学术专著在学界尚属首次，不仅填补了我国在跨境期货交易监管理论研究上的结构性缺失，亦为后危机时代国际衍生品市场治理提供了中国人的学术视角。

第二，理论范式较新。该书整体论证突出对衍生品领域的具象化表现，在监管理论建构上有三维度突破：一是在法理论层面，例如，提出跨境监管不同学理基础与"交易行为的负外部性风险传导"命题，指出"风险防控与投资者保护"为本位、立法监管协作为中心、新型监管范式立法转换的监管正当性法理基础。二是在规范分析层面，例如，构建跨境交易"监管维度及标准矩阵"，将原本碎片化监管要素整合为"市场准入—全覆盖监控—纠纷调处机制"的连贯谱系。三是在方法论层面，综合运用法律经济学中的"监管套利理论"，推论了跨境监管标准适用趋同的安全边际及条件。该书不止于上述研究内容，它还延续了"问题导向构建解释框架"的法学传统，助推跨境交易监管研究实现了从"原则性规则"到"监管法治理路"的范式跃升。

第三，实践价值多元。该书实践价值体现在监管标准、监管法治体系建构等多重向度。例如在监管标准方面，第八章设计的"逻辑基础、理念革新、前提界定、协作规范、执法边界、风险防控、路径优化"等多维标准，可为重估和适用监管标准及规则提供一种讨论可能。而第九章"跨境期货交易监管法治体系构建理路"中的类型化构建理路，例如，监管沙盒测试机制、大数据平台系统建设、智能跨境期货研报系统、监管科技实验机制等，可为正在审议修订的《期货公司监督管理办法（征求意见稿）》提供智识参考。

"法学研究是戴着镣铐的舞蹈"，虽见"舞韵"却又如无数场辩论的灰烬，考验着综合学术锐利与持久劳心的耐力。本书作者石光乾自法大毕业至今，基本处于法学滋养与学术平台缺失的教研环境中，但却能传承师门学统，多年来持续专注跨境期货交易监管领域，努力沉心于中国金融法治研究，虽劳不辍、虽病不息，终经深耕细作，取得独著成果亦属不易，作为其在中国政法大学的学术导师甚感欣慰。应作者邀请遂作此序，在此对同在金融法治领域付诸努力探索的法学工作者致以敬意，期待本书的出版能受到学界更多关注和读者认可。恐学有所限力有不逮，本人亦代表作者诚请各界学仁多予厚爱及批评指正。

祝愿中国期货法治乃至金融法治建设行稳致远！期望学界共同绘就金融强国建设的恢宏长卷！

是为序。

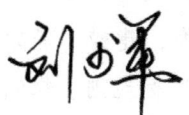

中国政法大学民商经济法学院教授、博士生导师、
金融法研究中心主任
中国银行法学研究会副会长、学术委员会主任
2025 年 5 月

前 言

在全球经济治理体系深刻变革背景下，中国推进金融乃至期货领域制度型开放，既是国家战略的必然选择，亦是法学理性的时代命题。当外国直接投资（FDI）、QDII 衍生品跨境交易平台、欧洲期货交易所（EUREX）外盘操作、原油期货国际板等创新产品及其交易生态迅猛突起，亦当中国跨境期货交易规模突破万亿美元门槛，我们经历了从萌芽到绽放的过程，深刻见证了30 余年来中国《期货和衍生品法》筚路蓝缕的诞生进程，以及中国期货市场融入国际金融体系的壮阔图景，亦能感受到"走出去"国际规则博弈与特殊行为样态风险传导的深层挑战。

亚里士多德曾言："法律正是免除一切情欲影响的神祇和理智的体现。"〔1〕在期货市场国际化与规则变革背景下，推动与国际规则接轨的监管法治体系构建，恰恰需要超越利益纠葛的理性光芒。作为参与中国金融法治建设的一分子，本书写作的初衷与动机，缘于本人对三个现实悖论的深切思考：第一，在期货市场"双向开放"与"跨境交易便利化"的张力下，学界对"走出去"的跨境期货交易研究付诸阙如，至今仍少有题名成果。第二，在"国际规则趋同化"与"风险监管刚性化"的碰撞中，如何实现跨境期货效率与交易行为安全的动态均衡，建构"等效互认"监管标准及规则具有发挥平衡器的作用。第三，在"对标规则、规制、管理、标准"制度型开放与"法律规制渐进式演进"的预期上，如何构建跨境期货交易监管体系的制度框架，是提升参与全球期货治理能力的法治前提。此三维度命题，恰如柏拉图洞穴寓言中的光与影，自始至终指引自己并沉心于彼时不为关注的这一主题，亦是在《期货和衍生品法》颁行数年前，即开启了对期货市场双向开放背景下跨

---

〔1〕 ［古希腊］亚里士多德：《政治学》，吴寿彭译，商务印书馆 1965 年版，第 163 页。

境监管的法理求索。

本书正是在这样的思索追问和“制度供给滞后”背景下完成的。其间历经新法颁行、相关期货规章制定和监管规则修订等可能影响写作思路的不确定等待，以及长期伏案引致病痛停歇的无奈。在明日复明日的持久坚持和冥冥之中的心意安排下，方得完成初稿并进行了反复修改。付梓之际，虽仍有法学论证规范不足之憾，亦有满心于成果填补学界空白之喜。本研究不是要在传统金融法学理论框架下独辟蹊径地开创跨境交易监管理论，而是在全面汲取前辈成果丰硕滋养下对先期已关注的跨境交易监管进行法学思考；本研究不是要附合“走出去”跨境监管的立法解读和政策宣示，而是为因应跨境期货交易监管治理标准提供一种学术讨论的认知；本研究不是要将跨境监管法治理路桎梏于传统期货立法的体系结构下，而是尝试对跨境交易行为样态及监管治理进行系统性呈现。

全书共分十章，研究遵循“理论奠基—兴起溯源—比较借鉴—法理剖析—监管理路”的逻辑进路，通过对跨境期货交易学术史考察、理论证成、监管沿革、行为样态、监管范式、监管问题、监管标准、监管法治的系统论述，尝试构建对标国际规则的跨境交易监管规则及法治体系，力图为革新跨境交易监管模式、优化跨境期货治理体系和提升跨境投融资便利化提供可能的政策参考。此内容设计与论证架构形成了一个有机整体，应合了“正题—反题—合题”的辩证思维，既批判性地审视了传统期货监管模式之局限，又尝试性地提出了新业态监管创新的讨论可能。

“监管的有效性源于对立法实践的持续反思与制度优化。”〔1〕本书研究始终秉持制度建构的体系性思维，具有三个向度的理论价值与实践意义：一是从理论维度看，提出“监管范式转换”“监管问题类型化”“监管标准量化”“治理体系构建”等法治思维，尝试构建了“跨境期货交易监管法学”理论框架，填补了国内在该学术领域系统研究的空白。二是从实践维度看，例如，对“中行原油宝”等事件风险解构揭示的跨境产品适当性管理制度缺陷，能为完善和制定中国《期货和衍生品法》跨境监管实施细则提供智识参考。特

〔1〕 王锡锌：《行政程序法理念与制度研究》，中国民主法制出版社2007年版，第112页。

别在跨境监管标准上提出的立法举措和系列建议，对于推进政策制定、学术交流、实践应用、专业建设和人才培养，具有一定借鉴启示意义和应用价值。三是从法治维度看，在全球经济一体化的竞争变局下，本书致力于回答如何构建既符合国际惯例又彰显中国学人视角的"走出去"跨境监管制度，例如，提出"等效互认""域外适用"等监管机制，既体现了一种尝试探索，亦回应了涉外法治命题，对于提高国际期货治理能力不对称性具有积极意义。

本书的写作完成，要特别感谢我的导师——中国政法大学刘少军教授，多年来刘老师不吝解答我每每提出的"研究之问"，尊享了"离校不离导"的学术滋养，亦蒙师不弃本可"再列门墙"，终因壁垒之故已为憾事，遂以铭感恩师倾心赐教为动力，历经努力终得付梓出版，愿为"续燃薪火"之作。"法律的生命不在于逻辑，而在于经验。"[1]本书写作过程，受益于诸多法学前辈、业界师友的学术争鸣与法学智慧，使我始终保持了理论清醒与持久自觉。写作主要参阅的国内外学术成果，文中均已对应列示文献注释。如有未注释罗列文献的，本人充分尊重其对本书的学术贡献并致歉意。

本书最终出版得益于中国政法大学出版社牛洁颖主任、刘晶晶编辑的大力支持，值此付梓出版之际，并表诚挚谢忱。因受所涉数据案例可获得性、跨学科方法和学术水平所限等原因，本书难免有冗赘疏漏之处，敬请各位方家批评指正。

法律之善在于平衡利益，制度之美在于顺应人性。期愿本书能为中国期货市场制度型开放贡献法学智慧，亦为期货监管法治建设发出学人的理性之声。

2025 年 5 月 于兰州·雁苑文理

---

〔1〕〔美〕小奥利弗·温德尔·霍姆斯：《普通法》，冉昊、姚中秋译，中国政法大学出版社 2006 年出版，第 1 页。

目　录

第一章

绪 论

第一节 研究缘起和意义

在全球金融经济波澜壮阔的发展进程中，中国期货市场因缘于粮食流通体制改革而诞生。30余年来历经试点、整顿、规范及发展的不同时期和阶段，为发挥服务实体经济风险管理需求功能筚路蓝缕。随着中国倡导"一带一路"倡议实施以及"1+3+7+1"自贸区新格局[1]、"中国-东盟"自贸区[2]和"一带一路"倡议协同推进，建构制度型开放型经济新体制已成为金融一体化的新动能、新模式和新常态；同时亦嵌入了"一带一路"金融发展倡议的新思维，即推进期货国际化的原则立场是创建"双开放"立法保障机制，核心前提是洞悉跨境期货交易监管的本质必要性，根本目标是构建跨境期货交易（Cross-border futures transaction）监管规则体系。然而，境内期货投资主体在拓展"走出去"金融效率和服务空间上，以及如何兼顾"服务+创新+开放"关系领域面临瓶颈，虽然如此，中国期货市场参与全球金融市场竞争作用已日趋重要。为此，《中共中央、国务院关于构建开放型经济新体制的若干意见》将"扩大期货市场对外开放"提升为战略任务，党的十九大报告即提出"健全金融监管体系，守住不发生系统性金融风险的底线"和"创新监管方式"两大目标[3]，并强调"推动形成全面开放新格局"，倡导"坚持引进来

---

〔1〕 截至2018年，经国务院批复，中国分4批在上海（2013年9月27日），广东、天津、福建（2015年4月20日），辽宁、浙江、河南、湖北、重庆、四川、陕西（2017年3月31日），海南（2018年4月13日）等12个省市设立"自由贸易试验区"，形成"1+3+7+1"格局。

〔2〕 2010年1月1日，中国与东盟（包括印度尼西亚、新加坡、泰国、菲律宾、马来西亚、文莱、越南、老挝、缅甸和柬埔寨10个东南亚国家）共同建成"中国-东盟"自由贸易区。

〔3〕 杨东：《监管科技：金融科技的监管挑战与维度建构》，载《中国社会科学》2018年第5期。

和走出去并重"，由此充分表明了实施国际化驱动型的跨境期货交易及其监管具有重要的现实意义。

众所周知，全球现有 150 多个国家和 80 多个国际组织积极参与支持"一带一路"建设，多数共建"一带一路"国家拥有丰富大宗商品资源，中国期货市场"对外开放"目标半径要辐射沿线 60 多个国家的不均衡市场，推进期货市场开放及"双向"发展机制已不可逆转，其核心问题是建构完善"走出去""引进来"的跨境期货交易监管立法规范体系。虽然之前的法律法规对境外期货交易等问题未有明确的具体规范，但以外国直接投资（FDI）、QDII 衍生品跨境交易平台、欧洲期货交易所（EUREX）、外盘操作以及原油期货等方式为代表的外盘交易模式异军突起，意味着跨境期货交易监管立法已进入全面供给和应用阶段。

令人期待与欣喜的是，中国历经 36 年期货市场发展、33 年期货立法的风雨兼程和艰难曲折，于 2022 年 4 月 20 日终于迎来"期货法"颁布重要时点，经第十三届全国人民代表大会常务委员会第三十四次会议表决通过，《期货和衍生品法》自 2022 年 8 月 1 日起正式施行。该法共 13 章 155 条，各章依次为总则、期货交易和衍生品交易、期货结算与交割、期货交易者、期货经营机构、期货交易场所、期货结算机构、期货服务机构、期货业协会、监督管理、跨境交易与监管协作、法律责任、附则。可以看出，《期货和衍生品法》作为期货业、期货和衍生品市场及其监管的根本大法和基础性法律，是在总结实践经验基础上，对期货和衍生品交易相关方主体行为规范的成功尝试，科学解决了立法宗旨、适用范围、主要概念、基本原则、监管体制等一系列重大问题，提炼和创新规定了涉及期货和衍生品交易、期货结算与交割以及期货交易者、跨境交易与监管协作等基本制度，建构了期货经营机构、期货交易场所、结算机构、服务机构、协会组织形式和核心职责及其相应运行制度，补齐了期货和衍生品领域的法律短板，为期货和衍生品高质量发展提供了坚实法治保障。[1]中国新颁布的《期货和衍生品法》适应期货和衍生品市场对外开放的立法需求，弥补了原有"一条例+八办法"法规体系的不足，将

---

〔1〕 尹中卿、雷雯、黄平：《〈期货和衍生品法〉的制定对完善我国金融法律制度的重要意义》，载《清华金融评论》2022 年第 5 期。

《期货和衍生品法》适用范围从境内扩大到境外，统筹国内外市场进行前瞻性制度安排，尤其新法突破性地增设"跨境交易与监管协作"专章，对期货和衍生品市场对外开放以及跨境交易行为给予特别立法关照，前瞻性地表明了现行期货立法注重与国际衔接、规范保障跨境交易监管的务实态度。

习近平总书记在党的二十大报告、二十届中共中央政治局第二次集体学习中提出"稳步扩大规则、规制、管理、标准等制度型开放""推进高水平对外开放"等战略部署，强调要加强金融法治建设，稳步扩大金融领域制度型开放，提升跨境投融资便利化。[1]这一全新的"制度型开放目标+金融重点领域立法"总体布局理论，为重塑跨境期货交易规则、规制、管理、标准等立法制度明确了方向，亦为中国构建金融领域制度型开放规则和参与全球治理制度创新提供了根本遵循。显而易见，扩大跨境期货市场制度型开放是推进期货国际化战略的战略起点。在期货市场国际化与制度型开放背景下，中国期货市场法制体系还存在着不少缺位与错位现象[2]，《期货和衍生品法》仍存在市场目标不够明确、交易客体和市场的覆盖不完整、禁止和限制行为规范割裂、投资人和交易人保护机制亟待加强以及现行法规体系的国际化水平不高等问题[3]。期货监管的传统监管手段和监管能力迟滞了跨境期货交易发展，现有期货监管法治研究迟滞于期货立法供给需求，现行《期货和衍生品法》仍存在"跨境交易与监管协作"原则性条款规范水平不高等问题。与此不相适应的是，学界对于期货立法和"引进来"的宏观探讨有余，而对"走出去"的"跨境期货交易"研究付诸阙如，尤其对制度型开放条件下跨境期货交易监管制度研究几近于无。当前加快推进"走出去"跨境期货交易行为风险及监管治理研究，对于拓展《期货和衍生品法》"跨境交易与监管协作"原则性规定、促推实现双向开放制度建设新目标具有重要现实意义，尤其对构建与国际规则相衔接的开放型监管治理体系具有紧迫需求。

〔1〕　鲍仁：《努力实现规则、规制、管理、标准相通相容》，载《期货日报》2024年11月8日，第001版。

〔2〕　刘宏光：《我国期货市场行政处罚案例透视：1999—2018》，载《金融法苑》2019年第2期。

〔3〕　刘少军：《金融法制定中的基本范畴与体系结构研究》，载《新疆师范大学学报（哲学社会科学版）》2025年第2期。

本研究以制度型开放目标下的跨境期货行为样态、风险规则和监管路径为对象，以"境内机构或个人从事境外期货交易"[1]为主题限缩，通过境内投资主体"走出去"的跨境交易监管制度供给为切入点，力图从宏观上厘清跨境期货域外监管治理的立法演变过程，系统阐释跨境期货交易监管规则变革和体系构建理论，进一步梳理和深化中国跨境期货交易法律监管问题。通过深层次的文本分析、案例分析和监管模式解构，着力解决跨境期货交易监管规则变革下的"跨境期货交易监管标准"和"跨境期货交易监管理路建构"问题，构建与"防范风险、违法查处、主体保护"相适应的跨境期货交易监管机制及其适用规则体系，不仅可为监管机构识别、评估和应对跨境投资风险，创新监管理念和监管方式提供政策参考，也可为境内主体、监管机构、经营主体构建"事前、事中、事后"全链条监管体系提供决策依据，对于丰富跨境期货交易监管理论、健全涉外金融监管治理效能以及防控跨境交易市场系统性风险，具有重要的理论研究意义和实践应用价值。

第二节　研究内容与逻辑框架

一、研究内容

当前，提升跨境期货交易监管效能是推进期货国际化战略的关键举措。随着期货市场"走出去"和"加强涉外法治建设"渐入纵深，完善对标国际通行规则、规制、管理和标准的跨境监管机制，不仅是促动跨境交易规则和监管标准融合的重要体现，更是规制内外监管协同创新的应有之义，对于提升跨境投融资便利化、优化跨境期货交易监管机制和路径具有重要意义。本书将跨境期货交易监管理论、监管标准、监管规则纳入"监管立法一体化"进程并进行系统研究，具体研究组织路线图如下：

---

[1]　从期货国际化的"双向"交易体系看，跨境期货交易包括境外机构从事国内期货交易、境内机构跨境向外投资两个维度，其实质是期货发行人与投资者或相互投资者处于不同国家（或地区）、不同法域的行为或状态。

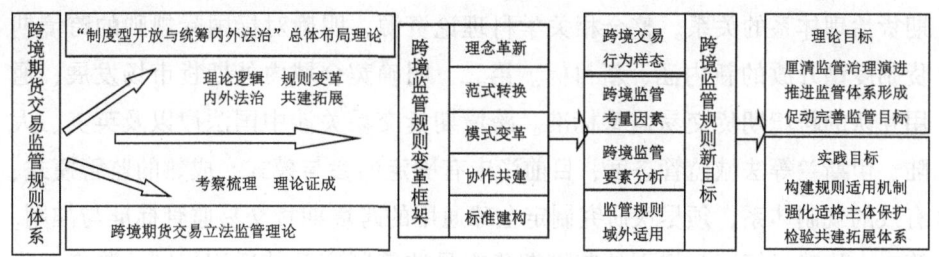

图 1-1　本书研究组织路线图

基于上述组织路线图，研究内容主要包括但不限于以下方面：

第一，"制度型开放与统筹内外法治"视域下跨境期货交易监管理论研究。主要内容包括：一是"制度型开放与统筹内外法治"总体布局理论与跨境期货交易监管治理关系。二是跨境期货交易监管内涵、边界以及理论图谱梳理，确立本研究逻辑基础。三是"境内投资者从事境外期货交易"监管学理基础阐论。四是制度型开放目标下跨境期货交易监管规则变革的治理新目标阐述。

第二，域内外跨境期货交易立法监管模式研究。主要内容包括：一是域外跨境期货交易立法监管体制整体考察梳理。二是英/美/德/新加坡等发达国家跨境期货交易监管分析。三是境内及中国香港、中国台湾地区跨境期货交易演进及立法监管述评。四是国际跨境期货交易监管规则、体系结构对后发市场的经验启示。

第三，"规则变革"背景下跨境期货交易监管标准研究。主要内容包括：一是制度型开放背景下中国跨境期货交易立法监管规范及其适应性分析。二是制度型开放目标下跨境期货交易行为样态、风险规制及监管正当性分析。三是跨境期货交易监管目标原则、理念革新、范式转换、共建协作、标准构建分析。四是"规则变革创新与统筹内外法治"的跨境期货交易监管标准构建。

第四，制度型开放目标下跨境期货交易监管体系建构研究。主要内容包括：一是跨境期货交易行为特殊样态与风险规制。二是跨境期货交易监管正当性及考量因素。三是跨境期货交易监管维度、监管标准及其适用规则。四是构建对标国际规则的跨境期货交易监管制度体系。

本书基于上述主体内容，拟研究突破的重难点在于：第一，厘清"制度型开放与统筹内外法治"总体布局理论与跨境期货交易监管治理、共建国际期货治理体系的关系。整合相关学科理论资源，明确对标国际规则的跨境期货制度型开放的新内涵、新目标。第二，明确契合域内外期货市场发展、通用互认的跨境期货交易监管标准。跨境期货交易关涉中国法律以及英美、大陆、伊斯兰等法域监管态度，目前尚未有固定的参与模式、成熟的监管模式、有效的规制体系，须尽快研究制定全球通用的跨境期货交易监管标准与准则。第三，构建对标国际规则的跨境期货交易监管制度及其适用规则。跨境期货交易监管是立法技术在跨境执法中的域外适用，须依赖本国法律、域外法律实现立法、司法和执法的协同规范，须确立并实施"预变性"跨境监管协作机制，以最终实现跨境监管涉外法治目标。上述拟突破的重难点问题，可依托国际法学、国际经济法、金融法学、经济学、信息技术学等多学科基础开展跨学科交叉研究，力求强化问题解决意识，使得重点问题得以突破并实现其科学性、规范性和应用性。

二、研究目标

本书研究旨在系统性阐释跨境期货交易监管规则变革和监管标准构建理论，以期实现对跨境期货交易监管机制和规则体系的系统性呈现，并为拓展、优化跨境期货交易立法原则性规范和监管路径提供切入点和研究基础。同时，在跨境期货交易营运、风险防控、投资者保护以及国际监管经验基础上，从立法理念、内容模式、监管标准、构建理路等多领域对跨境监管实践加以修正，进而提出跨境期货交易监管理论以及完善中国法域外适用规则体系，以期为推进期货市场开放战略和维护整体跨境金融安全提供政策参考。

本书研究的理论目标：第一，通过制度型开放背景下跨境期货交易监管规则的整体性研究，从宏观上厘清跨境期货交易监管演进和治理脉络，以增强跨境期货交易监管理论的前瞻性、战略性和实践性。第二，通过对跨境期货交易监管治理文本进行深层次解构，形成对跨境监管规则变革研究的基本框架，着力推进跨境期货交易监管的理论体系、学术体系和治理体系的形成和发展。第三，通过对跨境期货交易行为进行样态分析，力图构建与国际规则衔接的跨境期货交易监管规则体系，促动和实现跨境期货交易监管理念、监管范式、监管标准、监管协作、监管治理等法治目标。

本书研究的实践目标：第一，构建与涉外监管治理目标相适应的跨境期货监管规则体系，为破解中国现行期货立法原则条款的局限性提供参考建议。第二，为境内适格主体"走出去"的跨境期货交易行为、业务营运路径、交易风险防控和跨境投资保护提供参考依据。第三，可实践检验跨境期货交易监管新规则拓展"互动"不足、共建监管协同治理体系"磨合"不够等问题。

第三节　研究思路和方法

一、研究思路

本书研究坚持"考察/评析、比较/借鉴、优化/完善、规则/机制"的系统思路，通过分析、借鉴域内外跨境期货交易监管经验，推进制度型开放目标下跨境期货交易监管范式转换，从目标原则、理念革新、模式变革、协作共建、路径优化、标准构建等多重维度，建构对标国际规则的跨境期货交易监管制度和规则体系，并为提升跨境投融资便利化、革新跨境期货交易监管模式、优化跨境监管治理体系提供政策建议。具体研究思路及逻辑脉络如下：

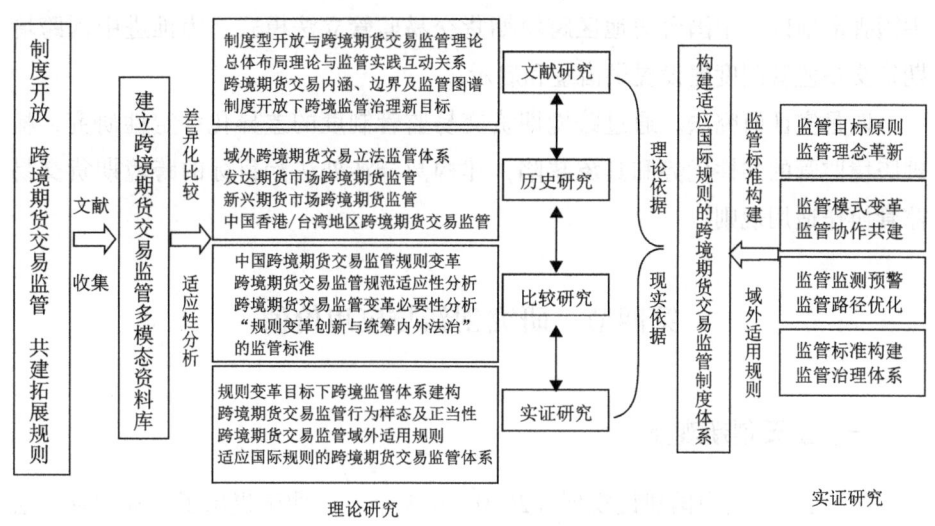

图1-2　本书研究思路和逻辑框架图

二、研究方法

本书以"跨境期货交易"为主题开展创新研究，存在研究基础、理论难点、资料获取等方面的现实困难。本研究以法理思辨与文献分析为前提，运用金融法，以各期货交易所、期货机构实地调研和访谈为基础，采取文献研究法、历史研究法、比较研究法、实证研究法等多种研究方法，综合运用国际经济法、金融法、金融学、信息技术学等多学科交叉研究，比较分析域内外跨境期货交易监管规则及其演进，为中国跨境期货交易监管制度建设提供差异化借鉴，以确立制度开放型目标下共建跨境期货交易监管新规则及投资者保护的原则立场，最终构建契合国际规则的跨境期货交易监管协同治理体系。具体如下：

一是文献研究法。建立多模态跨境期货交易监管法律资料库，阐述跨境期货交易监管立法及演进理论，奠定中国跨境期货交易立法监管的法理依据。

二是历史研究法。系统梳理不同法域国家（地区）跨境期货交易立法体系、监管规则，以及中国跨境期货交易演进及其监管沿革，通过总结借鉴域内外经验，为中国制度开放背景下的跨境期货交易监管确立基本立场。

三是比较研究法。分析美国、英国、新加坡等发达期货市场国家，以及中国香港地区、中国台湾地区跨境期货交易监管立法模式，为推进中国跨境期货交易监管制度建设提供借鉴和启示。

四是实证研究法。通过跨境期货交易监管制度的差异化和定性研究，梳理跨境监管的共性优势和具象缺陷，建构契合涉外法治目标的跨境期货交易监管协作适用规则。

第四节　研究创新与应用价值

一、主要创新观点

第一，《法治中国建设规划（2020-2025年）》明确提出了"完善涉外法律和规则体系"，创新防范化解金融风险的新型监管方式和体系等内外法治建设总思路，为中国金融领域制度型开放规则变革及参与全球治理制度创新提供了根本遵循。在金融全球化治理体系变革的背景下，中国期货市场国际化战略核心是构建"走出去""引进来"的双向发展机制，随着中国《期货和衍生品法》正式施行，尤其通过"跨境交易与监管协作"专章设立强化涉外期货市场交易规范，表明现行期货立法关注跨境期货交易监管的前瞻性和务实性。

第二，中国期货市场已成为世界资本市场的重要组成部分，在国际金融一体化背景下推进期货市场"走出去"，亟须解决和完善跨境期货交易法制体系建设问题。现行立法面临外汇管制、监管体系、主体适当、业务规范、监管协作、风险防控、域外适用、解纷机制等诸多法律问题和规制困境，尤其在允许境内适格期货机构、境内投资者从事境外期货交易以及跨境交易监管等方面立法创新不足，由此会放大跨境期货交易投资风险并引发监管冲突，难以实现期货市场"走出去"与跨境监管协作治理的法治目标。当前亟须创新跨境期货交易监管理念，确立"走出去"跨境交易监管协同机制，完善期货市场开放型治理格局及其法律保障机制，逐步扩大跨境期货衍生品投资主体范围，进一步扩展跨境交易衍生品种限制，提升跨境期货衍生品交易经纪能力，以实现跨境交易整体性金融安全与投资权益保障目标。

第三，跨境期货交易催生了市场新主体、交易新模式、服务新内容以及监管新态势，跨境交易监管的理念、模式和体系亟待重构。基于跨境期货交易行为特殊样态及调适困境，须明确跨境期货交易监管正当性表现维度：一是以体现"风险防控与投资者保护"为本位，二是确立以立法协作为中心的新监管生态，三是有效推动新型金融监管范式的立法转换。而为实现整体金融效率的提高与安全保障目标，应致力于构建与跨境监管模式相匹配的法制化体系：一要创新全覆盖监管理念，统合"目标型、适应性、穿透式、协调性"等多元化监管；二要确立监管内容体系，强化市场准入、信息披露、集中清算、交易控制、数据报备、风险管控等方面监管；三要创新监管法治体系，应坚持"修立、整合、更新"等多策并举，通过创设（修订）新法规范、优化国际基础法律文本、健全跨境监管权责配置、扩张期货立法域外适用规则等方式，构建适应性与动态调适相结合的涉外期货交易监管规则体系。

第四，随着国际金融监管体制改革的重大突变，国际期货市场及新兴国家（地区）期货立法监管体制的趋同化为全球通用监管标准提供了契机。跨境期货交易的新主体、新模式与新态势，使得法律适用与监管规则均面临外部性及差异性风险。当前亟须厘定跨境期货交易监管维度，从而促动制度型开放模式下的规则变革，基于逻辑基础、理念革新、前提界定、协作规范、执法边界、风险防控、路径优化等多维度，建构系统的、双边认可的跨境期货交易监管适用标准体系：一是监管逻辑基础标准，维护跨境期货交易整体金融安全；二是监管理念更新标准，实现准入监管向全覆盖监管转进；三是监管前提界定标准，厘清跨境期货交易主体行为权属关系；四是监管协作规范标准，健全多双边互认的监管规则体系；五是监管执法边界标准，完善跨境期货交易监管域外权责配置；六是监管风险防控标准，建立跨境期货交易风险监测预警机制；七是监管路径优化标准，契合跨境期货交易规范动态调适要求。这对于优化重构跨境期货交易监管理路和实现涉外期货监管法治目标，具有重要的立法理论和实践参考意义，亦可为提升境内主体"走出去"监管治理效能和完善期货法域外适用机制赢得战略主动。

第五，当前应以"稳步扩大规则、规制、管理、标准等制度型开放"参与跨境期货交易监管制度创新，进而明晰系统集成的跨境期货交易监管治理体系构建理路：一是建构制度型开放的跨境交易研究体系，二是厘定域外跨境期货交易法律监管规则体系，三是统合跨境期货交易整体立法保护机制，四是重塑服务跨境交易外汇供给制度体系，五是健全跨境期货交易投资权益保护机制，六是扩张跨境期货交易域外适用监管规则，七是优化与国际接轨的多模态交互监管路径，八是构建跨境期货交易多维纠纷调处机制，九是完善跨境期货交易基础设施体系建设，十是培育和组建跨境期货国际化专业队伍等。

二、主要学术贡献

第一，笔者近年来持续关注中国金融法治及期货立法建设研究，先期已对跨境期货交易这一期货立法重要关注领域开展系统研究，具有期货法理论和立法实践领域内的前瞻性和创新性，并在学界首次以"跨境期货交易"为主题开展原创性研究（经中国知网、当当网等检索无相同主题学术文献及专著），先期系列研究成果（2021 年 4 月至 10 月）被人大复印报刊资料全文转载，不仅提升了成果的学术影响和传播力，也为学界同仁共同推动中国《期货和衍生品法》"跨境交易与监管协作"专章设立发挥了积极学术影响。

第二，本书通过深入开展"跨境期货交易立法监管"专题研究，为进一步丰富和完善跨境期货交易监管模式、准则标准、协同机制和域外适用规则奠定学术基础，并为优化跨境监管立法原则性规定、推动法规修订提供理论参考和科学依据，对于促进跨境期货交易监管立法理论发展具有一定学术贡献。

第三，本书研究基于实现跨境监管法治目标等立法完善问题提出的新思路，提出并构建与涉外法治目标相适应的跨境期货交易监管标准和监管体系，对于破解期货立法原则性条款局限性、完善跨境监管域外适用规则等重大理论问题具有现实意义。

第四，本书研究成果在学术交流、政策制定、实践应用、人才培养和专业建设等方面具有一定理论推广和实践应用价值。一是通过主题论坛促进学术交流与合作，提升研究成果的学术影响和传播力；二是形成相关政策要报，呈报和反馈全国人民代表大会常务委员会法制工作委员会、中国证券监督管理委员会（以下简称中国证监会）、各期货交易所等立法、监管和业务部门，为推动跨境监管立法和法规修订提供科学依据；三是将研究成果形成的跨学科研究方法、政策创新方案、监管实施策略等推广应用到业务监管领域，通过行业培训、研讨会等形式，助力期货交易所、期货公司等实务部门及从业者提高实践效果；四是成果既适于本科/硕士生教研或教学专题用书，也可作为业务研讨、交流和参考用书，可为后续跨学科研究、教学团队和专业建设奠定学术基础。

三、研究应用价值

本书研究的理论价值：第一，尝试提出跨境期货交易行为样态、交易风险、运行路径监管标准，构建较完整的跨境期货交易监管理论体系、学术体系和治理体系。第二，强化跨境期货交易行为样态、风险规制及监管机制研究，可为革新跨境期货现行立法监管模式、优化跨境监管协同治理奠定理论基础。第三，推动跨境期货交易监管标准、监管机制的创新发展，形成与国际通行交易规则、规制、管理、标准相衔接的制度体系，有利于解决立法滞后于实践的应用问题。

本书研究的实际应用价值：第一，为监管和决策机构在适应规则变革、完善制度设计和提升监管效能等方面提供实践参考。第二，为监管部门、经营机构、交易主体、结算机构以及服务机构，评估、识别和规制交易风险提供决策依据。第三，为境内涉外期货营运机构、投资者（机构）识别跨境交易特殊行为样态、风险传导以及监管规制路径提供业务指导。

本章小结

扩大金融领域制度型开放是建设中国开放型经济新体制的必然要求，加快期货监管制度型开放是推进期货国际化的战略起点，完善跨境期货交易监管已成为促动期货市场双向开放的关键环节。当前，全面提升跨境期货交易监管制度体系建设，并与国际通行规则、规制、管理和标准对标更是应有之义。

跨境期货交易催生的市场新主体、服务新内容、交易新模式和监管新业态，已对跨境期货交易模式、立法范式、监管协作构成重大挑战。既有期货立法理论研究迟滞于期货立法供给需求。当前加快"走出去"的跨境期货交易行为及风险监管研究，对于优化《期货和衍生品法》"跨境交易与监管协作"原则性规定、实现制度型开放目标下双向开放制度建设新目标具有现实意义，也对构建与国际规则相衔接的开放型监管治理体系具有紧迫需求，不仅是促动跨境期货交易监管适用标准跨境融合、规制内外监管创新的重要体现，更对于提升跨境期货投融资便利化、构建跨境监管协同治理体系具有重要价值。

第二章

跨境期货交易学术史考察

第一节　国内研究文献综述

国内学者对期货市场监管法律制度的研究，是与期货立法和市场发展紧密相关的。当前，中国期货市场双向开放进程已迈入关键发展阶段，但国内对于期货市场"走出去"立法监管问题的研究付诸阙如。本书以"期货交易→期货交易立法→期货市场国际化→跨境期货交易监管"为研究主线，按照研究主题，在全学科范围内，通过最新中国知网（CNKI）收录的所有文献类型检索"主题=期货交易监管"文献429篇，主要涉及对期货市场内幕交易、域外期货市场交易、股指期货交易、期货投机交易风险、证券期货交易、期货交易活动、变相期货交易、金融衍生品市场等问题的监管问题。而在经济法学科范围内检索"主题=跨境期货交易"文献仅29篇，主要涉及对期货市场主体、期货法治建设、期货法域外适用、期货交易自律监管和期货市场开放等基本制度的探讨，且尚无一篇涉及"走出去"的跨境期货交易研究文献（笔者论文除外）。当前，随着中国《期货和衍生品法》颁布施行，在"一带一路"建设背景下期货市场双向开放已成必然趋势，完善跨境期货交易监管立法任务更为紧迫，可为跨境监管理论与实践研究拓展学术空间。从既有成果看，在中国《期货和衍生品法》历时较长的制定、审议和颁行进程中，学界围绕期货领域的研究多元且较深入，相关学术主张及其成果观点主要可归集为以下方面。

一、扩大金融领域制度型开放研究

习近平总书记在党的二十大报告中明确提出"深化金融体制改革，建设现代中央银行制度，加强和完善现代金融监管，强化金融稳定保障体系，依法将各类金融活动全部纳入监管，守住不发生系统性风险底线"的总要求，并作出"推进高水平对外开放""稳步扩大规则、规制、管理、标准等制度型开放"等重大战略部署，重申要"加强重点领域、新兴领域、涉外领域立法，统筹推进国内法治和涉外法治"。这一全新的"制度型开放目标＋金融重点领域立法"总体布局理论，为金融期货领域建构制度型开放规则提供了根本遵循。中国应通过对标高标准国际规则、加快全球治理公共产品的制度供给、制定高标准区域性经济合作规则、重塑全球经济治理新规则，全方位参与、融入和改革全球经济治理体系[1]；确立主动对接国际经贸规则、积极引领国际经贸规则、向共建全球治理新规则拓展等制度型开放的新目标和路径[2]；要以国际高标准规则和中国金融开放问题为导向，提出金融领域制度型开放的方位目标、实施路径、战略规划和方案设计[3]；通过持续深化规则、规制、管理和标准的开放，有序推进跨境服务贸易高水平对外开放[4]。同时要制定专门的金融监管法，统一监管标准，完善金融监管体系和风险全覆盖监管框架，补齐金融监管法律制度不足的短板[5]。

二、期货立法主要法律问题综合研究

自 20 世纪 90 年代初中国期货市场诞生后，即迈入了期货立法理论研究阶段，学者们主要围绕期货法规体系构建、期货立法目的和定位、期货立法调整范围、规范期货交易行为、期货市场监控、投资者权益保护、金融衍生品交易、防范期货市场风险和促进期货市场发展等期货法制建设问题，形成了较丰富的学术主张成果。国务院和监管机构相继颁布一系列条例和规章，

---

〔1〕 李平、高椰：《制度型开放与全球经济治理体系改革的中国对策》，载《国际经济合作》2024 年第 1 期。

〔2〕 赵蓓文：《新发展格局下制度型开放的目标、路径与构想》，载《思想理论战线》2023 年第 6 期。

〔3〕 刘凌、黄建忠、汪建新：《扩大金融领域制度型开放的运行机理、现实风险和实施路径》，载《国际贸易》2024 年第 1 期。

〔4〕 彭德雷、孙安艺：《跨境服务贸易制度型开放：趋势、特征与策略》，载《开放导报》2024 年第 1 期。

〔5〕 韩宋辉：《加快制定金融监管法 统一监管标准》，载《上海证券报》2024 年 3 月 8 日，第 003 版。

形成了包括《期货交易管理条例》以及《期货交易所管理办法》《期货公司监督管理办法》等在内的"一条例+八办法"的综合法律法规体系，具备了制定期货法的市场基础、制度基础和监管基础。[1]因《期货交易管理条例》关于期货市场立法目的的规定以及在交易关系和投资者保护等方面存有不足，中国期货法立法目的应为规范期货交易行为、保护投资者合法权益、防范市场风险、维护社会秩序以及促进期货市场发展。[2]而独立的期货法可以明确衍生交易独特的交易机理、法律关系与监管框架，从而最大限度地发挥期货交易的功能，有效地保护投资者，特别是公众投资者的利益。[3]在期货法制定过程中有许多问题需要进行研究，其中期货法的调整范围、期货经营的业务范围、期货交易场所的层次、期货保证金的性质，以及功能监管体系和多元化纠纷解决机制的构建等无疑是必须明确的核心问题。[4]关于期货市场立法问题，建议以发展趋势为导向处理期货法范围调整问题，将"核心规制与延伸监管"作为立法思路，在核心规制方面以期货与期货交易特征为基础，明确期货交易标的是对冲交易机制的期货合约，从而实现对期货市场核心交易模式的有效规制。延伸监管方面要将具有类似期货交易风险的场外衍生品纳入调整范围，明确进行判断的标准和主体，从标的类型、交易程序和交易功能等角度实现对期货法和证券法调整范围的有效划分。[5]关于期货市场主体立法，建议以强化保护为导向专章规范期货交易者，以市场化为导向规范期货交易所，以促进发展为导向规范期货经营机构。[6]当然，中国金融衍生品交易基本法律制度有待完善，建议根据期货合约的标准化、对冲性、集中交易、未来交付等本质属性界定期货交易，采用以交易机制和法律属性划

---

〔1〕　刘少军：《我国"期货法"制定中的主要问题研究》，载《南昌大学学报（人文社会科学版）》2017年第6期。

〔2〕　黄爱学：《论我国期货法的立法目的》，载《学术交流》2013年第3期。

〔3〕　楼建波、刘燕：《我国期货法的定位及其与〈证券法〉之关系——一种立法论的进路》，载《财经法学》2015年第2期。

〔4〕　刘少军：《我国"期货法"制定中的主要问题研究》，载《南昌大学学报（人文社会科学版）》2017年第6期。

〔5〕　叶林、钟维：《核心规制与延伸监管：我国〈期货法〉调整范围之界定》，载《法学杂志》2015年第5期。

〔6〕　刘道云：《关于完善期货法立法的导向性建议》，载《证券市场导报》2017年第11期。

分的综合立法模式，构建场外金融衍生工具的合同有效性和可执行性制度，保障场外交易市场参与者的合法权益，降低损失和系统性风险。同时还应看到，中国期货市场法制在交易者保护、操纵行为规制、异常交易行为处置、强制减仓等方面有待完善。[1]

三、期货市场对外开放和期货国际化研究

期货市场对外开放是中国金融市场对外开放的重要组成部分，也是促推期货市场由量变到质变的根本趋势。期货市场国际化有助于提升中国金融"软实力"，进而更好地服务于实体经济"硬实力"：一方面，有助于期货市场的交易规则、制度设计与国际接轨，增强实体经济服务能力；另一方面，有助于提升部分品种的价格代表性，提升相应品种的定价力。[2]期货市场国际化包括交易所国际化、上市品种国际化、经营机构国际化、投资者国际化。[3]也有学者认为，期货市场国际化包括期货交易所、期货公司和投资者三大市场主体"走出去"和"引进来"的发展过程。事实上"引进来"正缓步推进，"走出去"也处于初级阶段。[4]而顺应期货市场发展的国际化趋势，应探索和推进期货市场的对外开放，期货市场对外开放是包括市场主体、市场业务、市场基础设施在内的全要素开放，"引进来"和"走出去"是期货市场对外开放的"双向支撑"。[5]有学者认为，中国在期货公司、投资者和期货品种的准入制度等方面存在准入门槛过高、双向交流不够畅通、程序烦琐和不够透明等问题，阻碍了中国期货市场国际化进程。[6]事实上，提出期货市场"走出去""引进来"正是基于期货市场国际化的考虑，管理体制和法律法规同国际接轨成为必然，这就要求了解和借鉴国际市场通行规则和惯例，

---

〔1〕 吴凌翔：《关于完善我国期货市场法制的几点思考》，载《新金融》2017 年第 8 期。

〔2〕 胡俞越、刘志超：《我国期货市场国际化的路径选择》，载《期货日报》2016 年 9 月 9 日，第 004 版。

〔3〕 李强：《加快期货市场对外开放》，载《中国金融》2014 年第 10 期。

〔4〕 陆丰、顾元媚、黄思远：《中国期货市场国际化的现状及路径研究》，载《开发性金融研究》2017 年第 2 期。

〔5〕 张异冉：《我国期货市场对外开放问题研究》，载《中国物价》2017 年第 10 期。

〔6〕 薛智胜、高基格：《中国期货市场国际化的市场准入问题探析》，载《天津法学》2016 年第 3 期。

使管理体制和法律法规成为与世界期货监管和运作规则一体化的一部分。[1]与此同时，目前国内不少实体企业和高净值客户对利用国际市场对冲风险以及配置资产的需求比较强烈，在国内期货公司寻求更多样化、国际化发展路径的同时，期货经营机构首先面对的巨大挑战，就是对不同国家和地区法律及监管体系的适应。[2]因而有学者亦认为，期货市场国际化进程应始终服务实体经济发展，优先为"一带一路"等国家倡议服务，支持相关项目的风险管理和价格发现，不宜过分夸大期货市场国际化的作用。[3]

四、双向开放期货市场风险监管研究

推进期货市场双向开放已成为中国构建金融市场发展新格局和提升国际竞争力的必然选择。随着期货市场对外开放水平的提升，境内期货市场与国际期货市场的联系将愈加紧密。在"引进来"和"走出去"相结合的对外开放过程中，风险因素也会不断增加和累积。[4]当前中国期货市场双向开放既有机遇，也面临着深度开放冲击境内市场、参与境外市场存在较大投资风险、增加境外机构做空中国可能性等风险挑战，只有充分认识开放中的潜在风险，才能协调好改革红利与风险防范的关系。[5]"一带一路"建设也给期货市场带来了全新挑战，因期权、指数期货、波动率指数等投资工具一直缺位，互换、场外期权等投资方式始终没有上市，境内外投资者可以选择的风险管理和资产管理的投资工具与投资方式较少，难以满足"一带一路"建设下境内外投资者对商品和财富安全增长以及避险的需要。[6]加之中国企业正在大踏步"走出去"，随之而来的是风险管理需求激增，这就迫切需要中国期货市场提供更全面、更多样化的风险管理工具和服务。[7]不可忽视的是，有些共建

〔1〕 胡俞越、张少鹏：《期货市场的国际化发展》，载《中国金融》2015年第22期。

〔2〕 张帆：《内地期货公司探索国际化新路径》，载《期货日报》2014年7月17日，第001版。

〔3〕 姜哲：《期货市场国际化：现状、问题与应对》，载《证券市场导报》2021年第7期。

〔4〕 张异冉：《我国期货市场对外开放问题研究》，载《中国物价》2017年第10期。

〔5〕 姜哲：《境内期货市场双向开放问题探讨》，载《证券市场导报》2019年第4期。

〔6〕 杨照东：《"一带一路"建设对期货市场的挑战及政策建议》，载《中国经济时报》2017年2月17日，第A05版。

〔7〕 邬梦雯：《"一带一路"背景下期市国际化发展新机遇》，载《期货日报》2017年9月4日，第001版。

"一带一路"国家的有关法律、政策游离于世界贸易组织（WTO）立法制度和政策约束之外，期货市场缺乏规范监管机制和标准，在地缘政治、政策影响、法律法规、域外交易、跨境监管、执法协作、市场竞争等方面存在诸多风险。[1]共建"一带一路"国家的金融衍生品市场规范化建设尚有不足，期货品种单一、结构和功能不完善，信息披露制度不完全，信用评级制度缺乏透明性和独立性，监管机构不够统一规范，监督管理和法制法规尚不完善，这些都会使期货市场面临监管风险。因而要兼顾好风险防控，开展国际监管合作，创新监管模式，丰富监管手段，防止系统性、区域性风险的发生，维护中国期货市场秩序，保护中国经济安全。[2]

五、"走出去"的跨境期货交易及其监管研究

国内当前对跨境期货交易的概念虽有共识但仍处于深化解释阶段。就立法角度而言，中国《期货交易管理条例》第41条、第42条，以及《期货和衍生品法》第120条是对境内主体从事境外期货交易的基础性规范，即可视为对跨境期货交易立法规范的确认，但其所涉条款仅为原则性规定，并未详述"走出去"跨境期货交易内涵边界及其立法规则。回观过往，实质上中国境外期货交易早于境内期货交易，伴随着中国境外期货交易代理业务的发端，投资者和监管层才开始认识并了解期货市场。[3]

从期货业务指导研究的角度看，当时为推动期货市场理论和实践工作，中国期货业协会较早组织开展了联合研究计划项目，相关研究报告首次提出境外期货交易、跨境期货交易等基本概念。如中南大学证券期货研究中心在《境外期货交易的基本制度、风险管理及相关法律程序问题的研究》中，总结了中国境外期货交易历史状况、市场管理特点，分析了经批准的大型国企从事境外期货交易的现状特征；对境外期货风险进行了识别、分析与评估，构建了境外期货交易全面风险管理体系的基本框架；通过对中国境外期货的前

---

〔1〕 张克：《"一带一路"对我国期货市场的影响及应对策略——基于交易所的视角》，载《郑州航空工业管理学院学报》2017年第2期。

〔2〕 张异冉：《我国期货市场对外开放问题研究》，载《中国物价》2017年第10期。

〔3〕 中南大学证券期货研究中心：《境外期货交易的基本制度、风险管理及相关法律程序问题的研究》，中国期货业协会联合研究计划（第一期）资助项目，2004年2月，第5页。

景分析揭示了基本制度相对滞后的矛盾，在借鉴其他国家和地区管理经验基础上，提出了放宽境外期货交易主体资格标准、确立期货品种开放顺序、鼓励利用多种境外衍生工具进行套期保值（亦称"套保"）、建立境外期货交易汇报与备案制度、建立并完善境外期货代理制度等开放境外期货交易的对策建议。南华期货课题组在《跨境期货交易中的投资者保护问题研究》中亦通过总结跨境期货交易的形式及发展趋势，分析跨境期货（衍生品）交易中可能存在的问题风险，对境外主要国家和地区跨境交易监管协作和投资者保护规定进行考察，提出国内投资者投资境外期货（衍生品）市场权益保护的应对措施，并从期货立法、监管规则调整、行业机构采取措施等三个方面，对中国建立跨境期货及衍生品交易投资者保护机制提出立法规范、调整保护的建议。

从学界理论研究的角度看，相关成果和学术主张相继而出。国内学者从套期保值的实际要求出发，结合中国企业实践经验，通过国际期货市场、国际期货交易基本规则、交易方式和交易工具应用、国际农产品期货、国际金属期货、国际能源期货、境外期货套期保值风险管理、境外期货监管等内容介绍，对境外期货市场的现状及监管框架、基本交易规则、主要交易方式和品种、国际主要大宗商品期货与现货市场状况，以及企业进行套期保值的风险控制体系进行了系统梳理。[1]有学者通过实证考察，分析中国经审批大型企业等主体在境外期货交易的现状，提出逐步放开境外期货交易主体资格、实施境外外汇期货试点、扩展对外期货交易行为和衍生品工具种类、建立完善境外期货代理商制度等具体建议[2]；也有学者认为《期货和衍生品法》应当允许期货市场主体"走出去"与"走进来"，明确涉外期货交易的准入与准出规则。"走出去"包括允许境内投资者参与境外期货交易，期货交易场所收购、参股境外期货交易场所，期货经营机构在境外设立子公司、分公司、代表处等分支机构或者收购、参股境外期货经营机构，期货经营机构从事境

---

[1] 刘志超主编：《境外期货交易》，中国财政经济出版社 2005 年版，第 1~281 页。
[2] 邓梦燕：《关于推进我国境外期货交易的建议》，载《湖南医科大学学报（社会科学版）》2006 年第 1 期。

外期货经纪、境外期货自营、境外期货资产管理等期货业务。[1]

从境内主体参与境外期货经纪业务（亦称"经纪业务"）研究的角度看，学者们分别从转委托代理境外期货交易、境外期货经纪业务开展、放开境外期货代理可行性等方面提出了审查和政策建议。第一，在转委托代理境外期货交易方面，中国境内期货经纪公司在转委托境外期货公司时，一是应审查核准转委托的国外公司是否具有境外期货交易所会员资格；二是应审查核准允许进场交易的境外期货交易所以及期货种类；三是应将转委托代理层级限于二级代理，只准许从事境外期货经纪业务的公司和国外交易所会员公司直接签约，并以客户名义转委托其进场交易。[2]第二，在境外期货经纪业务开展方面，一是中国境内期货公司可选择在中国香港地区设立分支机构的试点期货公司、具有境外期货套期保值许可证的国内期货公司、外资参股的国内期货公司等三类期货公司进行境外期货代理试点；二是投资者准入的逐步开放，应遵循先企业后个人、先套保后投机的顺序；三是境外期货代理业务应当采取二级代理模式，并且制定与之相配套的组织框架与业务流程；四是法律风险与纠纷应通过"双轨制"机制、国际仲裁机构进行解决。[3]第三，在放开境外期货代理可行性方面，主张借鉴世界各地境外期货交易的经验，境外代理可以适度监管、逐步放开，先行放开国内优质期货公司境外代理服务，并鼓励利用香港试点子公司开展一级代理。[4]

由此看来，境外期货交易仍是期货经纪机构尚未全面涉足的业务领域，因而其内部风险管理至为关键，有学者围绕风控监管开展了具体研究。第一，在开放境外期货套期保值业务风险监管方面，提出了实施各部委分工合作的监管体系、完善监督资金收付技术和制度保障、加强事后跟踪和信息反馈等风险控制措施。[5]第二，在中国境外期货交易管理制度建设创新方面，提出了建立完善境外期货市场风险预警机制、对交易工具和交易策略进行风险评

[1] 唐波：《〈期货法〉应对涉外交易作出规定》，载《期货日报》2014年8月6日，第003版。
[2] 吴建斌：《对境外期货经纪公司的资格审查》，载《法学杂志》1994年第1期。
[3] 李颖：《中国期货公司境外期货代理业务研究》，首都经济贸易大学2011年硕士学位论文。
[4] 邹功达：《放开境外期货代理的可行性及政策建议》，载《期货与金融衍生品》2012年第5期。
[5] 兰光：《境外期货业务风险及监管》，载《中国外汇管理》2002年第9期。

级、改革期货监管机构与方式、设立专门的境外期货事故处理体系和风险防范基金等一系列建议。[1]第三，在国有企业境外套期保值业务内控方面，通过对近年海外期货市场重大期货期权风险事件的剖析，针对国有企业境外套期保值风控问题，提出应允许国企利用金融期货在境外套期保值、国企要建立现代企业制度加强内部控制、加快国内期货市场发展以满足企业避险需求、建立境外期货代理商制度等措施。[2]第四，在优化监管框架新内容方面，通过推动结算机构的独立化、清算业务的统一化及其与保证金监控业务的合并，建立适当的监管制衡机制。[3]

历次衍生品交易风险事件表明，现行监管框架下跨境交易存在政策套利风险，本质上都与跨境衍生品交易在监管环节缺少行之有效的法律法规密切相关，建议合理把握商品与金融期货开放节奏，探索跨境期货交易行为监管并完善相关法规。[4]但由于鲜有境内期货经营机构直接具有境外期货经纪业务资格，目前主要是大中型期货公司通过在中国香港地区投资设立境外期货经营机构，通过期货子公司取得境外期货经纪业务资格间接开展跨境期货业务。《期货和衍生品法》的尘埃落定，将推动期货经纪机构进一步发展跨境期货业务，将境内外专业交易者作为跨境期货交易客户开发和培育的主要对象，从而加快培育跨境期货交易主力军，加速中国期货市场对外开放的进程。[5]

六、国际期货市场制度体系、监管合作与经验借鉴研究

期货市场国际化包括业务国际化和主体国际化。业务国际化主要体现在结算业务、交割业务等领域，主体国际化包括交易所、期货公司、客户等各层面的对外开放，包括但不限于提供跨境交易系统、搭建全球路由生态网络、引入合格境外机构投资者（QFII）和人民币合格境外机构投资者（RQFII）规

---

〔1〕 杨艳军、何怡静：《境外期货交易代理人收益制度的缺陷及其改正》，载《中南大学学报（社会科学版）》2004 年第 4 期。

〔2〕 夏冰：《国有企业境外套期保值风险控制问题研究》，中国农业大学 2007 年硕士学位论文。

〔3〕 安毅、王军：《与〈期货法〉立法相关的若干重要问题探讨》，载《证券市场导报》2015 年第 1 期。

〔4〕 姜哲：《期货市场国际化：现状、问题与应对》，载《证券市场导报》2021 年第 7 期。

〔5〕 刘道云：《境外主要期货市场对外开放的监管沿革、制度路径及借鉴》，载《新金融》2022 年第 11 期。

则以及业务衔接[1]等方面。全面加强国际监管协作已成为支撑期货市场国际化的重要环节和因素。期货市场国际化既是三大市场主体"走出去""引进来"的全球融通发展过程，亦体现为交易规则、制度体系、市场品种与国际全方位接轨，因境内域外期货立法宏观体系差异较大、期货市场跨境监管经验相对较少，当前亟须探索完善期货交易"双向"跨境监管制度建设。[2]如境外投资者出现异常交易和违法违规行为，必然引发跨境监管问题，需要与境外期货监管机构建立多种形式的联合监管机制，制定切实可行的跨境联合监管办法。[3]因而期货法应明确规定期货监督管理机构的跨境监管权，赋予主管机构对部分境外违规违法行为的跨境执法权；加强跨境监管执法合作，尽最大努力协助境外监管机构达成监管目标。[4]而对于期货市场监管执法，建议以功能监管为导向完善期货市场监管体制，以从严监管为导向健全期货市场监管执法手段，以全面监管为导向完善跨市场监管执法制度。[5]同时围绕期货市场监管、中介机构监管以及域外期货监管改革等主题，提出强化监管体系建设、加强国际期货监管合作、建立跨市场监管协作机制等方案，以制定全球通用的跨境期货交易监管标准与准则。[6]

第二节　域外研究文献综述

期货市场是国际市场经济最重要、最活跃的组成部分，具有引导社会资源配置、促进市场经济发展以及发挥定价中心、风险管理作用的核心潜力。

---

〔1〕宋薇萍：《郑商所：为跨境交易创造更加积极有利条件》，载上海证券报·中国证券网，https://news.cnstock.com/news，bwkx-201909-4425055.htm，最后访问时间：2025年7月18日。

〔2〕陆丰、顾元媚、黄思远：《中国期货市场国际化的现状及路径研究》，载《开发性金融研究》2017年第2期。

〔3〕罗剑：《原油期货跨境监管的重点、难点与路径研究》，载《新金融》2014年第1期。

〔4〕分别参见唐波：《〈期货法〉应对涉外交易作出规定》，载《期货日报》2014年8月6日，第003版；陈洁主编：《商法界论集（第2卷）期货法立法研究》，法律出版社2018年版，第3~13页。

〔5〕刘道云：《关于完善期货法立法的导向性建议》，载《证券市场导报》2017年第11期。

〔6〕姜洋主编：《国际期货监管经验与借鉴：境外期货监管研讨会演讲集》，中国财政经济出版社2011年版，序言第7页。

因期货交易与现代市场经济发展存在高度契合性，期货市场开放发展优势必然催生较前沿、较规范的市场监管制度。与此相应，域外学者对于期货市场交易规范及其立法监管研究由来已久，成果较为丰硕。根据目前已掌握的资料，对于跨境期货交易所涉及的相关研究主要集中在以下领域。

一、西方主要发达国家对期货交易基本立法研究

从世界期货法传统分野的普通法系、大陆法系来看，美国 1936 年通过的《商品交易法》（Commodity Exchange Act，CEA）设置独立执法机构——商品期货交易委员会（CFTC），赋予其对期货交易违规行为行使民事罚款权、补偿权等诸多规制权利，以及对期货市场违规行为加大刑事处罚的权利，有效保护了投资者的金融利益。其后美国通过的《2000 年商品期货交易现代化法》（Commodity Futures Modernization Act of 2000，CFMA）主要作出了投资者保护、将 CFTC 变更为期货市场监督者、扩大市场参与主体范围等立法规定。而德国期货立法采取"大证券"概念，对期货交易及期货交易所的监管主要适用《证券交易法》和《交易所法》，并通过与其他商事、金融法律共同作用，强化了市场行为监管和投资者保护。相比而言，新加坡则主要以《证券和期货法》《商品交易法》双模式为立法架构，并与其他相关法律共建了较完善的期货市场监管制度、投资者保护制度与内容具体的审计制度，对期货市场秩序维护、投资者保护的作用无可替代。

二、股指期货市场监管理论研究

美国《布雷迪报告》（1988）系统反思了金融股灾之缘起，并对股票、股指期货跨市跨域维稳监管提出了一系列政策建议。学界随之提出"双峰监管理论"，其认为，对金融衍生品市场监管应防范横向维度传染效应，通过分设独立机构对金融体系、金融业务实施双重风险监管，以确保金融体系和金融市场稳定[1]；而当期货监管处于趋同态势时，学界提出了对金融衍生品、跨股票市场和股指期货市场的监管建议，认为应成立一个相对独立、统一的

---

〔1〕　Taylor, J. B., "The Monetary Transmission Mechanism: An Empirical Framework", *Journal of Economic Perspectives*, 1995, 9（4）, pp. 11~26.

监管机构，在股指期货市场组织中明确期货交易所、行业协会的合法地位并发挥自律监管作用，在股指期货市场应以建立内部系统良好的风险防控体系为重点，政府在重大监管事项出现或者发生重要危机时才能够主动干预和能动地控制市场。[1]

三、金融衍生品市场协同监管研究

政府监管虽可解决行业自律内在利益冲突、集体行动与行业合作问题，但在信息获取和跨境监管方面会受限制[2]；而自律监管的创新性、灵活性和应对能力更强[3]，监管差异会使场内交易向不受监管的场外市场转进，但市场规模萎缩会影响监管主体权力实施[4]。《多德-弗兰克法案》通过对美国交易者参与境外交易所强化监管，该法案第二部分"互换市场监管"（Regulation of Swap Markets）除对境外交易所、联系合约进行定义外，还具体规定了美国交易者怎样参与境外交易所的交易。通过境外上市合约备案制度与参与许可制度，一是明确美国参与者进入境外市场，境外交易所需要向 CFTC 进行注册；二是明确对美国投资者适用的境外交易所产品，如向美国投资者出售境外交易所的期货或者期权合约的中间商，无论注册在哪个国家（地区）都应遵守美国联邦法规。

四、跨境期货交易综合性研究

跨境期货交易作为全球金融市场的重要组成部分，既是一种风险管理工具，亦可为交易者提供多样化投资选择。从跨境期货交易市场结构看，市场流动性和交易成本是影响跨境期货交易效率的重要因素，市场交易规则和监管

---

〔1〕 James, S., Nobes, C., *The Economics of Taxation*. Prentice Hall, 7 (1999); Johnson, P. M. & Hazen, T. L., *Derivatives Regulation*, West Academic, 2 (2004).

〔2〕 Awrey, D., "The Limits of Private Ordering in International Financial Regulation: The Case of Credit Derivatives", *North Carolina Journal of International Law & Commercial Regulation*, 2010, 36 (1), pp. 1~68.

〔3〕 Jordan, C., *International Capital Markets: Law and Institutions*, Oxford University Press, 2005.

〔4〕 Arner, D. W., *Financial Stability, Economic Growth, and the Role of Law*, Cambridge University Press, 2016.

政策亦会对跨境期货交易市场结构产生影响。[1]从跨境期货交易风险管理看，有学者提出了一种基于波动率的风险评估方法，通过动态调整期货头寸可有效降低跨境期货交易风险。[2]从跨境期货交易定价看，有学者提出一种基于市场微观结构的定价模型，发现市场深度和流动性对跨境期货交易定价具有重要影响。[3]从跨境期货交易与汇率波动看，外汇波动率每上升1%，跨境期货订单簿深度缩减12%，买卖价差扩大0.38个基点。[4]汇率波动会对跨境交易市场流动性和交易成本产生影响，进而影响跨境期货交易效率。从跨境期货交易监管看，巴塞尔银行监管委员会强调："协调一致的监管标准对于解决监管套利问题至关重要。"[5]监管碎片化（regulatory fragmentation）导致监管套利和系统性风险传导，而现有协调机制在危机时期往往失效，尤其在高波动性时期加剧了跨境风险传导和市场效率损失。[6]

第三节　国内外整体研究及其态势

当前境内期货市场开放处于初级发展阶段。经济市场成熟度是推动理论实践发展的根本基础，也必然会催生较前沿、较集中的立法监管研究。通过梳理上述文献和学术史考察，并结合立法成果看，国内外学者已在各自领域、从不同视角对期货法制问题进行了全面讨论，学术文献对于跨境期货交易的整体性研究，不仅拓展了本研究主旨的学理和法理基础，也为本研究搭建了良好理论基础和多维创新空间，亦呈现出宏观性特征和"各方多点"的学术

---

〔1〕　Kuo, W. -H. et al., "Liquidity and Transaction Costs in the Taiwan Futures Market", *Journal of Futures Markets*, 2014, 34 (12), pp. 1145~1170.

〔2〕　Lin, S. -C. & Chen, Y. -T., "Cross-Border Hedging Effectiveness with Futures: Evidence from Asian Markets", *Journal of Futures Markets*, 2016, 36 (5), pp. 447~469.

〔3〕　Wang, J. H., Zhang, L., "Liquidity Commonality and Pricing in Futures Markets", *Journal of Financial Economics*, 2015, 118 (2), 441~458.

〔4〕　Menkveld, A. J., Dreber, A., "Futures market liquidity and funding liquidity: Evidence from the FX market." *Review of Financial Studies*, 2016, 29 (8), pp. 2007~2009.

〔5〕　Basel Committee on Banking Supervision, *Principles for the sound management of operational risk in financial institutions*, Bank for International Settlements (BIS), 2021, p. 29.

〔6〕　Ferrarini, G., *Financial Regulation: A Transatlantic Perspective*, Oxford University Press, 2023, p. 168.

理路和发展态势，主要表现在以下几方面。

一、国内多集中于期货立法构造、双向开放原则性研究

一段时间以来，国内学界多集中于期货立法的模式定位、体系规则、原则性条款设计等立法构造研究，虽可集中解决期货立法目标定位、制度供给和体系规范等问题，但缺乏对经济全球化、涉外期货立法、跨境交易监管等问题的系统研究，在双向开放背景下完善立法、规范监管、国际协作等方面的问题仅为原则性讨论。当前国内学界对跨境期货交易的关注和研究不够，尤其对"走出去"的跨境期货交易法律监管研究付诸阙如，因而对跨境期货交易法律适用问题，亦难以从法理论层面进行正确解答。

二、国外已先行进行监管研究且已制定基本法

总体来看，国外较注重期货监管立法与实践应用研究，突出"监督与控制"立法系统和监管架构，跨境期货交易监管立法规范也历经多次修法始得完善。域外期货市场发达的国家和地区也已建构起较成熟的期货法理论体系，对跨境期货市场交易已通过修改、完善立法和实践判例加以规范。域外学者亦普遍注重期货立法体系与实践应用研究，体现了域外市场"监督与控制"的立法系统和监管架构。例如，CFTC 通过扩展跨境监管范围、路径与措施等方式确立了相应监管标准。

三、监管部门和业界重点关注"引进来"的跨境期货交易

国内监管部门、期货业及专业主流媒体，虽对期货市场"双向开放""期货跨境交易"时有政策规范及评述，但更多集中于"引进来"的境外主体参与境内期货交易等单向度政策宣示；且学界对于跨境期货交易监管仅停留在对立法条款的原则性讨论上，而涉及具体监管规则的法理分析和运用操作较少，也很少聚焦"走出去"跨境期货交易面临的监管困境。这与当前双向开放政策引导"走出去"以及满足投资交易安全的现实需求不适配。

四、缺乏对"走出去"跨境期货交易的系统研究

相较于经济学、金融学和信息技术学而言，法学界对于期货交易监管多

集中于期货立法规制、期货市场国际化发展、完善风控监管体系等方面。近些年已有个别文献在论述中出现"跨境期货交易"的具体表述，但仅有的学术观点则被隐没于"期货市场国际化"主题之下〔1〕，仍未形成专一、鲜明的主题研究，且忽视了对跨境期货交易监管理论的整体研究，也未根本触及"走出去"跨境期货交易监管的核心条款和规范运用。总体来说，目前各界对于期货市场"走出去"的关注，存在讨论政策开放宣示的多而讨论制度开放转型的少、研究立法建设的多而研究规则标准的少、研究理论内涵的多而研究监管规则的少、阐述原则性监管的多而讨论制度设计的少等倾向，尚未针对跨境期货交易监管规则构建形成具体化、系统化的成果。质言之，由于未出现代表性、集中化的成果和学术观点，使得在立法上既无法系统解答"跨境交易与监管协作"原则性规范问题，在理论上也难以具体解释跨境期货交易的法律适用特殊性问题，在实践中更无法解决"走出去"跨境期货交易监管困境问题。

五、跨境期货交易研究具有向多角度、数智化拓展的空间

对跨境期货交易市场结构、风险管理、定价与汇率波动关系以及跨境监管等问题的研究，虽然对于全球经济稳定和发展具有普遍性意义，但从为跨境期货交易提供规范有益的监管参考来看，未来对跨境期货交易监管研究具有向数智化转型和多视角拓展的空间。第一，深化跨境期货交易与全球宏观经济政策的关系，全面探讨其对全球经济运行发展的影响。第二，重点关注新兴市场跨境期货交易运营特点及衍生风险，并为新兴期货市场跨境交易提供有益参考。第三，深化金融科技、数字化转型对跨境期货业务的支持和赋能作用，探索区块链技术在跨境期货交易中的应用，以及其对提高跨境交易效率和降低风险的作用。第四，探讨如何依法将所有跨境交易行为和业务全部纳入监管，进而提升跨境期货交易数字化监管能力，以数智化推动跨境期

---

〔1〕　学界已提出"探索跨境期货交易行为监管""推动期货经纪机构进一步发展跨境期货业务"等相关论述。分别参见姜哲：《期货市场国际化：现状、问题与应对》，载《证券市场导报》2021 年第 7 期；刘道云：《境外主要期货市场对外开放的监管沿革、制度路径及借鉴》，载《新金融》2022 年第 11 期。

货资本市场的高质量发展。第五，深入讨论全面强化监管科技建设，完善涉外期货市场监管数据和执法信息共享机制，以增强对跨境交易违法行为和风险的监测预警能力。第六，阐述构建和发挥跨境监管标准的引领规范作用，健全和完善跨境交易监管标准有效供给，以充分发挥跨境交易市场治理体系和治理能力现代化的基础性、引领性作用。

综合上述对跨境期货交易学术史的考察和整体分析，笔者认为，中国期货市场国际化是"引进来""走出去"并行的基本战略，持续推进双向跨境期货开放已成为期货市场国际化的重要布局，这既需要强化国内"引进来"跨境交易的规范运用，更需要完善向境外"走出去"跨境交易的监管保障。中国《期货和衍生品法》第11章"跨境交易与监管协作"仅对跨境期货和衍生品交易、跨境监管协作等立法问题作出了原则性安排，但如何将规范跨境交易和监管协作具体落实到可操作运用上，尤其是在如何衔接适应境外市场交易规则实践需求、满足跨境交易投资者利益保护方面，仍存在较为广阔和深入的研究空间。只有提升对"走出去"跨境交易监管的重要性的认识，才能引领学界和业界展开新一轮讨论热潮。

事实上，任何经济行为和法学现象都是在发展进程中渐次解决其理论和实践问题的。随着《期货和衍生品法》颁行起效，"跨境交易与监管协作"原则性条款无疑成为保障双向开放的最权威法律规范。换言之，跨境期货交易监管已上升为《期货和衍生品法》首要考量的问题，这是由推进期货市场国际化战略和立法前瞻性、必要性决定的，因而规范解释跨境期货交易监管亦是完善《期货和衍生品法》的最重要选项。当前若缺乏对跨境期货交易运行、监管协作的整体性研究和理论构造，就不可能真正建立适应"一带一路"和双向开放的跨境监管法治体系。因而，当前亟须重构跨境期货交易监管理念、内容模式和共建监管协作体系。否则，由此引致的跨境期货交易监管冲突必然会放大跨境期货交易行为以及投资风险，无论在立法抑或实践应用上，均难以完全实现跨境开放与监管协同的均衡治理目标。本书研究正是契合"跨境交易与监管协作"这一立法规范，以"走出去"的跨境期货交易监管制度供给为切入点，力图创建跨境期货交易监管标准、监管治理以及域外适用规则体系。这一研究理路和初衷，不仅是对笔者先期开展跨境期货交易研究的法学回应，亦是学界因应跨境期货发展态势的必然要求，更是对当前亟待提升跨境监管治理能力的学术再思考。当然，无论学界、业界和监管部门，对这一新兴期货交易行为的省思，均应从法学基础研究规律与特点出发，围绕跨境期货交易的发展历程、政策环境、风险控制、收益效率、市场影响、立法创新等多方面展开系统化讨论，以此为强化"走出去"的"跨境交易与监管协作"奠定学术基础和理论标准。

本章小结

从期货交易到跨境期货交易，不仅经历了期货市场发展的世纪跌宕，亦表现了期货市场交易形态的深刻变革。跨境期货交易并非是伴随最初期货交易的概念，其内涵生成和发展是与国际经济环境、特定发展背景、业务成熟拓展、市场投资趋势密不可分的。当前国内对跨境期货交易的理解基本停留在业务认知和政策宣示层面，随着国内期货市场和期权品种更为多元，境内期货交易的产业链覆盖日趋齐全，尤其是跨境期货交易在价格发现、套期保值、产业转型中的重要作用会愈加凸显。鉴于此，本章以系统性法学方法论的视角开展文献学术史和发展趋势考察，其旨在通过把握跨境期货交易基本脉络、学科风貌、学术进展以及未来趋势，破解多元学科领域下各自研究认知的事实局限，尤其可汲取既有成果观点以及经验，为进一步探寻跨境期货交易的理论未知、实践困境和监管规范提供借鉴。

第三章

跨境期货交易监管的理论证成

第一节　跨境期货交易内涵与边界

一、跨境期货交易的内涵释义

当前，学界对跨境期货交易这一概念的学理内涵仍在持续深化与廓清之中，因其并非严格意义上的学理名词，国内外文献也并未对"跨境期货交易"的内涵表述形成统一规范。从法律意义与表达功能分析，此概念并不完全符合对事物、状态及行为进行完整概括所体现的术语逻辑。一般而言，跨境期货交易是两国（或地区）之间进行商品与劳务交换的行为或状态。因期货的内涵和外延涉及到期货监管范围、职责甚至体制设计等一系列内容，界定期货的法律标准亦不统一[1]，较难对"跨境期货交易"给予具体的法理阐释，因而学者们也多以"境外期货交易""涉外期货交易"等为同义表达[2]。随着期货市场国际化热潮兴起，"跨境期货交易"一词较早出现在业内研究报告中，而学界近几年的成果文献中才有对"跨境期货交易"的直接表述[3]。

---

〔1〕　安毅、王军：《与〈期货法〉立法相关的若干重要问题探讨》，载《证券市场导报》2015年第1期。

〔2〕　此类表述参见刘志超主编：《境外期货交易》，中国财政经济出版社2005年版，序言第2页；唐波：《〈期货法〉应对涉外交易作出规定》，载《期货日报》2014年8月6日，第003版。

〔3〕　例如，中国期货业协会于2014年汇编出版了由南华期货股份有限公司负责完成的《跨境期货交易中的投资者保护问题研究》。参见中国期货业协会编：《中国期货业发展创新与风险管理研究（6）》，中国金融出版社2014年版，第38页。学界相关文献分别参见姜哲：《境内期货市场双向开放问题探讨》，载《证券市场导报》2019年第4期；石光乾、寇娅雯：《省思与规制：我国跨境期货交易法律困境及应对》，载《金融发展研究》2021年第3期；石光乾：《我国跨境期货交易法制体系研究论纲》，载《海峡法学》2021年第3期；姜哲：《期货市场国际化：现状、问题与应对》，载《证券市场导报》2021年第7期；刘道云：《境外主要期货市场对外开放的监管沿革、制度路径及借鉴》，载《新金融》2022年第11期。

基于此，欲准确理解"跨境期货交易"的概念内涵首先须厘清"跨境"之内涵与外延。国际证监会组织（International Organization of Securities Commissions，IOSCO）于 1998 年 9 月发布《外国发行人跨国发行与首次上市的国际披露准则》（International Disclosure Standards for Cross-Border Offerings and Initial Listings by Foreign Issuers）认为：只要涉及上市公司母国之外的一个或多个国家，就被认为是跨境。安德鲁·麦克奈特（Andrew McKnight）在其著作《国际金融法》（The Law of International Finance）中则将"跨境"定义为"不止一个管辖区"[1]。概言之，"跨境"一词具有狭义上跨越国境（或边境）和广义上突破国（境）与国（境）、不同法域（税区）边界之双重意蕴。从已签署合作文件推论，跨越中国大陆与港澳台之间的界域也属于跨境范畴。[2] 本书所称"跨境"亦取其广义之概念。依此而论，跨境交易即指跨越国境（或边境）的本国（地区）与他国（地区）、不同法域或不同税区间进行的商品和劳务交换。"跨境交易"可作广义和狭义区分。狭义的跨境交易即指国（地区）与国（地区）之间进行的商品和劳务交换，对交易主动国（地区）而言即是开展对外交易，亦可理解为境外代理业务以及交易，包括经纪业务、投资咨询、自营交易与期现业务等；而广义的跨境交易则拓展并涵盖了与上述跨境交易行为相关的跨境交易安排、跨境交易模式、跨境交易结算、跨境交易监管等全过程内容。

作为期货公司拓展"走出去"的业务产品创新，跨境期货交易是伴随着期货市场国际化发展进程而产生的新业态。对于跨境期货交易，亦可从狭义和广义两个维度来区分理解。狭义上的跨境期货交易，是指本国（地区）投

---

〔1〕 See Andrew Mcknight, *The law of International Finance*, Oxford University Press, 2009, p. 260.

〔2〕 具体分别参见：2023 年 2 月 17 日，就 2023 年 3 月 31 日生效实施的《境内企业境外发行证券和上市管理试行办法》，中国证券监督管理委员会与香港证券及期货事务监察委员会签订《监管合作备忘录》，明确了跨境执法等监管合作安排和程序；2022 年 6 月 28 日，《中国证券监督管理委员会 香港证券及期货事务监察委员会 联合公告》明确 ETF 纳入互联互通涉及的跨境监管合作等安排；2017 年 12 月 29 日，中国证券监督管理委员会与香港证券及期货事务监察委员会签署《有关期货事宜的监管及执法合作备忘录》，明确建立跨境衍生品等方面监管协作、执法合作安排。同时，中国证券监督管理委员会与香港证券及期货事务监察委员会于 2016 年签订深港通联合公告明确对未提及的"两地跨境监管和执法合作"等事项，均参照 2014 年签订的沪港通联合公告中的"跨境监管合作原则和具体安排"相关规定。

资者（机构或个人）通过期货市场域外连接系统开展境外期货交易所挂牌期货合约或产品的行为。广义上的跨境期货交易，则指通过跨境期货交易行为并涵盖与上述行为相关的跨境期货交易准入、跨境期货交易上市、跨境期货交易模式、跨境期货交易清算、跨境期货交易监管等全内容业态。此过程亦可理解为在国（地区）内开展境外期货代理业务或实施交易的行为，具体来讲，可包括经纪业务、投资咨询、自营交易及期现业务等。

从期货双向开放整体所涉及的交易体系来看，跨境期货交易可理解为本国（地区）投资者（包括个人及机构）参与非本国（境外）期货市场交易以及非本国（境外）投资者（包括个人及机构）参与本国（地区）期货市场交易的过程[1]，其实质体现的是期货发行人与投资者，或者相互投资者分处于不同国家（地区）、分属不同法域所进行的交易行为或状态。因而跨境期货业务界定具有两个维度：一是非本国（境外）投资者（包括个人、机构）从事境内期货市场交易；二是境内投资者（包括个人、机构）从事非本国（境外）期货市场交易。

二、跨境期货交易的边界澄清

当前中国境内衍生品市场开发创新能力不断增强，期货市场已成为国际资本市场重要组成部分。期货国际化开放主要包括四类主体：一是期货经营机构的开放，比如境内（外）机构投资者从事跨境期货交易，或以外国直接投资（FDI）方式参与跨境期货交易等。二是机构（企业）及自然人的开放。三是期货市场业务的开放，主要表现为结算业务、交割业务等。四是期货交易所的开放，包括作为"条件创造者、规则制定者、行为参与者、市场管理者"等多元主体权责适应性设计，但不限于提供跨境交易系统、搭建全球路由生态网络、引入 QFII 和 RQFII 规则及业务衔接[2]等。前文已论及，对于跨境期货交易界定应具有两个维度，而基于立法交易规范、投资保护需求及

---

〔1〕 中国期货业协会编：《中国期货业发展创新与风险管理研究（6）》，中国金融出版社 2014 年版，第 38 页。

〔2〕 宋薇萍：《郑商所：为跨境交易创造更加积极有利条件》，载上海证券报·中国证券网，https://news.cnstock.com/news，bwkx-201909-4425055.htm，最后访问时间：2025 年 7 月 18 日。

发展趋势分析，本书仅以"境内投资者从事境外期货市场交易"作为立论和研究边界，主要基于几方面考量：

第一，对于境外投资主体从事境内期货交易，中国证监会 2015 年公布《境外交易者和境外经纪机构从事境内特定品种期货交易管理暂行办法》并对期货交易品种、范围作出了严格限定和规范[1]，并在 2017 年修订《期货交易管理条例》时亦对境内投资者可从事境内期货交易、境外机构（或期货经营机构）设立境内期货经营机构（或境内分支机构）已明确许可[2]。在上述立法协调与指引下，"引进来"主体国际化进程正受益于"政策东风"的推进，具体表现在：一是在交易所层面逐步扩大境外会员比例[3]，二是在期货公司层面允许境外期货经纪机构参与境内期货市场[4]，三是在客户层面加大外国投资者参与境内期货市场比例等[5]。同时，上述"引进来"的开放性措施，在提升跨境展业空间、完善期货交易体系、优化新品上市机制、增加多元产品供给、开展股指期权试点、采用人民币计价结算、净价交易和保税交割、推进合约及结算价授权、构建全球性交易网络等诸多领域已逐步对标国际化路径。例如，自 2018 年中国期货市场首次引入境外交易者以来，国

---

〔1〕 该办法主要内容之一即是扩大中国期货市场参与主体，允许境外交易者和境外经纪机构从事境内特定品种期货交易。参见《境外交易者和境外经纪机构从事境内特定品种期货交易管理暂行办法》第 5 条规定："境外交易者可以委托境内期货公司（以下简称期货公司）或者境外经纪机构参与境内特定品种期货交易。经期货交易所批准，符合条件的境外交易者可以直接在期货交易所从事境内特定品种期货交易……"第 6 条规定："境外经纪机构在接受境外交易者委托后，可以委托期货公司进行境内特定品种期货交易……"

〔2〕 参见《期货交易管理条例》第 23 条第 2 款规定："符合规定条件的境外机构，可以在期货交易所从事特定品种的期货交易。具体办法由国务院期货监督管理机构制定。"第 83 条规定："境外机构在境内设立、收购或者参股期货经营机构，以及境外期货经营机构在境内设立分支机构（含代表处）的管理办法，由国务院期货监督管理机构会同国务院商务主管部门、外汇管理部门等有关部门制订，报国务院批准后施行。"

〔3〕 例如，汇丰银行（中国）有限公司、摩根大通期货有限公司等外资企业逐步成为上期所非期货公司会员和期货公司会员。但因受《期货交易管理条例》第 8 条第 1 款"期货交易所会员应当是在中华人民共和国境内登记注册的企业法人或者其他经济组织"规定之限制，目前境外注册的企业法人或其他经济组织仍无法成为中国期货交易所会员，对此《期货和衍生品法》应作出修正完善。

〔4〕 中国已允许外资参股国内期货公司，如 2012 年 1 月 30 日起施行的《外商投资产业指导目录（2011 年修订）》明确规定外商可以投资期货公司，但中方必须控股；2012 年 5 月 10 日《关于期货公司变更注册资本或股权有关问题的规定》施行，明确规定了外资参股境内期货公司的法定情形。

〔5〕 为扩大中国金融市场对外开放，2019 年 9 月，国家外汇管理局已取消 QFII 和 RQFII 投资额度限制，同时取消 RQFII 试点国家和地区限制，以提升中国金融市场开放深度和广度。

内 3 家期货交易所已拥有铁矿石、原油、PTA、20 号胶等对外开放品种，目前境内特定品种数量已增至 23 个；大连商品交易所首个开放的铁矿石期货，境外客户参与程度与成交持仓量稳步攀升；上海期货交易所的原油期货完成的境外合约交割流向呈现报关、转关、转现货出口等多元模式，奠定了境外期货投资者投资市场识别的基础；郑州商品交易所的 PTA 期货市场运行平稳，境外参与度较高。[1] 因此，境外投资者加速入场在改善投资结构时亦更新了监管理念，他们所带来的监管挑战表现在如何健全符合国际投资惯例的交易规则、如何扩展产品类别满足投资多样化需求、如何强化国际化背景下市场内部风险管控工作等方面，这些问题已在推动期货交易所与投资机构融合发展进程中得以解决。譬如，持续开展培训以熟悉市场与产品、完善跨时区交易相关机制以降低成本、建立会员制以提高投资效率，等等。借助市场的功能发挥，已为境内市场开放创立了良好开局。

第二，除此外，欧洲证券及市场管理局（ESMA）已公布并将上海期货交易所、上海国际能源交易中心、中国金融期货交易所（CFFEX）纳入第三国交易场所交易后透明度评估正面清单[2]，更利于境内期货市场直接引进欧洲机构投资者以及提升相关交易品种国际定价能力[3]，尤其对"引进来"立法规范及其域外适用具有现实推进作用。事实上，近两年境外 QFII/RQFII 参与中国期货和期权市场政策已在调整和优化。例如，中国证监会、中国人民银行、国家外汇管理局已于 2020 年 9 月 25 日公布《合格境外机构投资者和人民币合格境外机构投资者境内证券期货投资管理办法》，中国证监会同步公

---

〔1〕 参见周璐璐：《国内期货市场走出国际范儿》，载《中国证券报》2019 年 9 月 2 日，第 A04 版。

〔2〕 ESMA 是现今欧洲金融监管当局（ESAs）之一，始终致力于保护投资者，促进金融市场稳定有序发展。ESMA 近期发布的第三国交易场所交易后透明度评估正面清单是根据《欧盟金融工具市场条例》（MiFIR）第 20 条和第 21 条的交易后透明机制（Post-trade Transparency）规定的，是对全球超过 200 家第三国交易场所开展的交易后透明度评估结果。评估结果分为清单内正面评价（Positive Assessment on the List）、清单内部分正面评价（Partially Positive Assessment on the List）和不在清单内（Not on the List）三种情形。清单内正面评价、部分正面评价划分以交易场所内交易的产品类型是否均满足透明机制要求为标准。欧盟投资公司参与正面清单中的交易场所交易时，不用再通过 APA 另行开展事后信息披露，这将有效提高欧盟投资机构参与中国境内期货市场的意愿和效率。参见韩雨芙：《期市"引进来"基础增厚 境外展业还需修炼》，载《期货日报》2020 年 6 月 17 日，第 001 版。

〔3〕 参见韩雨芙：《期市"引进来"基础增厚 境外展业还需修炼》，载《期货日报》2020 年 6 月 17 日，第 001 版。

布配套规则《关于实施〈合格境外机构投资者和人民币合格境外机构投资者境内证券期货投资管理办法〉有关问题的规定》，许可 QFII/RQFII 投资全国中小企业股份转让系统金融期货、商品期货和期权等；次年 10 月中国证监会已核准，自 2021 年 11 月 1 日起 QFII 可参与商品期货、商品期权、股指期权等金融衍生品交易品种[1]。这些有序扩大金融衍生品交易品种、交易方式以及投资范围的政策举措，可与《合格境外机构投资者境内证券投资管理办法》《合格境外机构投资者境内证券投资外汇管理规定》《合格境外机构投资者参与股指期货交易指引》等规范性文件形成配套，在很大程度上可实现对"境外投资者参与境内期货交易"的明确规定、具体补充和适时调整[2]，从而基本实现期货法原则性规定与具体法规相协同的监管规范体系。

　　第三，而对于境内投资主体从事境外期货交易，除《期货和衍生品法》第 11 章的原则性条款规定外，国内法律法规至今未有明确、具体的创新规定或解释细则。经学术梳理遗憾的发现，国内最早提及跨境期货交易的文本，仅有多年前的行业研究报告，其后学术界涉及跨境期货交易研究文献几无，尤其对允许境内适格期货公司、境内投资者从事境外期货交易，以及资本跨境流动、跨境监管体系等"走出去"系列重大问题并无立法安排及创新规定。毋庸置疑，期货市场国际化机制决定了跨境交易需求与立法调适不足的矛盾，市场实践正在拉开立法未可及与跨境监管需求间的缝隙。例如，已获批持证国企境外交易、中国上海自由贸易试验区（以下简称上海自贸区）内期货公司风险管理子公司跨境交易[3]、招商基金衍生品跨境投资（QDII）[4]以及业内已然存在的各类期货交易跨境套利平台，其投资方式、交易模式和业务风险已触及政策监管底线，并已对跨境期货交易监管机制形成倒逼态势，当前亟须监管层重点关切并适机纳入合法监管范畴。

---

〔1〕　参见杨毅：《我国期货市场对外开放再迎利好 合格境外机构投资者可参与部分期货期权交易》，载《金融时报》2022 年 9 月 8 日，第 007 版。

〔2〕　参见唐波：《〈期货法〉应对涉外交易作出规定》，载《期货日报》2014 年 8 月 6 日，第 003 版。

〔3〕　参见潘之怡：《上海自贸区分账核算细则发布　区内期货公司风险管理子公司将可跨境交易》，载《期货日报》2014 年 5 月 23 日，第 001 版。

〔4〕　参见饶红浩：《基金公司为跨境期货套利资金"架桥"》，载《期货日报》2014 年 2 月 27 日，第 001 版。

总之，在当前期货立法和监管框架下，应以涉外期货服务实体经济发展需求与境内跨境投资交易偏好为旨归，先期展开"走出去"跨境期货交易监管理论及业务实践研究，先行突破并解决宏观政策、监管理念、制度安排、风险防范等一系列立法局限，加快构建制度型开放的跨境监管规则体系，同时创新监管进路，以实现跨境交易规范治理之目标。

第二节　跨境期货交易的特点和原则

一、跨境期货交易的特点

通过对跨境期货交易内涵释义可知，跨境期货交易通常涉及到两个或多个不同国家或地区期货合约，这种参与不同国家或地区间的期货市场交易，具有如下显著特点。

（一）交易的涉外性

跨境期货交易，系指跨越一国国界监管或不同关税区管辖范围的期货交易，因交易涉及到不同国家（地区）而具有显著的涉外特征。这一特征可从三个维度把握和理解：第一，一国具有主体投资资格的期货交易所、结算所、期货公司等市场主体到另一国期货市场发行期货交易品种，或具有 QFII 的市场主体"走出去"参与境外期货市场交易品种；第二，交易标的物包括商品期货、金融期货、指数期货等所有品种，因这些期货合约均在不同期货交易所上市交易，具有全球化属性而使权利义务也具有跨国性；第三，投资者交易需要考虑不同国家（地区）法律政策、市场监管等综合因素，往往涉及不同国家（地区）监管机构与监管政策的协调稳定，尤其是 IOSCO 等国际组织的协调和合作。

（二）交易的高风险性

因跨境交易"委托-代理"属性存在风险信息不对称，这就需要法律在分配权利义务时在个体利益主体与整体利益主体之间进行权衡，"选择越倾向于市场，其体制就会面临更多地导致市场担风险的危险；选择越倾向于非市场，其体制就会面临更多地导致非市场担风险的危险"[1]。期货交易行业是金融市场重点防控风险的领域，对于跨境交易来说更易催生市场和非市场风险。第一，由于涉及不同国家和地区市场参与者和交易标的，以及跨境期货的投机性、涉外性甚至冲突性，从事跨境交易的投资者，其在他国的投资行为、市场反应可能受到所在国经济、政治和文化等因素影响，可能会导致市场波动性加大，产生投资风险。第二，投资者需在不同国家（地区）期货公司、期货交易所、结算机构间进行交易或跨境结算，会涉及不同交易规则、交易结算制度、货币汇率波动，这些会产生流动性风险；第三，跨境交易因存在不同国家（地区）、不同监管机构对参与主体、交易标的、交易行为进行不同规定的差异性，会产生需要协调不同国家（地区）监管政策和监管立场的风险，最终可能会对投资决策和收益产生较大影响。这些都会增加跨境期货交易复杂化程度和风险管理难度，因而对投资者具备高风险意识和强管理能力的要求更高。

（三）交易的信息不对称性

跨境期货交易所涉及的信息和范围较为复杂，因交易代理行为会存在更大的信息不对称，更需通过权利义务的分配强化信息共享和风险承担职能。从市场信息看，跨境交易涉及不同国家和地区市场参与者，其因市场信息和投资行为存在差异性，投资者可能无法准确了解不同市场间的差异和联系，以及不同市场参与者投资、判断和行为，因而会导致投资决策失误和投资风险增加。从交易信息看，跨境交易需要跨境结算，会受到不同交易规则和结算制度的影响，投资者如对不同国家（地区）市场交易信息和规则缺乏准确了解，则会导致流动性的降低和风险增加。投资者如对不同国家（地区）的监管规定和信息差异不了解，也可能导致投资者产生错误决策并增加投资风险，因而跨境期货交易的信息不对称性更需要投资者充分了解国别政策、市场信息、交易规则和监管政策，从而采取针对性管控措施和应对策略来降低投资风险。

---

[1]　[美]查尔斯·沃尔夫：《市场或政府——权衡两种不完善的选择/兰德公司的一项研究》，谢旭译，中国发展出版社1994年版，第150页。

（四）交易的冲突性

"法律行为的本质，在于引起法律效果之意思的实现"[1]，法行为所具有的外在意思表示须符合有效要件才能产生预期法效。在跨境期货交易行为中，投资者所在国（地区）与境外交易国（地区）、期货品种发行母国（地区）、合格机构投资者所在国（地区）以及境外经纪机构所在国（地区）与委托代理投资者母国（地区），因存在交易环境不同，使得交易规则在不同交易所、不同产品类型之间各不相同，且交易所及其产品类型数量之多也体现了交易规则复杂性[2]，从而会在交易制度、产品设计和市场运行等方面存在一定问题和冲突。尤其是跨境交易要围绕交易平台和系统高速、稳定、安全地展开，需要通过信息技术、硬件通道、接口技术等方面构建跨境交易平台，这也不可避免地会产生技术障碍和冲突。另外，跨境交易涉及不同国家和地区，亦会因国际市场环境和政策的变化对期货市场产生不可控影响。例如，政治环境不稳定可能会导致交易市场关闭或受限、经济通胀加大可能会导致价格波动、不同税收和监管政策可能会加大行使长臂管辖等等，这些表现在政治、经济、社会和法律等领域的国别风险，亦会加剧交易者冲突性决策，影响交易行为有效性和市场稳定性。

二、跨境期货交易的原则

法律的原则指贯穿于整个法律体系的基本指导思想或者根本准则，"其系法理念在该历史发展阶段中的特殊表现，并借助立法及司法而不断具体化"[3]。跨境期货交易原则是对期货法所要调整跨境期货交易关系的本质和规律的反映。因它是期货立法与司法的基本目标，其效力贯穿于整个期货法律体系的始终，总体上会决定跨境交易法律关系及监管规范。倘若这些监管规范本身并未明确在多大程度上必须履行，则在跨境交易可能范围内运用这样的原则进行风险权衡是必不可少的。对于境内期货机构和投资者而言，跨境期货交易可以

---

[1] [德] 迪特尔·梅迪库斯：《德国民法总论》，邵建东译，法律出版社2000年版，第143页。

[2] 《中期协专稿：浅述期货跨境交易的信息技术建设》，载直达国际官方微博，https://weibo.com/ttarticle/p/show? id=2309404458784427737238，最后访问时间：2024年7月15日。

[3] [德] 卡尔·拉伦茨：《法学方法论》，陈爱娥译，商务印书馆2003年版，第348页。

提供更多投资机会和多样化投资组合，以帮助投资者更好地分散风险，但其因跨域性等交易特征亦存在相应风险，例如政治风险、汇率风险、市场风险和法律风险等。当境内机构和投资者参与境外期货交易时，投资者既要充分了解跨境市场风险，也要采取相应的风险管理措施。因而遵循和适用跨境期货交易基本原则，主要体现的是行为公正、交易自主、利益均衡、责任归属、监管协作等法的价值追求。

（一）公平诚信原则

从法律角度看，公平是对同类主体或事项的同等对待，是法律的重要价值准则和价值目标。[1]公平可能体现在制度设定上或在很大程度上通过程序来表达，期货市场交易行为应是各主体秉持诚信、公正和自愿的原则，按照合理交易需求所建立的非欺诈、非强制性的交易程序，"这种程序若被人们恰当地遵守，其结果也会是正确的或公平的"[2]。跨境期货交易行为应体现的平等互利、诚信协商原则，则是通过对交易行为事项进行法律规范和控制来实现的。所有合同方都享有平等的权利和义务，双方在交易过程中应公平地对待对方，不能有任何形式的歧视或偏袒。合同方应向对方提供真实、准确、完整的交易信息，不能存在任何虚假陈述或隐瞒事实的行为。无论是境内机构或是个人，都应该受到同等对待并获得真实、准确的交易信息，均不能因主体身份不同而受到交易歧视或者限制，也不能因为信息不对称而遭受不公正待遇。

（二）公开自主原则

公开自主是参与者获得交易规则、程序规范和结果透明等相关信息权利的保障。"凡存在法律的地方，人类的行为在某种意义上已成为非任意的或必为的"[3]，在跨境期货交易中，所有交易主体的行为在规则制定以及交易执行过程中，均应秉持事实交易和公开公正的流程，这是确保制定最佳监管决策和控制特殊交易群体的关键所在。交易所应对所有竞争交易主体保持中立，

---

〔1〕 卓泽渊：《法的价值论》，法律出版社 2006 年版，第 413~414 页。

〔2〕 ［美］约翰·罗尔斯：《正义论》，何怀宏、何包钢、廖申白译，中国社会科学出版社 1988 年版，第 86 页。

〔3〕 ［英］哈特：《法律的概念》，张文显等译，中国大百科全书出版社 1996 年版，第 84 页。

公开期货交易的规则原则和程序，规定跨境交易参与者行为规范，定期公布交易时间、交易品种、交易方式等信息。合同方应及时公布交易信息，保证所有合同各方均能够及时了解交易信息，不得故意发布虚假或欺诈交易信息。跨境交易者应按照规定时间、地点和方式进行交易，投资者可根据自身需求选择适合的交易机会。监管部门应对交易过程和合同方信息实施公开透明监管。无论是境内投资机构还是个人，均应能够及时获得相应交易信息，保证合同方及时了解交易情况。

（三）保护投资者利益原则

投资者利益体现了整体跨境期货交易关系对立法保护的客观要求。从中国既有立法规定和案例看，现行金融法域以及《期货和衍生品法》等法律法规，均将"保护投资者的合法权益""保障各方合法权益"确立为基本原则。在跨境期货交易实践中，投资机构或是中小投资者会因规则程序不了解、信息不对称、交易经验欠缺等原因，相较于合格交易者或成熟交易者处于弱势地位，因而跨境交易应将投资者利益置于首位，合同方应严格遵守相关法规和交易规定，确保投资者合法权益不受侵害。无论是境内投资机构还是个人，均应能够获得公平待遇且其合法权益应得到充分保护。而在域外，无论是英美法系还是大陆法系国家，境外主要期货市场国家，亦将强化投资者保护的帝王条款作用，作为完善金融法域立法的重要任务。例如，英国《金融服务法》、美国《金融消费者保护法》、日本《金融商品交易法》、韩国《金融消费者保护法》等金融法规相继出台或修订。《多德-弗兰克法案》通过设立消费者金融保护局，对本国金融消费者或在本国进行跨境衍生品交易的他国投资者权益给予更多保护。同时，国际组织亦对跨境期货（衍生品）交易投资者保护规定得较为全面。例如，欧盟"金融服务行动计划（FSAP）"要求成员国在法律上保证其他成员国在该国可自由建立投资公司投资或提供有关投资服务，IOSCO确立资本市场三大监管目标之一即是"保护投资者"，欧洲证券委员会论坛（FESCO）亦发布了《协调保护投资者的核心商业行为准则》。

（四）风险自负原则

在证券期货投资领域，风险自负是特定市场行为对风险独立性要求所体现的责任承担后果。它作为成熟金融市场普遍采用的衡量投资者适当性的基本原则，其核心意旨既体现了对投资者行为的自我匡正，也体现了对投资者利益的规范保护，表明了其行为性质和功能客体取决于风险承受这一规定性。在跨境期货交易行为中，交易者应自行承担预期产生的投资风险，合约方不能向交易者提供任何形式的期货合约担保或风险保证，不得以任何理由对交易者承诺合约收益或担保合约价值及预期回报。无论是境内机构还是交易者均应自行承担交易风险，且不能因此风险交易而获得任何形式的补偿或优惠。对于国有及国有资本控股的机构投资者，期货监管部门亦不应通过行使行政审批而成为"风险控制者"或"隐性担保人"，但考虑境外期货业务特殊主体产权结构影响投资决策等因素，可试点引入风险承担制约机制或例外适用法律规则。

从国际立法和市场交易机制看，投资者保护和风险自负体现了期货法域无法回避的两面性，后者已成为共识并经域内外立法明确规范，虽在司法实践中作为裁判规则发挥审判准则功能，但确未经立法层面推动而实现"风险自负"原则的法制化。从国际主要期货市场交易看，欧盟通过法律形式、美国通过行业协会自律规则方式、亚洲主要市场均从立法层面确立了适当性原则[1]；中国《证券期货投资者适当性管理办法》第3条、第4条即通过"适当性意见""独立承担投资风险"等具体规定，充分体现了风险自负原则。就跨境期货交易而言，风险自负是市场主体各方在"了解客户""了解产品""将适当的产品提供给适当客户"的基础上，根据自身投资能力审慎决策后独立承担风险的结果。此原则具备了适当性制度和要求的部分内涵，体现了交易者是否履行适当性义务的法律后果，因而可视为适当性原则的延伸和扩展。

（五）监管协作原则

跨境期货监管是防控交易风险、保障交易安全、保护交易投资者和促进期货双向发展的法律化表现，其核心在于为实现监管目标而适配运用监管工具以提升监管针对性和有效性。跨境期货交易最显著的特征即跨越国界而具有的涉外性，因涉及不同国家或地区的法律法规和交易规定，相关交易场所

---

〔1〕　参见赵芸：《境内外投资者适当性制度研究》，载《中国证券期货》2021年第5期。

存在变更、修正规章制度或交易规则的可能，亦会对程序规则进行定期评估和调适；且因交易品种、信息披露、交易成本等诸多因素，加之在交易过程中通常需要跨市场操作和风险管理，使得监管部门需要实施更为严格的动态监管。同时，跨境期货交易需要考虑不同国家或地区的法律制度、监管政策和市场情况等综合因素，在对境外交易者违规行为查处时，也会因在身份识别、交易规则、调查取证、违规处罚等方面力量单薄，而需要本国（地区）或所在国（地区）监管机构建立国际协作机制来解决相关问题，通过对违法违规行为进行处理保障跨境交易公平、公正与合法。

第三节　跨境期货交易法律监管目标

"法律的目的是在个人原则与社会原则之间形成的一种平衡。每条法律规则的产生都源于一种目的，即一种实际的动机。"[1]法律监管是政府或司法机构对实施法律行为所进行的监督和管理，其目的在于确保法律的公正性、公平性、有效性和可执行性，从而维护经济社会秩序和公平正义。跨境期货市场是推进金融一体化的重要组成部分，跨境期货参与者及交易行为会影响不同国家和地区的经济利益，跨境期货交易也因涉及不同国家和地区的主权监管，需要兼顾彼此之间的经济合作与竞争。为确保跨境市场套期保值、价格发现和风险管理功能正常发挥，跨境期货本身亦应以监管目标作为交易行为的基本依据，重在加强跨境市场交易监管规制，确保跨境市场交易机制有效运行，保持交易规则和交易行为透明度，以防范跨境交易杠杆效应的对抗性风险，从而保护市场参与者远离交易欺诈和操纵滥用，这也是跨境期货交易法律监管的重要使命和目标。

（一）规范跨境期货交易行为

市场交易行为是法律制度规范的对象，只有保证市场交易行为的合法性、有效性，才能达到维护市场交易秩序、促进市场交易效率提高的目的。[2]跨

---

〔1〕　[美] E·博登海默：《法理学：法律哲学与法律方法》，邓正来译，中国政法大学出版社2004年版，第115~116页。

〔2〕　吕忠梅、陈虹：《经济法原论》，法律出版社2007年版，第200页。

境期货交易具有跨区域、跨文化、跨制度、跨风险等多元化特征，跨境交易者要面对不同市场间交易、文化差异下的交易习惯、不同监管制度影响以及各类跨市场风险，市场参与者交易行为可能会对其他国家或地区产生影响。这就要求：第一，所在国（地）监管机构须完善法律法规和监管措施；第二，市场参与者须加强交易自律和自我管理；第三，因跨境期货交易在法律适用上与境内交易相比具有特殊样态，现行法规体系仍难以有效规制跨境期货交易，使得跨境交易行为变得更为复杂和困难，由此会面临维护跨境交易市场公平性、透明性和稳定性挑战。可以说，规范跨境期货交易行为是实现跨境期货监管目标的首要前提。当前应系统完善跨境期货交易监管机制，明确跨境期货交易市场准入、交易规则、风险控制等监管标准，以引导和规范市场投资者的交易行为。通过加强与其他国家或地区监管机构协作，最大程度避免市场控制、操纵交易、数据风险、信息披露等违法违规行为。同时采取现场检查、非现场监管、风险评估等多样化监管手段，全面掌控市场交易动态，从而及时发现和处理交易风险，为促进跨境期货市场稳步发展奠定良好的监管基础。

（二）促推良好的资本形成机制

资本形成是指一个国家或地区在一定时期内，通过各种渠道形成的资本总额，是在国民经济核算体系中反映资本积累和投资规模的重要指标。资本形成机制，最早是国民收入核算体系奠基人西蒙·史密斯·库兹涅茨（Simon Smith Kuznets，1901—1985）提出的储蓄转变为投资的机制。[1]此机制本质上表征了经济主体通过自身投资、融资或利润获取等一系列活动形成资本的过程，其与以股票、债券、金融衍生品等形式进行资本融通的资本市场直接相关。因而，资本形成机制和现代金融创新是推动经济社会发展不可或缺的重要方面。在经济全球化发展进程中，推动资本形成机制的市场化和金融国际化竞争，已成为资本市场为契合实体经济状况而采取的深化金融调控的创新战略。资本形成机制的市场化涉及国内外储蓄、利率市场化、外资引进与调控、投资体制改革、金融市场发展等多方面因素及其相互作用关系。从宏

---

〔1〕　库兹涅茨提出"储蓄转变为投资的机制"，即储蓄本身并不能确保转变为资本，只有当储蓄有效转变为投资时，才能给经济增长提供资本支持。

观风险控制角度分析，资本形成机制通过投资、融资和利润等方式形成资本，是金融市场支持和服务对象，也是经济活动的关键步骤。金融创新则是为满足资本形成机制的需求而提供更加便捷的产品和服务，通过多元拓展金融交易市场加速资本流动。在金融一体化背景下，资本形成机制和金融创新之间存在着互为作用、相互促进的密切关系，只有建立健全良好的资本形成机制，才能促推和实现经济可持续发展。

而跨境期货交易初衷即是通过拓展、利用和发挥国际范围内更宏阔的资本市场，为境内合格投资机构和个人提供多样化期货衍生合约，以及合法有效的资本形成路径。例如，伦敦国际金融期货交易所（London International Financial Futures and Options Exchange，LIFFEX）与中国香港交易所（Hong Kong Exchanges and Clearing Limited Exchange，HKEX）的股指期货交易合作，LIFFEX 推出富时 100 指数期货合约，HKEX 则推出恒生指数期货合约，且双方不断推出更多种类期货合约以适应不同投资需求。对于跨境期货投资者来说，通过跨境通道将资金投入境外期货交易市场，既可满足"走出去"投资需求，也可降低市场交易风险并增加稳定性。如在 2008 年金融危机期间，股指期货市场为投资者提供避险工具，降低了市场波动性。同时，跨境期货交易本质上可促进境内企业利用衍生品工具实现风险管理，通过提升跨境投资效益来降低生产成本。例如，某大型制造企业可在境外期货市场购买远期合约，通过锁定原材料成本以避免价格波动风险。此外，跨境期货交易还可促进国内金融机构开展套期保值业务，如通过购买股指期货来扩大金融机构业务范围、提高资产经营质量而增加利润来源等。

总之，随着市场投融资需求主体逐步向非传统金融市场扩张，无论民间资本抑或是国有资本，面对一国期货市场时，在准入条件、交易品种、投资者结构、功能发挥以及开放体制等方面都会存在先天不足，境内期货行业竞争和交易体量稳定性不足，投融资功能尚未全力显现对实体经济的支持。而开放"走出去"跨境期货交易的"第二战场"，会产生比境内交易市场的更大规模流动性，这种差异化跨境期货市场竞争实现的重要业绩贡献，既可以活跃期货市场交易资本，也可通过国际资本流动壮大国内资本市场。可见，跨境期货交易通过多种方式促推资本形成的趋势，有助于促进国内经济健康和可持续发展。

三、保障跨境投资者合法权益

从现代经济法域、金融法域以及期货法域考察，中国相关法律法规均将保护投资者合法权益确立为基本原则之一。例如，《公司法》确立了"保护公司、股东职工和债权人的合法权益"的立法目标，《证券法》首条即确立了"保护投资者的合法权益"的基本原则，《消费者权益保护法》立法宗旨即为"保护消费者的合法权益"，《中国人民银行金融消费者权益保护实施办法》对"保护金融消费者合法权益"作出明确规定，《期货和衍生品法》亦明确要"保障各方合法权益"，等等。可以说，在现代市场经济投资（消费）关系发生领域，无论界定投资（消费）主体形态是否有差异，在经济主体法、宏观调控法抑或市场规制法中，无不将经济主体关系中的投资者（消费者）利益维护作为"立市之本"和"立法之源"。

事实上，对于金融领域投资消费者的权益保护，世界各国的立法态度也都概莫能外。对于跨境期货交易投资主体来说，面对涉外性、信息不对称性、高风险性、规则差异性甚至交易壁垒的境外衍生品，如出现市场操纵、高频交易、价格波动、头寸强平、行情误判、投机博利等违规行为，都会对投资者交易决策和风险管理产生决定性影响，进而影响对资金安全和投资利益的合理保障。由于发展中国家（地区）跨境投资者专业性占比较低，中小投资者投资经验及风险承受力较弱，甚至一些大中型国有企业面对已出风险，都缺乏诉求途径或难以寻求维权渠道，加之跨境期货监管域外适用机制并不健全，跨境交易者较难在涉外法律关系和交易规则体系中发挥显著维权作用。质言之，当前实现跨境期货交易跨境监管及投资者保护难度更大。因而，为顺应期货市场国际化开放进程，构建"走出去"的跨境期货交易投资者保护适用机制，已成为完善立法监管配套制度体系的重要领域和必要之举。

四、健全预警、监控及处置机制

在经济全球化的背景下，跨境期货市场的竞争更大程度表现在规则竞争、制度竞争上。一国监管机构对跨境期货交易实施监管，包括了对域外交易市场、交易者、交易行为和交易信息等全链条监管。随着逐步有序放开跨境市场交易，国内相关部门除对经许可的国有企业从事境外套期保值期货业务进行审批监管外，对从事境外期权等其他衍生品交易、场外交易（OTC）等高风险业务，均因缺乏相应监控机制很难及时掌握市场信息。尤其是复杂的协议规范、交易规则、市场结算以及受接口开发、数据压缩等技术制约，也会使跨境交易监管更加被动而限制监控效能。因而完善规则制度供给和弥补监管技术空白，是实现跨境衍生品交易监管的最基础配置。

毋庸置疑，跨境期货市场开放必须应用监管科技（Reg Tech）实施即时动态风险管理，这不仅是避免跨境交易监管失责的重要职责，更是"事前事中事后"健全监测、监控及处置机制的重要保障。主要表现为：第一，监管机构建立早期风险预警体系，有利于早期更好追踪风险来源，由以往事后补救转变为事前预警与防范，尽可能避免产生境外业务危机等极端情况，以维护稳定的跨境业态和交易体系。第二，监管机构建立完善的监测监控机制，可对跨境交易行为和风险隐患进行防控和阻断。例如，CFFEX 与 HKEX 建立了跨境期货交易监测监控机制，通过数据交换和信息共享，及时发现和处置异常交易行为和风险隐患。具体来说，双方合作通过数据接口进行实时数据交换，对交易者账户信息、交易行为等数据进行实时监测和分析，及时发现异常交易行为和风险隐患，并及时采取措施进行风险防控。第三，通过健全风险处置、违法违规行为查处机制，可对发现的异常交易行为和风险隐患，及时采取风险提示、限制交易、强制平仓等措施进行风险处置，对发现的违法违规行为及时进行调处，以维护期货市场交易公平和秩序。例如，以CFFEX 与 HKEX 建立跨境期货交易风险处置、违法违规行为查处机制为例，当发现某交易者账户存在异常交易行为时，CFFEX 可向 HKEX 及时发送风险提示函，要求暂停该交易者在 HKEX 交易以防范风险；当发现某交易者存在操纵市场等违规行为时，CFFEX 可向 HKEX 发送涉嫌违法违规行为通知函，并要求 HKEX 协助调查和处理。

五、维护内外金融一体化安全

金融法的首要目标是维护国家的整体金融效率、结构、秩序和安全，整体金融安全是金融法的底线，如果出现系统性风险，金融法的其他目标将难以实现。[1]众所周知，期货市场自诞生始即是作为风险管理的专业金融市场，尤其是推进期货市场建设和"走出去"跨境业务创新，既是期货市场发展动力亦是产生金融风险与危机的诱因，由此更需要履行法定监管使命以确保公众投资安全，这是新兴市场创新交易活动和发挥市场功能的保障优势。当前国内期货市场正由"双向开放"（量的扩张）向"严格监管"（质的提升）转进，这符合经济全球化背景下发展中市场阶段的普遍特征，而要稳定双向度的市场培育、功能发挥、良好运行和风险管理，相对于国际成熟市场监管模式和经验而言，实际上是存在现实困难和差距的。因而有学者认为，不宜过分夸大期货市场国际化的作用，近中期仍应有限度、有门槛、有选择地开放期货市场。[2]持此观点者体现了对现行监管框架下跨境交易安全风险的担忧。

但随着经济全球化进程加速，期货市场国际化已是大势所趋，探索跨境交易法律监管，不仅是提升对新市场、新产品和新模式的重要认知，更是促推实现内外金融一体化安全的现实进路。主要表现为：第一，有利于维护合格市场准入规范。实施跨境交易监管的重要领域之一就是合格市场准入，明确投资交易主体符合法律法规具体规范要求，以确保市场准入以及交易的合法性和合规性。第二，有利于境内和境外交易者合法权益保护。因跨境交易涉及境内和境外交易者，监管机构要对不同交易行为实施监管并保护其合法权益，则要推动规范经纪商和交易所制定不同交易规则，方可适应境内外市场交易者需求。例如，A、B两个国家投资者都跨境参与同一交易市场，A国投资者既可购买也可出售B国商品期货合约，如缺少市场法律监管，则A国投资者可能会利用信息不对称或者操纵市场来破坏市场稳定和公正。如果A国和B国都对此交易行为进行监管，则监管机构需要求经纪商和交易所报告交易数据、风险信息以及交易风险等，以便能够及时发现和处理风险。第三，有利于维护境内、境外市场的稳定公正。监管机构需通过完善域内外法规体系、实施投资者分类管理、提升技术穿透监管等手段，对跨境交易涉及的境

---

〔1〕 刘少军：《金融法制定中的基本范畴与体系结构研究》，载《新疆师范大学学报（哲学社会科学版）》2025年第2期。

〔2〕 姜哲：《期货市场国际化：现状、问题与应对》，载《证券市场导报》2021年第7期。

内和境外市场秩序进行公平监管。例如，要求经纪商和交易所实行公平的保证金制度、平仓制度等交易规则，以确保市场交易的公正、透明和稳定，避免境内外参与者受到市场操纵和不公平竞争的影响。第四，有利于强化税收和外汇收支平衡。监管机构重点监管跨境交易税收和外汇收支，可有效防止逃税、洗钱、外汇违规等违法行为，确保税收收入和外汇使用的合法性和合规性。

总之，实施跨境期货交易法律监管，最重要的是通过风险限额、风险预警强化控制，避免交易市场波动和风险传染。同时这有利于加强国际监管合作，维护境内外金融一体化安全，促进金融全球化市场健康发展。

第四节　跨境期货交易监管的学理基础

法学研究的理论基础是用以分析、理解和解决法律现实问题的根本，任何传统或新兴法学的研究起点、逻辑思维都应有理论来源和实践基础。从法学视角看，跨境期货交易监管是政府监管机构为保证跨境交易安全与稳定、维护跨境交易公众利益和促进期货市场开放发展，对跨境期货主体机构及其业务活动、市场交易行为等实施的监督管理。而对跨境期货交易这一新兴领域实施监管，是基于期货市场双向开放发展以及跨境交易行为风险防控这一现实要求，业界对于其监管的实践基础自然无可置疑。同时，跨境期货交易监管制度设计亦需有可依据的学理基础，对此需要从不同学理视角加以审思和分析。

一、国际金融法学基础

前已述及，跨境期货交易属于跨越国境的经济行为，具有经济性和涉外性，对其监管本质上是一国特定机构对跨境交易行为主体进行一定的调控或限制，主要表现为跨境交易运行过程中发生的涉及不同市场、不同法域、不同参与主体的特定经济法律关系，体现为国际经济法学的调整对象和范畴。期货行业是金融领域的重要分支，因而属于国际经济法学交叉分支中的国际金融法学调整范畴。国际金融法是从国际经济法基础上发展构建的国际法规范、国内法规范、公法和私法规范的总和，主要调整国际金融组织设立与运作、跨国金融交易行为、国际货币金融、国际金融市场监管等国际金融法律关系。而跨境期货交易作为跨越一国管辖范围的新兴金融关系，不仅包括一国与不同国家（地区）、国际组织间所发生的金融关系，也包括一国和不同国家（地区）投资人、法人以及其与本国、国际组织间所发生的金融关系，这些都涉及到多个国家（地区）之间的跨国金融法律关系，也正是国际金融法主要调整领域之一。同时，为保障涉外交易业务的安全稳定，跨境期货交易监管制度会涉及《国际货币基金组织协定》《巴塞尔协议》《金融服务现代化法案》等诸多国际金融法律法规，也更需要遵循自由贸易、公平竞争、市场开放、外汇管制、税收平等、贸易安全等国际金融法基本规则，这些法规原则为跨境交易监管规范及制度设计提供了重要法律基础。另外，随着期货市场国际化和跨境业务开放兴起，国际间强化期货交易法律关系的涉外法律规范，构成了跨境监管、协调处理的重要合作机制。例如，《证券法》《期货和衍生品法》《数据安全法》《外商投资法》《电子商务法》等法律法规都具有一定涉外性。即便如此，各国分散的、难成体系的涉外法律条款仍不足以满足跨市场监管需求，也难以形成统一的跨境监管标准与准则[1]，因而加强跨境期货监管多边或双边合作已成为各国的共同需求。

从期货跨境监管多边合作的维度看，由各国各地区证券期货监管机构组成的 IOSCO 是促推全球多边证券期货监管合作最重要的国际机构。IOSCO 以制定国际公认的金融监管准则和执法标准为宗旨，其相继制定、发布的具有代表性的《国际证监会组织证券监管目标与原则》《外国发行人跨国发行与首次上市的国际披露准则》《关于磋商、合作和信息交流多边谅解备忘录》［包括多边谅解备忘录（MMOU）和加强版多边谅解备忘录（EMMOU）］等数百项规范性文件，为披露投资者决策重要信息、监管机构互相协助和信息交流、成员机构调查处理跨境案件、对不当行为使用执法权力等国际监管合作确立了新标准，并致力于推动其得到一致实施。目前中国证监会已成为 IOSCO 缔约正式会员，上海证券交易所、深圳证券交易所、中国金融期货交易所、中

---

　　〔1〕　姜洋主编：《国际期货监管经验与借鉴：境外期货监管研讨会演讲集》，中国财政经济出版社 2011 年版，序言第 7 页。

国证券登记结算有限责任公司、中国证券投资者保护基金有限责任公司、中国证券业协会、中国证券投资基金业协会也是 IOSCO 附属会员。从期货跨境监管双边合作维度看，其监管合作主要是通过签署双边司法协助协定和谅解备忘录来实现。前者是双方经济体的主权政府或其授权机构为提供监管司法协助签订具有国际法效力的双边协议，其协议内容主要包括：可适用协助的事项、请求的要件、请求执行的方式、所获信息的用途以及拒绝请求的情形等。后者是相关经济体监管主管机构之间就期货监管合作事项签订的不具法律约束力的合作文件。截至 2024 年 12 月，中国证监会已与 67 个国家和地区的证券期货监管机构签署双边监管合作谅解备忘录。[1]因而，通过上述多边或双边合作所达成的跨境期货监管规范性文件和合作文件，均具有国际性金融法律规范和监管约束边界，也成为跨境期货交易监管可依据的学理基础。

二、经济学基础

在当今世界经济中，金融已成为支撑实体经济发展的现代经济的核心。现代化经济体系，是由社会经济活动各个环节、各个层面、各个领域的相互关系和内在联系构成的一个有机整体。[2]从现代化经济体系框架的环节、层面和领域等特征构成看，金融业始终是支撑一国产业体系、市场体系、发展体系和开放体系的重要领域之一。申言之，协同发展的产业体系依靠现代金融战略支撑，竞争有序的市场体系强调金融资源有效配置，协调联动的发展体系遵循金融服务调节机制，安全高效的开放体系依赖金融市场主导作用。跨境期货市场不仅已成为全球市场经济的重要组成部分，而且在整个市场经济体系中发挥着最活跃的重要作用。随着期货市场扩大开放，发挥跨境期货市场在资源配置中的决定性作用，已成为如何实现金融资源有效配置的经济

---

〔1〕 中国证监会：《中国证监会与巴西证券交易委员会更新签署〈证券期货监管合作谅解备忘录〉》，载中国证监会官网，http://www.csrc.gov.cn/csrc/c100028/c7486249/content.shtml，最后访问时间：2025 年 4 月 10 日。

〔2〕 习近平总书记在 2018 年 1 月 30 日中共中央政治局第三次集体学习时从七个方面全面论述了建设什么样的现代化经济体系。参见刘志彪：《把握现代化经济体系的内涵和重点》，载中国共产党新闻网，http://dangshi.people.com.cn/n1/2018/0624/c85037-30079038.html，最后访问时间：2025 年 4 月 10 日。

学命题，也表明跨境期货交易及监管有着典型的经济学基础。具体表现在以下方面：第一，跨境期货交易推动了全球范围内贸易和投资活动，使得各国之间经济联系更加紧密，也推进了各国间期货交易活动更加自由化，不仅增加了境外投资机会也促进了全球范围内资本流动，体现了全球经济一体化和金融自由化的现代经济特征。第二，通过跨境期货交易可以使全球范围内商品和期货市场实现资本对接，克服了过度依赖本地市场的局限性。跨境交易也可以提升期货交易品种，避免本地期货市场发生交易垄断的情况。因而可防止期货市场交易扭曲，维护公平竞争从而保障市场正常有效运行。例如，当一国农产品市场出现过剩时，即可通过跨境期货交易将过剩农产品转移到其他国家或地区，从而避免市场交易扭曲；而当一国商品期货市场存在垄断时，可通过跨境交易引入更多境外竞争者，或是开放境内投资者向境外市场转移，通过发挥市场调节作用促进公平竞争。第三，跨境期货交易是期货市场创新与金融产品服务叠加创新的新业态，也是金融领域期货业务创新的产物之一，其所催生的市场新主体、交易新模式和服务新内容，必然促进期货业在全球范围内的信息传递与数据交换，也涉及通过信息技术、硬件通道、接口技术等搭建跨境交易平台系统。由此看来，跨境期货交易在推动金融创新的同时，也发挥了信息技术优势对金融行业的积极影响。围绕这些现代经济发展的新内容和新业态，都需从现代经济学市场风险溢出管理中寻求应对之策。第四，从监管目标和制度设计看，对跨境期货交易实施市场监管，监管机构可对交易量、价格波动、交易者信息进行监控和分析，以判断是否存在异常交易行为，并可采取限制交易、暂停交易等相应措施，以避免市场操纵和投机行为，从而保障市场稳定性和可靠性，以利于资本形成并实现经济良好运行的目标。更重要的是，跨境期货交易监管涉及市场机制、价格机制、货币汇率、跨境结算、风险控制等经济学基本原理和管理理论，因而在制度设计上需要符合经济学、金融学、信息科学等多学科基本原理，这些都为跨境期货交易及监管制度提供了坚实的理论基础。

三、法理基础

资本以货币、投资和金融衍生品等方式实现跨境流通，是现代经济极速发展的新型业态。任何新生的社会经济关系总是先于法律关系调整，尤其是跨境期货交易的新生业态更是倒逼市场监管的及时跟进。如对跨市场高风险交易缺乏有力监管，可能会引致和产生不同市场间的风险传导，从而妨碍期货市场功能发挥甚至危及行业发展。一国政府实施跨境期货交易监管既是约束亦是保护，不仅是规范跨境期货交易及其行为、保障公平公正的市场交易基础，更是维护期货市场开放与各主体权益平衡的法治需求。跨境期货交易是体现合同自由原则下市场经济行为的合法意志。因而对于现代法治的金融开放市场何以监管？监管的法理依据以及法律价值何在？

事实上，跨境期货交易监管体现了政府监管与合同自由的对立统一、适度监管与公平正义的价值目标。第一，跨境期货产品本质上属于金融衍生合约，投资者享有订立、变更和终止合同以及选择交易方式的法定自由，但跨境交易的信息不对称、非标准化和高风险性，这些固有缺陷无法通过市场自身克服和避免，若任由交易自由普通投资者可能面临市场强势主体的欺诈和收割，则有违现代商品期货交易的公平公正，因而就需要国家政府依法进行监管调控，以维护市场交易秩序和各方合法权益，但监管制度需要符合国内期货法、证券法、金融稳定法、外汇管理条例等立法规范，这些金融法律法规为跨境监管制度设计提供了具体法律依据。例如，《期货和衍生品法》总则首条即明确规定"保障各方合法权益，维护市场秩序和社会公共利益"；第2条规定，境外期货交易和衍生品交易及相关活动，扰乱境内市场秩序，损害境内交易者合法权益的，可依法处理并追究法律责任。《金融稳定法（草案征求意见稿）》第4条也明确，要将金融活动全面纳入监管，公平保护市场主体合法权益。这些宗旨和原则均体现出对交易个体权益保护的立法倾向，但因跨境期货市场的不完全竞争、负外部性和信息不对称，必须依法赋予监管机构行使维护金融交易安全、保护投资者合法权益的法定权责，通过完善市场监管制度和效能，最大程度保障普通投资者在跨境市场交易力量悬殊下的权益保护。第二，监管机构必须依法行使跨境期货监管权，这是跨境期货法律监管的最低标准。只有依法合法监管才能实现期货市场公平公正，这是跨境期货法律监管的最高价值追求。但对于期货衍生品市场应持何种监管态度？应当是放松监管还是严格监管？这在学界和业界一直存有诸多争论。从跨境交易实践看，期货对冲投资策略与高频交易风险事件是同一市场的不同表现，不能单纯依靠市场调节机制平抑固有交易风险，政府监管机构亦不能依赖市场调节而失去监管动能，这是由维护跨境市场秩序和社会公共利益的本质要求决定的。因而对于跨境期货交易，政府监管既要维护市场新生业态，也要鼓励跨境期货业务创新，并留足跨境市场发展空间，这实质上考量的是政府监管与市场自由的适度性。因此，以何种方式实施监管以及监管到何种程度，应是体现适度监管原则与公平正义目标的法价值均衡。适度监管是衡平跨境期货市场监管的基本原则，公平正义是保障跨境期货市场运行和投资交易的价值基础。倘若跨境期货市场法律制度不健全、缺乏监管规范，则会导致违规信息披露、欺诈交易、操纵市场、内幕交易等不法行为不被禁止，则难以吸纳境内外投资者壮大资本交易规模，也会因违背诚信公平原则而丧失市场主体地位，更会妨碍交易主体正当权利行使，从而破坏监管生态。因而国际及各国期货监管立法只有坚持诚实信用、公平互利原则，通过健全监管机构、监管职责、监管标准等制度规范，方可达致期货衍生品交易秩序、跨境投资者权益保护以及国家经济安全维护的监管目标。例如，《期货和衍生品法》第6条规定，期货交易和衍生品交易活动，应当遵守法律、行政法规和国家有关规定，遵循公开、公平、公正的原则，禁止欺诈、操纵市场和内幕交易的行为；第7条规定，参与期货交易和衍生品交易活动的各方具有平等的法律地位，应当遵守自愿、有偿、诚实信用的原则。《证券法》第3条也明确规定，证券的发行、交易活动，必须遵循公开、公平、公正的原则。而在其他诸如欧盟FSAP、IOSCO、FESCO、《多德-弗兰克法案》等国际金融组织涉及证券期货监管文件或法案中，亦都分别定下"驱动成员国资本市场统一和监管、确保市场公平、效率和透明、保护投资者基本途径、金融安全与权益保护适度平衡"等监管目标。以上国内外监管配套法规所发挥的跨境期货交易有效监管作用不证自明。第三，跨境期货交易具有跨市场、跨时空、跨地域等运营服务特征，面对市场高度集中、产品风险偏好、交易不透明、高杠杆率等风险居高不下的情况，跨境期货市场法律监管制度始终倾向于防控和化解金融风险。众所周知，风险管理是期货市场最重要的功能，跨境期货监管的核心目标亦是确保正常发挥跨市场风险管理功能，这也是服务全球跨境期货大市场建设的实现方式，因而多数制度设计需要符合风险预警、风险识别、风险评估、风险控制、风险处置等风险管理的基本原则和标准。而在风险管理学（Risk Management Science）中，涉及跨境期货交易的主要包括风险评估模型、风险控制策略等，这些原则、标准以及风险控制理论为完善跨境期货监管制度提供了风险管理基础。随着全球金融一体化发展，监管机构需要不断革新监管理念和监管方式，通过制度建设强化审慎监管和风险管理。例如，建立合格境外投资者审批、注册、许可证等制度；明确市场准入、资本充足、杠杆率等标准；健全风险评估、风险监测、风险报告等制度；通过境外现场检查和非现场监管、期货合约产品审查评估、市场化运作机制等方式展开风险估测和管理等，从而在保障境内外期货市场正常运行的同时，促进跨境期货交易市场竞争及其业务创新，更好地维护国际市场竞争中投资者合法权益和国家经济利益。这些都体现了跨境期货开放发展进程中涉外法制建设的新使命。因而，下一步优化和完善跨境期货交易监管制度，推动形成公正合理的涉外期货治理规则，又蕴含了坚持统筹国内外法治体系建设的逻辑前提和实践基础。[1]

综上所述，跨境期货交易监管理念和监管方式，应是处于市场交易与业务调整的一个动态革新过程。跨境期货监管制度涉及国际金融法学基础、经济学基础、法理基础以及金融监管和风险管理等多维度基础，这些学理基础为明确跨境期货交易何以监管，以及制度设计提供了重要理论支持和实践指导。

本章小结

从跨境期货交易本质属性看，因跨境期货涉外性和专业性强、普通公众投资渠道受限、交易知识缺乏等诸多原因，时至今日，也未能完全积累跨境期货交易的学术理论和实践经验。虽然期货发达国家已有涉及跨境期货监管的雏形规范，但其立法理论、交易规则和监管体系，无法也不可能为中国期

---

〔1〕 何志鹏：《现代化强国的涉外法治》，载《吉林大学社会科学学报》2022 年第 2 期。

货市场双向开放提供完全指导和理论支持。

　　跨境期货交易监管理论主要包括监管边界和原则、法律监管目标和监管的学理基础等。本章首先厘定跨境期货交易的学理及实践内涵，将研究边界限缩为"境内投资者从事境外期货市场交易"，并以此梳理跨境期货交易特点和基本原则，进而明确了规范跨境期货交易行为，促推良好的资本形成机制，保障跨境投资者合法权益，健全预警、监控及处置机制，维护内外金融一体化安全的法律监管目标，最后通过逐一分析跨境期货交易监管多维学理基础，可为后文展开跨境期货交易监管研究夯实重要法理和学理基础。

第四章

跨境期货交易兴起与监管沿革

第一节　中国跨境期货交易兴起及发展

涵盖期货法律制度的金融法是在社会经济发展进程中逐渐形成的法律体系。研究期货法律制度，必须在期货市场发展基础上厘定期货法律关系产生及发展历程。一部期货交易史就是期货交易品种不断创新、交易规模不断扩大的历史。[1]在当今世界经济体系中，期货市场是发挥定价作用、风险管理和配置资源功能的最聚焦场域，也是市场经济中最活跃的重要组成部分，期货市场功能全面发挥与服务实体经济发展的高度契合，促推了现代市场经济发展的新形态，亦不断丰富了市场自身规模及行业新业态。纵观跨境期货交易的源流及其发展沿革，根据国内期货市场渐次兴起、逐步开放以及完善程度综合判断，可将跨境期货交易划分为初萌突破时期、持序扩张时期、整顿规范时期、立法监管时期、双向开放时期五个主要发展阶段。

一、初萌突破时期（1990 年以前）

从现有文献资料和历史源流看，学界对于中国期货市场产生的追溯已有定论。[2]但无论是上海股份公所（1891 年）、上海众业会所（1905 年）、北平交易所（1918 年）、上海证券物品交易所（1920 年）、合并重组的上海众业公所（1929 年），还是其后开办的众多交易所，这些早期期货市场业态的交

---

〔1〕　刘志超主编：《境外期货交易》，中国财政经济出版社 2005 年版，第 1 页。

〔2〕　学界普遍认为，中国期货市场肇始于清朝中后期，并依赖于证券交易所和股份公司的发展逐渐开始萌芽。参见邢全伟：《中国期货市场发展的历史阶段和向成熟状态的嬗变》，载《中国经济史研究》2018 年第 2 期；刘迎秋：《中国期货市场十年：历史回顾与发展展望（上）》，载《财贸经济》1998 年第 5 期。

易规则、监管机制虽有雏形，但微弱的稳定经济的表象繁荣只是投机资金滥赌的结果，其作用和性质都不可与现代意义上的期货相提并论。因而新中国迈入经济建设期并在对外贸易中尝试利用国外期货市场[1]，此时可以真正视为现代期货实践之发端，本书亦将这一时期界定为跨境期货交易的初萌突破时期。

回溯既往，新中国初期的期货市场建立与稳定物价的经济目标匹配性较弱，计划经济条件下实行的统配体制，其交易主体、市场供求、资源配置以及价格机制，或多或少都影响了彼时期货市场建立的经济基础，由此也反映出经济体制转变时期市场功能的不完备，以致出现期货市场被关停的可能。这一时期，由政府通过较集中的计划渠道配置资源，逐渐确立的计划经济主导地位也在一定程度上削弱了市场主体的作用发挥，由此亦不利于新生的经济市场的蓬勃发展。一个有着庞大需求的新兴市场必须要建立与优先快速发展目标相适应的经济体制，因而从经济发展之需谋划，尝试突破计划经济制度束缚而扩大多边经贸往来，这在一定程度上是改变经济发展方式的必要选择。

20世纪70年代初，随着世界两大经济体系趋向解体以及国际经济形势变化，代之而起的是发达国家和发展中国家之间日益增多的经济往来[2]，这使得中国对外经济交往对象由原单一主体向世界各国主体转变，尤其是国内"四三方案"的批准实施，也为外贸、金融及与之有关的其他经济领域对外经济交流创造了条件。而遵循市场经济规律是西方国家主导的经济贸易活动的基本特点，西方资本市场为平抑经济危机和通胀压力，更看重中国潜在市场需求规模和现货商品输入，这使得每每遇到国内实施商品进口计划，国际市场卖家即会通过操控价格杠杆提高商品报价，因当时财政困难及外汇紧缺，国际市场微小的商品价格波动都会给国内经济建设带来巨大风险。彼时国内已制定面向国际市场的外贸政策，客观存在的市场经济风险迫切需要运用期货交易工具加以规避。与此同时，陈云同志大胆指出，要利用资本主义国家的商品交易所和期货市场。就当时市场环境和竞争风险看，为避免国际贸易中价格波动风险，一定程度上对境外期货市场加以利用才会更加符合中国的国家利益[3]，这使得计

〔1〕　常远：《中国期货市场的发展历程与背景分析》，载《中国经济史研究》2007年第4期。
〔2〕　陈东林：《七十年代前期的中国第二次对外引进高潮》，载《中共党史研究》1996年第2期。
〔3〕　陈东林：《七十年代前期的中国第二次对外引进高潮》，载《中共党史研究》1996年第2期。

划经济时期国家从借鉴外国现代化金融管理手段，到理解、运用期货交易避险工具变为可能。当年由国家对外贸易部（以下简称外贸部）领导的承担采购任务的国家进出口公司，为规避国际商品价格及汇率变化风险，即通过香港代理商开展境外期货套期保值业务，其中"香港五丰行采购原糖"则是中国最早参与境外期货交易的经典案例[1]。在此之后，又在总结经验、解放思想和分析判断的基础上，再次在国外黄金期货市场利用外汇购买黄金保值增值，通过黄金买卖和开展期货交易，外贸部门很快就赚回 30 亿元，比上一年出口总额 26.4 亿美元还多近 4 亿美元。[2]这不仅规避了汇率风险，也为国家增加黄金储备、保障外汇储备安全，以及以后对外开放提供了可靠支持。

从这一时期对境外期货市场探索来看，中国经济决策者也认识到期货交易在国际贸易中规避风险的作用，积极尝试在对外贸易中利用国外期货市场为国民经济服务。尽管当时中国国有企业参与境外期货市场情况较少，但当时国家主管领导、外贸部核心小组为恢复外贸金融和西方经济研究，收集资料并着重研究了国际金融和货币等 10 个方面的重要问题[3]，重点解决了"合法不合法、突破规章制度"等思想和制度建设问题。在香港五丰行通过境

---

〔1〕 1973 年 4 月，中国粮油食品进出口总公司的香港派出机构五丰行（香港华润公司子公司）接到年内购买 47 万吨原糖任务。因国际市场砂糖货源紧张且价格趋涨，为避免刺激国际市场原糖价格上涨，五丰行并未直接出面到国际原糖现货市场进行大量采购，而是先委托香港中间商出面在伦敦和纽约砂糖交易所购买原糖期货 26 万吨（平均价格每吨 82 英镑左右）；其后立即向巴西、澳洲、伦敦、泰国、多米尼加、阿根廷购买现货 41 万多吨（平均价格每吨 89 英镑左右）。国际市场随即传出中国大量采购原糖消息，纽约和伦敦砂糖市场现货、期货价格大幅上涨至每吨 105 英镑。五丰行因已完成砂糖现货购买任务，即从 5 月 22 日起至 6 月 5 日售出期货，除中间商应得费用和利润 60 万英镑外，五丰行赚取 240 万英镑。参见熊亮华：《红色掌柜陈云》，湖北人民出版社 2005 年版，第 264 页。

〔2〕 熊亮华：《红色掌柜陈云》，湖北人民出版社 2005 年版，第 267 页。

〔3〕 这 10 个方面重要问题包括：（1）美、日、英、西德、法各国从 1969 年至 1973 年的货币发行量是多少？外汇储备是多少，其中黄金储备是多少？（2）现在世界黄金年产量是多少，其中主要产金国的年产量是多少？（3）800 亿欧洲美元分布在哪些国家和地区？（4）作为经济繁荣、衰退、危机的标志，工业除了钢铁以外，还有哪些行业？从 1969 年至 1973 年美、日、英、西德、法各国的钢铁、机械或其他基本建设投资是多少？（5）美、日、英、西德、法各国度过危机的办法是什么？每次危机间隔时间是多少？（6）美国同英、日、西德、法各国的矛盾，除了政治上的以外，经济上的表现在哪些方面？主要矛盾是什么？（7）美国和日、英、法、西德各国在贸易和货币方面存在的问题，估计采取什么办法解决？法国财长德斯坦是主张把货币和黄金联系起来的。世界上货币总流通量和世界上黄金总持有量，是否可以算出一个大致的比例来？（8）美国 1973 年对外赤字是多少？包括转移、驻军、投资、旅游、贸易等方面。（9）对世界经济和货币、金融情况的近期和远期的估计。（10）对外国银行给我们的透支便利的利害估计。参见《陈云文选（第 3 卷）》，人民出版社 1995 年版，第 216～217 页。

外期货市场实现套期保值后，外贸部即组织对交易所、期货、利用中间商购买等一系列政策问题进行深入讨论，并向国务院呈报《关于进口工作中利用商品交易所问题》的请示报告，明确阐述利用交易所的理由和原则，并指出国际市场上的交易所不仅是投机商活动场所也是大宗商品的成交场所，应该研究和利用交易所、中间商，而不能只是消极回避。由此确立了利用外资和外国金融管理手段等战略指导思想，对于提高计划经济时期中国商业机构和外贸人员的市场和价格意识具有重要意义，也为20世纪70年代中国境外期货交易发展奠定了理论基础。

从以上境外期货业务源流看，最早的期货市场内生于计划经济体制下实体经济避险的需要，没有计划经济体制的价格改革就不会有最早的境外期货交易。但当时因国内期货市场发展相对滞后，在其后10余年间，相关企业和个人投资者仍是寻求境外期货市场交易。例如，1984年中国金属总公司曾在美国期货市场上进行过期货交易[1]；中国银行于1985年开始代理国内客户进行境外期货交易，其后又陆续代理了多家国内企业，在境外期货市场进行铜、铝、小麦等商品期货交易。总之，通过"香港五丰行采购原糖交易"境外期货交易实践性突破以及之后的代理境外期货交易，都为中国进一步利用境外期货市场发展国际贸易以及以后重建期货市场发挥了重要作用。就此意义而言，国内参与境外期货交易的历史远早于境内期货市场的诞生。或可由此认为，计划经济时期的境外期货交易实践为国内期货市场建立奠定了基础。

二、持续扩张时期（1990年—1993年）

学界虽存在"中国期货市场始于晚清萌芽、快速发展于民国时期"的认识，但将期货市场发展置于整个历史轮廓中，就会发现，彼时期货市场阶段的发展情况，既不需要、也不可能形成当代法学意义上的监管体制，特定制度环境下呈现的发展缺陷，只会在新中国政治经济制度不断变革的进程中瓦解消亡。实事求是地讲，此阶段期货市场断层后不具有可接续性。而发端于计划经济改革的新中国期货市场，是经历经济制度变迁的自我进化结果，也

---

[1]　叶全良：《期货论——中美期货市场比较研究》，湖北人民出版社2003年版，第220页。

是旧时期政治经济制度不可能超越的新发展形态，具有适应经济制度调整的承续性和发展性。事实证明，正确的经济指导思想确立后，期货市场重建只是经济体制变革下的必然结果。

诺贝尔经济学奖获得者、美国著名经济学家默顿·米勒（Merton Miller，1923—2000）说："真正的市场经济是不能缺少期货市场的经济体系。"这一论断在中国市场机制改革时期已得以印证。20 世纪 80 年代中期，中国开启流通体制和价格体制的全面经济体制改革，随着宏观经营市场和引资开放环境逐步完善，培育了大量市场主体和经营者，市场价格体制引导了市场化资源配置，发挥了调节市场供求变化和激励企业经营的作用。1985 年 1 月中央一号文件《中共中央、国务院关于进一步活跃农村经济的十项政策》发布，通过农村产业结构调整不断扩大农产品流通范围，因农产品实行合同定购和市场收购，价格波动幅度增大既不利于农业生产稳定，也使得市场交易主体规避价格风险的需求陡增，从而促使政府开始考虑寻求建立规避风险的金融工具——期货市场。1988 年 2 月国务院指示对国外的期货制度进行研究。与此同时，经过对期货市场功能地位、利弊论争等的理论突破，以及面对境外市场期货品种取得的突破发展，1988 年 3 月《国务院政府工作报告》明确强调要"逐步确立新经济体制的主导地位"，并提出"加快商业体制改革，积极发展各类批发贸易市场，探索期货交易"；1988 年 5 月国务院决定以小麦、杂粮、生猪、麻等农产品作为期货试点品种进行期货市场试点。至此，期货市场被中国确认为市场体系重要组成部分。经过对期货交易组织和运作模式、品种选择、合约标准化、竞价机制深入规划以及试点方案选择的落定，1990 年 10 月 12 日，国内首个正式引入期货交易机制的全国性批发市场——郑州粮食批发市场正式开业，标志着当代中国期货市场的诞生和现代化期货交易所的出现。[1]虽然中国期货市场试点是从交易所现货交易开始，并逐步引入集中交易、会员制、保证金制度等期货交易机制，但重建期货市场的决策和最终实施，是因应国内外经济环境、市场化经济改革和规避经济发展风险的必然选择，自此表明中国现代化商品期货市场开始起步。

---

〔1〕 沈开艳：《中国期货市场运行与发展》，学林出版社 2003 年版，第 126 页。

及至 1991 年，郑州粮食批发市场着手推出标准化期货合约并制定中国第一部规范化期货交易规则。而继郑州粮食批发市场建立后，全国各地纷纷仿照"郑州模式"，相继建立了黑龙江粮油批发市场、江西九江粮食批发市场、安徽芜湖大米批发市场、吉林玉米批发交易市场、山东威海花生批发市场等一大批地方性批发市场。[1]作为农产品期货市场的过渡形式，这些批发市场基本套用期货机制进行现货交易，或多或少会产生全面现货交易试点阶段之隐忧。与此同时，在现货批发市场建立和远期合约机制培育的基础上，国内各地相继成立各类期货交易所。1991 年 6 月深圳有色金属交易所（SME）成立，并于 1992 年 10 月率先推出特级铝期货标准化合约，上市品种主要有计划外的铜、铝、铅、锌、锡、镍等；1991 年 6 月同时成立苏州物资交易所（后更名为苏州商品交易所）实行会员制并引入期货交易机制；1992 年 5 月上海金属交易所成立并启用自动撮合系统实行公开竞价买卖；1992 年 6 月上海外汇调剂中心首开金融期货交易先河进行外汇期货交易，上市期货合约品种主要有英镑、马克、日元、瑞士法郎、美元和港币等。广州、深圳等地也相继推出外汇期货交易，并逐步拓展到股指期货、国债期货等领域。1992 年9 月首家广东万通期货经纪公司成立使得中断 40 多年期货市场重新恢复；1993 年 3 月郑州粮食批发市场更名郑州商品交易所并于 5 月正式推出标准化期货合约，标志着中国由现货交易正式迈入期货市场发展时代。从上述国内期货市场演进发展的角度看，由现货交易、到中远期合约逐步向规范化期货交易转变，根本上凸显了期货市场渐进式发展路线，农产品期货和金融期货迅速兴起催生了期货市场热，由于彼时创办期货交易所非常容易获利，全国交易所数量曾一度猛增至 54 家。而随着国内期货市场的快速发展以及对重要投资工具的逐步认识，期货市场追逐者不再局限于传统套期保值而更多转向追求投机获利，但因当时并不完全具备合法化合约规定、合约结算体系、"逐日盯市结算"体系等现代期货交易所需要的基本要素，且缺乏对期货工具衍生风险认识和市场统一监管以及国家法律法规滞后，中国期货市场开始陷入无序发展状态。具体表现在以下方面：

---

[1] 参见马源平：《期货市场成长论——中国现阶段期货市场的理论思考》，陕西人民出版社1998 年版，第 31~32 页。

一是当时期货交易所设立大多由国务院相关部门和地方政府以及行业大型主干流通渠道、生产企业共同组建，在其后发展过程中，市场化的政府主导性较强也产生了地方利益与部门利益不均衡的情况。加之地方和部门可自行审批或参股交易所，亦驱动交易所过多注重以营利为目的发展，由此推动了期货市场的粗放发展。

二是设立交易所缺乏统一规划，因数量众多且过于集中，导致市场分割、品种过散和交易量分散。据彼时统计，1993 年底前国内中等城市几乎都拥有本域内交易所，经各部门、各级政府批准的商品期货交易所达 38 家，共有会员 2337 家，代理客户超过 1 万户；1993 年全年交易总额已达 710 亿元，日均交易额 42 亿元。[1]同时上市交易品种同质化现象严重，仅铜、铝等有色金属品种就在 9 家交易所上市交易。一些未经论证的不适合商品也被列为交易品种，这样难以通过市场供求形成行业价格，从而产生市场风险和资源浪费。

三是期货经纪公司设立泛滥，缺乏严格运作规范导致国企和投资者蒙受损失。因各地工商部门都可行使期货经纪公司审批权，导致设立从事期货代理业务的公司准入门槛过低。据统计，至 1993 年底，各地批准成立的期货经纪公司达 300 余家，期货兼营机构达 2000 多个[2]，还有海外期货经纪公司在境内开办的分公司，国内期货经纪公司一度数量泛滥。这些期货经纪公司多数不具备代理期货业务及承担风险条件，亦无完善的交易规则、章程和管理办法，存在以低收费高质量误导客户盲目投资、放松风险控制吸收客户、期货经纪公司与客户私下对冲、制造行情操纵市场、因亏损产生经济纠纷等非规范运作现象。[3]

四是盲目发展境外期货交易问题比较突出，客户亏损和国家外汇流失严重，地下从事境外交易盛行，误导欺诈行为屡禁不止。各级工商管理部门登

---

〔1〕 钟文倩：《常清口述历史：中国期货业 20 年沉浮录》，载新浪网，http://finance. sina. com. cn/money/future/fmnews/20081227/02275691889. shtml，最后访问时间：2024 年 9 月 1 日。或参考中国证监会期货部、中国期货业协会编著：《中国期货市场发展研究报告》，中国财政经济出版社 2004 年版，第 33 页。

〔2〕 中国证监会期货部、中国期货业协会编著：《中国期货市场发展研究报告》，中国财政经济出版社 2004 年版，第 35 页。

〔3〕 例如，广东星汉、广东金创、上海大陆等期货经纪公司，凭借资金实力或同其他会员联手，在某些交易品种上制造行情，妄图操纵市场以牟取暴利，而被中国证监会撤销经纪资格。

记注册的近 300 家期货经纪公司中，2/3 以上从事境外期货交易，而且大都从事投机业务。这些公司不是境外交易所的会员，只能通过外商代理，有的要经过几级代理，不少客户的委托单根本到不了境外交易所，导致欺诈现象屡有发生。有的公司外汇来源也不正当，采取各种手段非法套汇。[1]一些期货经纪公司根本不了解境外期货经纪商资信情况，在不具备交易条件时甚至采取内外勾结手法代客进行国际期货业务。多数从事境外期货交易的期货经纪公司的客户亏损面在 90% 左右，大量资金跨境外流造成国家外汇损失严重。据估算，这些公司流出境外的保证金近 100 亿元。国外报刊也报道，由于开展境外期货交易，中国流失了近 10 亿美元。有的进出口公司在经营境外期货中损失惨重，给国家信誉造成很坏的影响。[2]加之当时地下交易盛行，这些地下期货经纪公司未经登记注册，私下开展期货交易且大都从事境外交易，通过采用限制交易者自主权、不按国际期货规则结算、抬高保证金或佣金、隐藏投资者盈利、夸大损失等不规范行为蒙蔽客户；也有一些境外不法商人在境内非法从事境外商品期货、外汇期货或外汇按金等代理业务，诱导客户卷走大量保证金[3]甚至实施诈骗，此类交易行为既游离于政府监控之外更无可监管，这些管理混乱及监管无序现象引发的经济纠纷和社会问题日趋严重。

从这一时期大量期货经纪公司与期货兼营机构业务竞争来看，期货经纪公司的法律地位、组织行为并未依法明确和规范，各地方和部门盲目争办期货交易所或成立期货经纪公司，而境内期货经纪公司接受客户交易委托只能再转委托国外期货经纪公司进场交易，这种市场交易多具有投机性和风险不可控性。因而出现了有些外资、合资或变相合资期货经纪公司蓄意欺骗客户的现象；有些单位和个人盲目参与境外期货交易造成经济损失，某些交易所和期货经纪公司不规范交易行为也已影响到国家宏观调控政策的落实。凡此

---

〔1〕 刘鸿儒：《制止期货市场盲目发展，保证试点工作健康运行》，载中国证券业年鉴编辑委员会编：《中国证券业年鉴（1994）》，新华出版社 1994 年版，第 67 页。或参考中国证监会：《中国证券监督管理委员会关于印发刘鸿儒主席、童赠银副主席在期货市场监管工作座谈会上的讲话的通知》，载法邦网，https://code.fabao365.com/law_ 258299_ 2. html，最后访问时间：2024 年 9 月 1 日。

〔2〕 李剑阁主编：《中国期货市场年鉴（1995 年）》，改革出版社 1995 年版，第 24 页。

〔3〕 例如，南京金中富公司、温州钧科公司、广东清远通业公司、四川联发公司、河南财鑫公司都卷走了大量客户保证金。

种种，可以说，此阶段期货市场处于无序发展期，既偏离了期货市场兴办之初衷，也影响了期货市场功能和作用发挥，更难以实现规范交易的制度性收益。这种发展势头产生的混乱无序局面和一系列严重后果引起国家高度重视，使得对期货市场开展持续整顿和全面治理，已成为保障市场初期试点健康发展的迫切需要。

三、整顿规范时期（1993年—1999年）

期货交易是经济市场发育的高级形态，虽具有发挥价格发现、风险管理和配置资源等市场功能，但也存在着较大风险性和投机性，因而须施以匹配性监管要求，这是国际期货监管市场积累的重要经验。为遏制期货市场试点初期出现的盲目发展、公司泛滥、运行失范和纠纷频发，尤其是境外期货代理监管缺失等一系列问题，国家工商行政管理局于1993年4月发布《期货经纪公司登记管理暂行办法》，对期货经纪公司法律地位、组织行为、设立条件、登记范围、初审权限、专项审批、监督管理等作出了全面规范，并明确期货经纪公司审批权限归属于国家工商行政管理局。其中，该办法第6条第6项规定："从事国际期货业务的，应提交与相应的国际期货交易所会员公司签订的有关期货经纪业务的协议意向书"。此项规定表明国家对于境外期货交易采取审慎宽容态度，本质上是依法建立或确认开展境外期货业务转委托代理的事实存在，但提交国际经纪业务转委托协议意向书只可视为建立了一种备案制度，显然不具有实质性规范和监管效力，也难以确认国际期货代理主体资格、境外业务许可以及跨境交易的真实有效性，因而不具备代理资格，那么产生的跨境合同欺诈责任风险就无可避免。例如，张某等27人诉四川金鹏经纪事务代理股份合作公司国际期货与外汇按金交易案，即为中国期货市场无序状态下的一起跨境期货交易典型案例。[1]

因对跨境期货交易缺乏具体法律规定和司法实践中对《期货经纪公司登记管理暂行办法》第6条第6项规定的解释力不同，加之投资者风险意识薄弱，导致损害投资者利益案件频发。为统一期货市场监管机构及其风险治理，

---

[1] 参见四川省高级人民法院（1996）川高法经一终字第99号。

制止盲目发展和多头管理等问题，1993 年 11 月国务院发布《国务院关于坚决制止期货市场盲目发展的通知》（国发〔1993〕77 号，以下简称 77 号文）开启了期货市场的首轮整顿治理：一是明确国务院证券委员会负责期货市场试点工作的指导规划、协调监管工作，由中国证监会具体执行；二是对各种期货交易机构进行全面审核，并按照《期货经纪公司登记管理暂行办法》要求重新登记注册，暂停审批注册新的期货交易和经纪机构；三是严格查处和取缔各种非法期货经纪活动；四是严格控制国有企业、事业单位参与期货交易，禁止执法部门及其所属单位参与期货经纪活动，未经中国人民银行（亦称"央行"）和国家外汇管理部门批准，一律不得从事金融期货业务和进行外汇期货交易。此通知的贯彻施行，初步确立了中国期货市场监管机构和框架，及时有效遏制了期货市场盲目发展。1994 年 5 月国务院下发《国务院办公厅转发国务院证券委员会关于坚决制止期货市场盲目发展若干意见请示的通知》（国办发〔1994〕69 号，以下简称 69 号文），其中针对境外期货交易大部分属投机性质、引起大量经济违法案件、外汇资金大量流失到国外、非法套汇和国有资产大量流失、一些中外合资或变相合资的期货经纪公司欺诈客户、地下非法期货交易猖獗等主要问题，强调要重点清理、整顿现有交易所和期货经纪公司，加强对交易所和期货经纪公司的管理，特别是要严格控制境外期货和金融期货交易，坚决打击各类非法期货交易活动。69 号文明确规定："各期货经纪公司均不得从事境外期货业务。已开展此项业务的不得接收新客户和新订单，已持仓者要在交割日前平仓或在交割日进行实物交割，平仓后即把汇出境外的保证金调回。"实质上，这是要求各期货公司限期注销已有境外期货业务登记。同时规定，对已设有期货经营机构的全国性公司须经证监会重新审核批准，方可在境外期货市场进行套期保值业务；尤其对从事境外期货业务建立并实施业务许可制度，对境外期货交易所、境外期货交易品种、受托代理的境外期货经纪公司（须为中国证监会认定的交易所的结算会员）亦须经中国证监会严格认可。除此之外，还要求对经审批经营外汇业务的非银行金融机构利用境外外汇期货业务进行套期保值的，须接受国家外汇管理局和中国证监会监管。总体来看，69 号文是对落实 77 号文的细化和延伸规定，重点从审核已成立的期货交易所、严格限定期货交易范围、严格审批各类期货经纪公司、从严控制国有企事业单位参与期货交易、查处各种非法期货经纪活动、加强期货市场监管等六方面提出贯彻意见。经此整顿及制度落实，全面压缩了试点阶段期货交易所数量和期货交易品种，要求从事境外期货业务的公司办理注销境外期货业务手续，通过重新登记、注册审核、主体变更和清理脱钩等方式，整治期货经纪公司取得积极成效。

其后一段时间，中国证监会对期货市场工作重点逐步转向健全规则制度、规范交易行为和控制市场风险。但随着"327""319"风波相继发生及其暂停国债期货交易，在面临东南亚金融危机和国内经济滑坡的双重背景下，1997 年 3 月《国务院政府工作报告》明确提出："规范证券、期货市场，增强风险意识"。1998 年 1 月国务院在 77 号文、69 号文基础上，又颁行了《国务院关于进一步整顿和规范期货市场的通知》（国发〔1998〕27 号，以下简称 27 号文），重点针对期货交易所和期货经纪机构运作不规范、非法从事境外期货和外汇按金交易行为等问题进行再次整顿。其时将 14 家期货交易所进行撤并，只在上海、郑州和大连保留 3 家期货交易所，各交易所不再重复设置上市品种；将商品期货交易品种由 35 个压缩到 12 个；取缔非法期货经纪活动，期货经纪公司一律不得从事期货自营业务，促进期货经纪公司合并重组，提高期货经纪公司最低注册资本金标准。同时 27 号文重申严格控制境外期货交易，并明确指出，任何机构和个人均不得擅自进行境外期货交易，各期货经纪公司均不得从事境外期货业务；对确需利用境外期货市场进行套期保值的少数进出口企业，由中国证监会会同国家经济贸易委员会（以下简称国家经贸委）、对外经济贸易部等部门进行严格审核，报国务院批准后，颁发境外期货业务许可证；未取得境外期货业务许可证的企业一律不得以任何借口、任何方式从事境外期货交易；取得境外期货业务许可证的企业，在境外期货市场只允许进行套期保值，不得进行投机交易；并根据进口商品种类和实际贸易量，确定其交易品种和最大期货交易量，由中国证监会指定其境外期货经纪机构和境外期货交易所。在上述严格规范基础上，虽然 27 号文明确"对确需利用境外期货市场进行套期保值的少数进出口企业"建立和实施业务许可制度，但当时并未得到具体贯彻。因而整顿也存在灵活性不足的现象，致使合法境外期货交易也仅限于较小范围内，有的必须进行境外期货套期保值的企业也因种种原因停止了交易；原有获得境外交易所席位的大型经纪公司也不得不将交易跑道转租并最终停止交易[1]。可见，在整顿末期境外期货交易基本陷入低潮，但此轮清理整顿进一步提升了市场监管理念，也为今后推动期货市场监管法制建设奠定了基础。

四、立法监管时期（1999 年—2014 年）

经历两次较长时期的治理整顿，极大促推了期货市场结构、投资者教育、监督管理和法规体系等方面的建设，但因采取"扶大限小"监管政策，期货市场也产生了调整幅度过大、小品种交易受挫等短期不适应症；而要探索恢复交易品种、培育规范交易行为和促进市场功能发挥，必然要做出科学合理的制度安排并提供有效监管供给。1999 年 6 月国务院发布《期货交易管理暂行条例》，并与其后发布的《期货交易所管理办法》《期货经纪公司管理办法》《期货经纪公司高级管理人员任职资格管理办法》《期货业从业人员资格管理办法》等 4 个配套办法于 9 月同时施行。《期货交易管理暂行条例》第49 条明确规定："未经批准，任何单位或者个人不得直接或者间接从事境外期货交易。确需利用境外期货市场进行套期保值的，由中国证监会会同国务院有关部门审核，报国务院批准后，颁发境外期货业务许可证。禁止期货经纪公司从事境外期货交易。"可见，从通知、意见再到行政法规，对境外期货交易监管态度始终坚持"特需许可＋严格禁止"原则，虽预留了特定企业境外期货业务许可的交易通道，但当时并未开闸审批和实施许可。不可否认的是，"一条例四办法"发布实施，标志着中国期货市场试点阶段由克服盲目发展转向依法治市阶段，这一首次确立的期货市场基本法规体系，为阻断无法可依失序状态、确立基础监管体系以及交易所依法自律提供了法律依据，由此奠定了中国期货市场较完善的组织和体制基础，实现了由清理整顿向规范发展的过渡，这是由中国资本市场现实发展的内生需求决定的，也是期货市场开启市场化、法治化和国际化步伐的重要标志。

与此同时，在跨境期货监管领域，随着国内期货市场治理规范以及大型

---

[1] 中南大学证券期货研究中心：《境外期货交易的基本制度、风险管理及相关法律程序问题的研究》，中国期货业协会联合研究计划（第一期）资助项目，2004 年 2 月，第 7~8 页。

国企套期保值需求日甚，1999 年 10 月《中国证监会、国家经贸委、国家工商局、国家外汇管理局关于申请境外期货业务有关问题的通知》（证监期货字〔1999〕14 号，下称 14 号文）明确规定，对确需利用境外期货市场进行套期保值的少数企业可经严格审核报批后从事境外期货业务。14 号文规定企业申请境外期货交易应具备如下条件：有进出口权，期货品种进出口量在全国同行业名列前茅且套保需求量较大，有完善的业务规则和管理办法，以及必要的交易设施、从业人员等。14 号文首次对企业申请境外期货交易主体资格、申报材料（包括业务申请、代理机构、操作程序、结算方式、场外交易情况等）、审批程序、联合批复、设立专项外汇账户、业务许可等进行规定，尤其明确获批许可的企业只能进行套期保值业务，并严格禁止未获批企业从事境外期货交易，这些制度规范初步奠定了跨境期货交易管理基础。在此背景下，为加强期货从业人员和跨境期货从业人员资格管理，2000 年 12 月作为全国期货行业自律性组织的中国期货业协会成立，该协会主要职责和任务即为"加强自律，辅助监管，保护竞争，规范风险，维护市场公平"，由此确立了政府依法监管、协会自律管理和交易所直接监管的"三位一体"分级监管体系，他律与自律相结合的监管体系基本成形，标志着中国期货市场逐步迈入规范发展阶段，境外期货交易也从逐步复苏走向有序监管。此后阶段跨境期货业务发展主要体现在以下方面：

第一，国有企业开展境外期货套期保值业务。随着 WTO 和国内金融经济融入国际化进程快速，2001 年 3 月第九届全国人民代表大会第四次会议批准的《国民经济和社会发展第十个五年计划纲要》明确提出"积极发展大宗商品批发市场，稳步发展期货市场"，国家顶层政策的扶持加速期货市场回暖，放开跨境期货交易呼声渐高。对于从事大宗商品生产与采购的企业而言，全球经济和金融局势等不确定因素均对企业经营产生深刻影响，境内企业利用国际期货市场规避现货价格风险的需求日益增大，跨境期货交易对于大型国营进出口企业重要作用被重新审视，这为依法开放国有企业境外期货套期保值业务提供了契机。2001 年 5 月，中国证监会、国家经贸委、对外贸易经济合作部、国家工商行政管理总局、国家外汇管理局联合发布《国有企业境外期货套期保值业务管理办法》。该办法明确要求，对从事境外期货业务的企业实行许可证制度，企业从事境外期货业务必须经国务院批准，并取得中国证监会颁发的境外期货业务许可证（以下简称持证企业）；持证企业只能从事套期保值交易，不得进行投机交易，且期货交易品种限于企业生产经营的产品或所需的原材料；同时对持证企业选择境外期货经纪机构、期货交易品种、境外期货交易所均实行严格核准备案制。[1]该办法对开展境外期货业务的资格取得、业务基本规则、外汇管理、监督管理、罚则等方面进行全面规定。其后5年间，先后分4批、31家国有企业经严格审批获得境外期货套期保值业务许可证，其中有色金属企业21家、石油企业4家、贸易企业4家和粮油企业2家，基本均为各行业具有大宗商品生产采购进出口权和套期保值需求的头部企业，这些具有进出口权的国有大型企业商品产销处于国际竞争态势，其商品价格频繁波动会对企业生产、经营和贸易产生至关重要影响，进而会影响国家利益，因而对冲现货价格风险需求较大。在这些企业中，有的已在国内期货市场积累了较丰富交易经验（如江西铜业股份有限公司）、有的较早即参与国际期货市场交易［如中国粮油食品进出口（集团）公司］，基本都设有专门的期货或境外期货运作机构，能根据企业的生产、经营计划统筹制定境外套期保值计划，通过健全境外业务管理规则及运作规范，强化境外期货交易风险防范管理措施。由此可见，该办法颁布施行是对原通知、意见及行政法规明确境外期货交易许可制的承续和落实，并正式确立了国有企业（包括国有资产占控股地位或主导地位的企业）利用境外期货交易进行套期保值的主体地位。以此为分界点，境外期货交易迈入有法可依的相对规范发展时期。

随着资本市场逐步发展，迫切需要遵循资本市场规律推进行政审批改革和监管市场化进程。2006年5月中国成立首家期货保证金安全存管机构——中国期货保证金监控中心，为国内期货交易资金提供市场监管。2007年10月国务院发布《国务院关于第四批取消和调整行政审批项目的决定》取消中国证监会对"国有企业开展境外期货套期保值业务资格"的审批。2007年12月发布的《中国证券监督管理委员会关于做好第四批行政审批项目取消后的后续监管和衔接工作的通知》，对取消"国有企业开展境外期货套期保值业务

---

〔1〕　分别参见《国有企业境外期货套期保值业务管理办法》总则、第5条、第9条、第10条第1项、第18条、第21条和第22条。

资格的审批"后的后续监管和衔接工作明确规定，依据《期货交易管理条例》（2007）第 46 条的规定执行。而 2007 年施行的《期货交易管理条例》[1]第 46 条规定："国务院商务主管部门对境内单位或者个人从事境外商品期货交易的品种进行核准。境外期货项下购汇、结汇以及外汇收支，应当符合国家外汇管理有关规定。境内单位或者个人从事境外期货交易的办法，由国务院期货监督管理机构会同国务院商务主管部门、国有资产监督管理机构、银行业监督管理机构、外汇管理部门等有关部门制订，报国务院批准后施行。"从上述条款看，该法规主要规定境内单位或者个人从事境外商品期货交易品种核准以及境外期货交易应符合外汇管理规定；而其中第 46 条第 3 款关于"境内单位或者个人从事境外期货交易的办法"由各有关部门制订、报批和施行之规定，只是从法规层面对可从事境外期货交易主体进行确认，尤其是当时的《期货交易管理条例》第 46 条所指的"境内单位"是否等同于《国有企业境外期货套期保值业务管理办法》中的"国有企业"也未明确，因而无法得出此规定可直接衔接"国有企业从事境外期货套保业务审批"制度。而时至今日，亦未见"境内单位或者个人从事境外期货交易"相关办法出台施行。事实上，彼时国有企业原有的境外期货交易许可通道被取消，也并未有效衔接或重新建立起新的审批许可制度，导致除 31 家国企之外的其他企业无法获批境外期货业务资格。而自中国航空油料集团有限公司和国家粮食和物资储备局在期权交易中出现巨大损失后，国有资产监督管理委员会等国家部委对国有企业获得境外期货交易资格的发放便越来越严。[2] 2013 年 5 月国务院又发布《国务院关于取消和下放一批行政审批项目等事项的决定》，进一步取消依据《期货交易管理条例》（2007）第 46 条设定的由商务部实施的"对境内单位或者个人从事境外商品期货交易的品种进行核准"的制度。至此来看，从取消中国证监会"国有企业开展境外期货套期保值业务资格"的审批，到许可商务部对境内单位或者个人境外商品期货交易品种进行核准以及再度取

---

〔1〕《期货交易管理条例》经 2007 年 2 月 7 日国务院第 168 次常务会议通过，自 2007 年 4 月 15 日起施行。《期货交易管理暂行条例》同时废止。

〔2〕索寒雪：《中储粮海外期货交易权申请或遭国资委否决》，载《中国经营报》2013 年 7 月 29 日，第 02 版。

消，不仅体现了参与主体由单一国企向单位或个人主体过渡，更凸显出全面放开境外期货交易并允许多元投资者参与的内在逻辑。

第二，国内期货公司参与境外期货经纪业务试点。随着境内交易所规模和品种不断扩大和增多，期货投资者开户数量大为增加，期货经纪业历经缓慢复苏后逐步走出困境。为逐步减少和消除内地与中国港澳经贸交流制度性障碍，在 CEPA 协议框架下，2005 年 10 月签署《〈内地与香港关于建立更紧密经贸关系的安排〉补充协议二》的金融合作规定，内地允许符合条件的内地期货公司到香港经营期货业务，包括设立分支机构。[1]继而，中国证监会于 2006 年首批获准格林期货、永安期货、广发期货、中国国际期货、南华期货和金瑞期货等 6 家内地期货公司设立香港分支机构，这 6 家在港公司实质上相当于香港本地期货公司，虽不能代理内地资本入港交易也不能代理国际资本进入内地交易，但作为境外期货经纪机构的二级代理，可代理开展内地在港或海外分支机构境外期货业务，并成为芝加哥商业交易所（CME）、伦敦金属交易所（LME）、洲际交易所（ICE）、欧洲期货交易所（EUREX）、伦敦国际金融期货交易所（LIFFEX）等主要国际交易所会员。可以说，跨境期货经纪业务试点是境内期货公司拓展境外业务之起点，对于"走出去"国际化发展战略开启了有益探索，通过与境外期货中介机构合作积累了较丰富经验，也拓展了除国企境外套期保值业务之外的境外期货经纪业务立法空间。2007年施行的《期货交易管理条例》第 17 条第 1 款明确规定，期货公司除申请经营境内期货经纪业务外，还可以申请经营境外期货经纪、期货投资咨询以及国务院期货监督管理机构规定的其他期货业务。此规定为境内期货公司申请境外期货经纪业务预留了充分的法律空间，且在其后历次条例修订中均沿袭保留。为切实落实境内期货公司实质性开展境外期货代理业务，突破期货公司代理境外期货交易业务限制，满足除 31 家国企之外的众多中小型国企和民营企业跨境套保需求，境内期货公司从事境外期货代理业务模式和实施方式等成为中国证监会重点关注的问题。2011 年中国国际期货、永安期货和中粮

---

〔1〕　国务院公报：《〈内地与香港关于建立更紧密经贸关系的安排〉补充协议二》，载中华人民共和国中央人民政府网，https://www.gov.cn/gongbao/content/2005/content_137059.htm，最后访问时间：2023 年 9 月 10 日。

期货 3 家期货公司获准参与境外经纪业务试点筹备，以开放代理境外商品期货及其衍生产品交易（不含金融期货），这意味着国内相关企业可通过具有试点资质的期货公司直接对接欧美等全球主要期货交易市场，从而真正建立境内投资者跨境参与全球期货交易的通道。但因境外期货代理权、外汇额度和监管模式等问题，虽经研究制定及各方表态，所起草的《期货公司境外期货经纪业务试点管理办法》等政策规范终未发布，相关实质性业务亦未即时开展。

第三，实施合格境内机构投资者制度。合格境内机构投资者制度（Qualified Domestic Institutional Investor，以下简称 QDII 制度）是在一国国际收支的资本项目未完全开放和本币与外币未实现自由兑换的情况下，本国国民通过经国家监管机构认可的金融机构作为代理，间接地买卖国外资本市场上的各种股票和债券等有价证券的制度[1]，此制度设计的目的在于满足市场主体跨境投融资需求。2001 年香港因防避经济下滑的影响，向内地寻求资金支持并提出设立特许内地投资机构（QDII），这意味着内地投资者可持外币通过基金管理公司投资港股或境外资本市场。为支持贸易投资便利化和进一步培育外汇市场，2006 年 4 月中国人民银行发布公告（〔2006〕第 5 号）规定，明确拓展境内银行代客外汇境外理财、境外组合证券投资、保险机构境外证券投资等系列业务，表明境内银行、证券经营机构、保险机构等金融主体集汇购汇投资境外交易产品，旨在鼓励更多境内投资者直接参与国外市场获取收益；同时规定，允许符合条件的基金管理公司等证券经营机构在一定额度内集合境内机构和个人自有外汇，用于在境外进行包含股票在内的组合证券投资。随即中国人民银行等 3 部委发布《商业银行开办代客境外理财业务管理暂行办法》对商业银行从事代客境外理财业务准入、投资汇总、资金监管等问题进行规范，同期即有工行、建行、中行、交行和汇丰、东亚、花旗等国有及外资 7 家商业银行获批 QDII 经营牌照，通过陆续推出相关 QDII 产品快速实施 QDII 制度；并于 2007 年相继颁布《中国银监会办公厅关于调整商业银行代客境外理财业务境外投资范围的通知》《合格境内机构投资者境外证券投资管理

[1] 杨峰：《新形势下我国 QDII 监管制度的完善》，载《中国商法年刊》2008 年第 00 期。

试行办法》《中国证券监督管理委员会关于实施〈合格境内机构投资者境外证券投资管理试行办法〉有关问题的通知》等涉及 QDII 投资的部委规章。其中，通过商业银行开办代客境外理财业务，严禁运用掉期、远期等衍生金融工具用于投机或放大交易的规定，加强了对特定主体投资境外资本市场的监管；而《中国证券监督管理委员会关于实施〈合格境内机构投资者境外证券投资管理试行办法〉有关问题的通知》明确规定了 QDII 发行的基金、集合计划可投资于远期合约、互换及经证监会认可的境外交易所上市交易的权证、期货、期权等金融衍生产品，由此赋能基金公司 QDII 专户产品申报资格，使得借道基金公司 QDII 平台即可突破境外投资壁垒从事跨境套利业务，国内基金公司步入探索衍生品跨境投资业务模式阶段。2013 年 11 月招商基金历经跨境 QDII 专户业务流程、后台系统对接、全球交易监控平台设计和开发，通过 QDII 专户形式首推跨境商品套利产品，创新了衍生品跨境投资交易新模式。

　　第四，上海自贸区内期货公司风险管理子公司开展跨境交易。随着"ABC 世贸"[1]建立和全球贸易自由化竞争加剧，为适应和参与新的国际区域性经贸规则、加快金融市场化改革和实现跨境融资自由化，2013 年 9 月 29 日经国务院正式批准上海自贸区挂牌成立，中国证监会同日发布《资本市场支持促进中国（上海）自由贸易试验区若干政策措施》，并在期货市场"走出去"的跨境交易方面明确规定：支持区内符合条件的单位和个人按照规定投资境外证券期货市场，允许区内符合条件的金融机构和企业按照规定开展境外证券期货投资，在区内就业并符合条件的个人可按规定开展境外证券期货投资。[2]2013 年 12 月央行发布《中国人民银行关于金融支持中国（上海）自由贸易试验区建设的意见》以便利跨境投资和贸易为总原则，提出"促进企业跨境直接投资便利化""便利个人跨境投资"，并明确规定，区内就业并

---

　　〔1〕 "ABC 世贸"（Anyone But China 世贸）意即排除中国在外的世贸，即美欧日三大经济体力图通过跨太平洋自由贸易协定（TPP）、跨大西洋贸易和投资协议（TTIP）和多边服务业协议（PSA）谈判，形成新的更高标准的全球贸易和服务业规则，以取代 WTO 功能并迫使中国等新兴市场国家"二次入世"。参见王战：《让试验田上培育出的种子尽快开花结果》，载《求是》2014 年第 23 期。
　　〔2〕 《资本市场支持促进中国（上海）自由贸易试验区若干政策措施》，载中国证监会官网，http://www.csrc.gov.cn/csrc/c100028/c1002242/content.shtml，最后访问时间：2023 年 9 月 10 日。

符合条件的个人可按规定开展包括证券投资在内的各类境外投资，区内机构可按规定基于真实的币种匹配及期限匹配管理需要在区内或境外开展风险对冲管理，允许符合条件的区内企业按规定开展境外证券投资和境外衍生品投资业务。上述推进期货市场国际化、支持双向跨境投资的政策举措具有广泛关注度，意味着境内投资者、期货公司均可通过正规途径参与跨境衍生品投资交易和代理开展跨境期货经纪业务。虽然《中国人民银行关于金融支持中国（上海）自由贸易试验区建设的意见》的跨境投融资分类规定同步应和了中国证监会的具体措施，但该意见的原则性规定并未解决"就业""条件""规定"等具体资格的细化认定问题，亦使建立相适应的外汇管理体制成为放行区内外资金进出流动的关键解码。2014年5月《中国（上海）自由贸易试验区分账核算业务实施细则（试行）》《中国（上海）自由贸易试验区分账核算业务风险审慎管理细则（试行）》出台，围绕跨境业务风险防范构建了自由贸易账户管理体系，正式表明区内期货公司风险管理子公司可开立自由贸易账户参与跨境市场交易。由此可见，自贸区大幅度突破了原有政策供给与制度安排限制，通过深化期货市场双向开放改革畅通了跨境交易路径。在此背景下，诸多制度安排和政策突破都将不断解冻，包括投资者主体资格、开户方式及管理、代理通道、结算规则、交割制度、套期保值管理、资金监管、账户管理、税收管理、风险控制等制度安排，都将在新发展平台下被赋予新的含义和广度。[1]

整体上看，这一阶段跨境期货市场内外部驱动力日益增强，随之拓展了跨境期货交易结构多样化，这些跨境业务类型都被视为开放国内资本市场的有限度的尝试，并为促进国际收支基本平衡、减少贸易顺差和资本项目盈余积累了经验。上述这些涉及跨境期货套保、期货经纪、QDII制度、自贸区跨境交易等方面的具体措施起到了制度监管作用，自贸区通过自由贸易账户、投融资汇兑便利、人民币跨境使用、利率市场化以及外汇管理改革也构筑了"一线放开、二线严格管理"的金融制度框架和监管模式。尤其自国内期货市场迈入规范发展阶段以来，此后国务院和监管机构颁布了一系列条例和规章，

---

〔1〕 中国期货业协会编：《中国期货业发展报告（2013年度）》，中国金融出版社2014年版，第16页。

虽形成了以《期货交易管理条例》为核心、以《期货交易所管理办法》《期货公司管理办法》《期货从业人员管理办法》《期货投资者保障基金管理暂行办法》等为辅助的所谓"一条例+八办法"的法规体系[1]，但在跨境期货处于由量的扩张向质的提升转变的关键时期，监管部门通过事中、事后核查信息等方式较难适应期货交易的灵活性，尤其是面对跨境投融资的不确定性，除根据市场变化情况修订监管规则外，出台保障跨境期货交易的适应性立法则显得尤为紧迫。继之，2014 年 5 月国务院颁布《国务院关于进一步促进资本市场健康发展的若干意见》[2]（下称"新国九条"）提出，坚持市场化和法治化取向，健全法规制度，推进期货法制定工作，由此开启了中国期货市场具有系统性、针对性和可操作性的立法工作，并为期货市场在双向开放阶段实现基本立法奠定了程序条件。

五、双向开放时期（2014 年至今）

随着中国金融市场国际化进程的不断加快，全面推进金融市场双向开放已成为满足境内外投资者多元化资产配置的客观需求。随着中国跨境贸易规模增长和实体经济避险需求增强，期货市场国际化已成为中国进一步融入全球化和应对错综复杂国际形势的客观需要[3]，推动期货市场双向开放是形成国内国际双循环相互促进的新发展格局的重要组成部分。"向改革要动力"已成为激发期货市场竞争活力的重要共识，"新国九条"这一纲领性文件的颁布，从规范发展多层次资本市场、提高金融服务业竞争力、完善基础设施和外部环境、推进监管体系建设、防范跨境风险监管等多领域，整体规划了中国资本市场双向开放的发展路线，标志着中国资本市场进入全面深化改革阶段。期货市场双向开放的维度之一，即境内期货市场主体"走出去"参与跨境期货交易。"新国九条"在"走出去"方面作出明确回应，便利境内外主

---

　　〔1〕　刘少军：《我国"期货法"制定中的主要问题研究》，载《南昌大学学报（人文社会科学版）》2017 年第 6 期。
　　〔2〕　该意见分总体要求、发展多层次股票市场、规范发展债券市场、培育私募市场、推进期货市场建设、提高证券期货服务业竞争力、扩大资本市场开放、防范和化解金融风险、营造资本市场良好发展环境共 9 部分 33 条。
　　〔3〕　姜哲：《境内期货市场双向开放问题探讨》，载《证券市场导报》2019 年第 4 期。

体跨境投融资，稳步开放境外个人直接投资境内资本市场，有序推进境内个人直接投资境外资本市场；同时提出，鼓励境内证券期货经营机构实施"走出去"战略，加强跨境监管合作，从而明确应基于双向开放跨境执法、协查和合作等方面建构适应型跨境监管制度体系。其后，为贯彻落实"新国九条"精神及政策要求，加快推进行业发展并满足境内外投资者多元化风险管理需求，2014年9月中国证监会发布《中国证券监督管理委员会关于进一步推进期货经营机构创新发展的意见》将期货经营机构明确界定为"衍生品服务提供商"，提出支持期货市场双向开放具体措施，并在"走出去"方面明确：支持期货经营机构境外子公司开展QFII、RQFII业务，以及扩大QFII、RQFII参与期货及衍生品交易的范围；支持期货经营机构在境外设立、收购公司，为境内企业"走出去"提供配套金融服务；推出期货公司代理境内实体企业参与境外期货交易的试点；支持期货经营机构与境外机构合作，扩大对境外市场的服务范围。2015年有中信期货、新湖期货、弘业期货、浙商期货、混沌天成期货、华泰期货、中大期货、海通期货、徽商期货、瑞达期货、大有期货和国贸期货等12家内地期货公司获准在香港设立或收购分支机构。因而"新国九条"扩大资本市场开放的顶层设计和《中国证券监督管理委员会关于进一步推进期货经营机构创新发展的意见》支持期货市场双向开放的具体措施，以创新、推进跨境交易市场为基准，提出跨境市场创新先行先试、扩大提高资本市场开放水平、自主创设场外衍生品合约、支持风险管理子公司通过QDII渠道参与境外衍生品交易等方法，均体现出监管者推动多元化新型交易业态发展方向，为有序推进"走出去"跨境期货交易提供了战略规划和政策支持，同时也标志着跨境期货交易迈入发展创新的新阶段。

党的十八大和十八届三中、五中全会提出深化金融体制改革、健全多层次资本市场体系，完善对外开放战略布局、推进期货市场双向开放。2015年5月《中共中央、国务院关于构建开放型经济新体制的若干意见》[1]明确提

---

[1] 该意见包括构建开放型经济新体制的总体要求，创新外商投资管理体制，建立促进走出去战略的新体制，构建外贸可持续发展新机制，优化对外开放区域布局，加快实施"一带一路"战略，拓展国际经济合作新空间，构建开放安全的金融体系，建设稳定、公平、透明、可预期的营商环境，加强支持保障机制建设，建立健全开放型经济安全保障体系共11部分50条。

出"推动资本市场双向有序开放",并强调"扩大期货市场对外开放,允许符合规定条件的境外机构从事特定品种的期货交易。研究境内银行、证券公司等金融机构和企业在有真实贸易和投资背景的前提下,参与境外金融衍生品市场";同时明确要坚持"引进来"和"走出去"相结合,便利境内外主体跨境投融资,创新国家外汇储备使用方式。该意见是经济全球化背景下加快构建开放型经济新体制的顶层宣示,由此确立并实施"走出去"期货市场开放国家战略,为"走出去"跨境期货交易提供了政策支持和参与条件,亦为立法构建"走出去"期货交易监管体系赢取了战略主动。为贯彻落实党中央、国务院关于金融改革开放和自贸区金融创新总体部署,2015 年 10 月央行等 7部委联合印发《进一步推进中国(上海)自由贸易试验区金融开放创新试点加快上海国际金融中心建设方案》提出,启动合格境内个人投资者境外投资试点并适时出台相关实施细则,允许符合条件的个人开展境外实业投资、不动产投资和金融类投资;支持证券期货经营机构在自贸试验区率先开展跨境经纪和跨境资产管理业务,开展证券期货经营机构参与境外证券期货和衍生品交易试点;允许基金管理公司子公司开展跨境资产管理、境外投资顾问等业务。随着中国期货市场双向开放的经济体制不断完善,党的十九大提出健全金融监管体系,坚持"引进来"和"走出去"并重,推动形成全面开放新格局,使得扩大期货市场对外开放成为建设开放型经济新体制的重要任务。2020 年 3 月《中共中央、国务院关于构建更加完善的要素市场化配置体制机制的意见》明确提出:"主动有序扩大金融业对外开放……有序推进期货市场对外开放……推进境内金融机构参与国际金融市场交易。"2020 年 12 月中国证监会提出多措并举扩大期货市场双向对外开放,在"走出去"方面:支持境内期货交易所与境外交易所、境外金融机构开展结算价授权合作;支持境内符合条件的期货公司设立、收购、参股境外期货类经营机构;支持境内期货公司通过向境外子公司增资等方式提升跨境服务能力。

随着期货国际化战略加快推进,以《期货交易管理条例》为核心构建的"一条例+八办法"的法规体系以及诸多配套办法、司法解释、规范性文件及自律规则,在层次法效、业务匹配、条款合规、监管合作等方面均难以适配构建双向开放的新发展格局要求,客观上亟须从期货法层面规范和推进期货市场法治化进程。历经近 30 余年艰难曲折，2022 年 4 月终于审议通过的《期货和衍生品法》专门设置第 11 章，对境内单位或者个人从事境外期货交易、境内期货经营机构转委托境外期货经营机构从事境外期货交易、请求境外期货监督管理机构进行调查取证等作出原则性规范。《期货和衍生品法》对"跨境交易与监管协作"涉及境外主体"引进来"、境内主体"走出去"以及跨境监管合作等问题的立法规范，强化了期货国际化路径及其监管方式，在根本上契合了规范期货市场运行基础的需要。

综观《期货和衍生品法》立法进程，也是国内期货市场历经"从小到大、由乱到治"的发展阶段，新法的颁布施行，客观上为适应期货市场双向开放、推进期货法治化进程稳固了立法基础，亦因应了跨境期货交易双向运行的立法完善问题。一方面，自 2018 年后期货市场对外开放"引进来"取得实质性进展。例如 INE 原油期货、铁矿石期货和 PAT 期货等 23 个品种引入境外交易者，QFII 和 RQFII 参与境内期货（期权）交易政策措施落地、放开境外投资者控股比例、扩大 QFII 和 RQFII 可投资范围、允许境外交易者和经纪机构参与境内特定品种交易以及上海期货交易所与挪威纸浆期货结算价授权等，对于丰富国内期货市场参与者体系、改善交易运行质量具有重要作用。另一方面，期货市场对外开放"走出去"进展缓慢。随着期货市场国际化进程持续加快，我国已在国企跨境套期保值许可、跨境期货经纪业务、QDII 制度、自贸区跨境交易、代理参与跨境交易试点、期货交易所境外注册等方面强化政策引导，尤其是期货公司与风险管理子公司业务协同以及相关业务放开，期货机构亦积极"走出去"跨境开拓海外业务，有效推动了"证券交易、期货合约交易、杠杆式外汇交易、投资顾问服务、资产管理、清算服务、贸易服务"等多元化海外业务增长，实现了低硫燃料油"境内交割+境外提货"期货国际化品种业务创新。[1]多年来，监管层虽陆续出台诸多配套办法、规范性文件来对"走出去"跨境交易予以支持和规范，但从顶层设计的规范性文件表述及市场热度看，期货市场双向开放政策和业务实践总是"引进来"快步于"走出去"，体现出支持期货市场开放与防控跨境风险之谨慎。《期货和

---

〔1〕 沈宁：《期货公司积极"走出去"海外业务成重要增长突破口》，载《证券时报》2022 年 11 月 4 日，第 A05 版。

衍生品法》对于"引进来"的条规有较明确的阐述，不过对于"走出去"的条款似乎不是特别详尽[1]，因而在转委托跨境期货交易、跨境交易代理合作、跨境交易管辖、跨境执法协作、跨境交易投资者保护等内容上，仍缺乏实质规定和明确解读。当前如何针对跨境交易品种特点和境外市场变化等具体因素，制定相适应的跨境交易模式、合约规模、交割制度等指引性条款，都反映出市场对于防避跨境投资者交易问题的潜在需要。

因而在期货市场双向开放的经济体制不断完善的同时，跨境期货交易发挥价格发现、套期保值、锁定管理风险、配置要素资产、提高交易链效率、保障投融资安全的市场作用正在逐步加强，国内投资者对多种类期货交易服务需求日趋强烈，参与并由国内单一期货业务向全球跨境业务发展已成必然趋势。虽然国内不少多元化期货公司已在跨境业务上有所突破，但从战略规划上应采取更利于跨境交易的积极条件，通过创新跨境交易新业态、新模式，推进构建全球化跨境市场开放新格局和新体制。事实上，跨境期货交易立法仍迟滞于期货市场国际化进程，期货市场双向开放必然要求跨境交易监管的法治化，这是由市场内生需求与监管政策驱动所决定的。在构建期货开放型市场格局中，《期货和衍生品法》原则性条款较难满足跨境交易实践的法律适用，应重塑双向开放立法理念、立法结构和立法规则，更应对"走出去"跨境期货交易具体规范进行优化，如因上位法规定与跨境交易机制供给短缺，延迟与境外市场、业务规则、机构经营、投资者结构的国际化对接，则无法抢占跨境交易市场的价格发现功能及衍生工具风险管理的先机，监管部门应尽快完善跨境交易相关制度和配套规则，从而为期货市场"走出去"提供更高效的法律支撑。

第二节　国内外跨境期货交易立法监管沿革

在金融全球化的语境下，境外发达市场国家期货法正试图超越普遍性的法律品格充当跨国域的共同规则，而且愈发成为替换"公平贸易"、维护本国

---

〔1〕 董依菲:《法律护航 国际化业务迎来新发展》，载《期货日报》2022 年 12 月 16 日，第 002 版。

利益和资本霸权的监管借口。这些主要的期货市场国家对外开放已有百余年历程，正所谓"相通则共进，相闭则各退"，比较分析其跨境期货交易立法沿革以及监管路径，既有利于总结境外跨境交易市场的经验和教训，亦可为推动中国期货国际化进程、提高跨境交易竞争力和影响力提供务实参考。

一、美国：基础核心与权责分级的三级监管模式

统观国际立法模式，分级监管与自律机制往往是权责配置的基础架构。美国被视为全球金融市场和中介机构高度发达的国家[1]，但美国期货市场法律体系和监管环境较为复杂，其期货立法在近 100 年历经了不同时期的制定、修改或更名。[2]现行期货法规以《2000 年商品期货交易现代化法》（Commodity Futures Modernization Act of 2000，CFMA）、《联邦条例法典》第 17 章——商品期货及证券交易（Code of Federal Regulations Title 17 Commodity Securities Exchanges）、与 CFMA 配套的《关于期货交易法的一般规章》（General Regulations under the Commodity Exchange Act）为体系。与 CFMA 同时修改的《证券交易法》《金融服务现代化法案》《保险法》《税法》等配套法规也具有法律约束力。同时适用于期货或衍生品交易的法律规范还包括被称为"标准法典"的《美国统一商法典》（Uniform Commercial Code，UCC），它不仅适用于联邦交易也适用于州际贸易或跨境贸易。[3]很显然，在上述规范法运行架构下，无论是制定法还是修正法，《商品交易法》（CEA）法效期间更为长久，主要监管农产品（农业）期货合约以及货币、信贷、利率互换等金融衍生工

---

[1] 参见蒋晓妍、方陈：《境外金融服务机构监管模式的特点及其启示》，载《学术界》2014 年第 1 期。

[2] 美国曾于 1916 年出台未对期货交易行为进行规范的棉花期货法；1921 年通过《期货交易法》（Futures Trading Act，FTA），次年删除违宪条款后修订为《谷物期货法》（Grain Futures Act of 1922）；1936 年修正为《商品交易法》（Commodity Exchange Act，CEA）取代《谷物期货法》；之后《商品交易法》历经数次修改（1974 年改称为《商品期货交易委员会法》、1983 年改称为《期货交易法》）、1986 年改称为《商品期货交易法》、1992 年改称为《期货交易实践法》）；2000 年新制定通过《2000 年商品期货交易现代化法》（Commodity Futures Modernization Act of 2000，CFMA）。参见上海期货交易所"境外期货法制研究"课题组编著：《美国期货市场法律规范研究》，中国金融出版社 2007 年版，前言第 1~2 页。

[3] 参见上海期货交易所"境外期货法制研究"课题组编著：《美国期货市场法律规范研究》，中国金融出版社 2007 年版，前言第 4 页。

具。[1]该法经历数次修正，虽对期货市场运营操作进行严格规范，但为达到既保证扩大范围又覆盖管理的市场利益程度，只能发挥扩张管理范围、限缩场外交易、强化监管规制的法效优势。具体表现为：一是扩大场外交易，列举商品中期货合约禁止范围；二是将法定列举实际商品扩大到包括任何商品的合约交易，以扩大 CEA 覆盖面；三是建立独立的 CFTC 规制机构，并赋予包括期货合约、期权及杠杆交易在内的排他管辖权，同时允许 CFTC 豁免对场外衍生品实施监管[2]；四是促动 CFTC 与境外监管机构合作，授权参加诉讼并规定了"私人诉讼权利"等。尽管如此，随着 OTC 和场外衍生市场发展，CFTC 难以对所有交易都进行有效识别和监管，加之管理规范烦琐缺乏弹性，国内期货机构逐步丧失对跨境市场交易的竞争优势；而实际上，立法机关并未减少基于保护公共利益、阻断破坏期货市场行为的分歧。但 CFMA 立法保护投资者，扩大了市场参与者范围；同时修订 CEA 对主管机关授权适当性规定，减少了 CEA 对期货经营机构不当限制，特别是确立场外期货管辖权，推动了美国衍生品交易及监管体制革新。例如，在专门为期货市场交易法相配套的《联邦条例法典》第 17 章中，即有关于美国境内人员交易境外期货或期权的明确规定，同时对国内交易所商品期权交易作出规制，在调查规则中赋予了 CFTC 对境外期货管理机构的调查权。在国内交易所商品期权交易规制上，则通过强化调查规则体系，将境外期货管理机构调查权授权统归 CFTC。而在监管职责划分和权力配置上，CFMA 第 3 章规定将 CFTC 角色变更为期货市场监督者，进一步划分了 CFTC 和证券管理委员会的管辖分工，赋予 CFTC 对期货交易或涉及远期交割商品或金融工具的交易、合约或执行交易的行为（即交易所内所有商品期货或期权）具有排他管辖权，也允许 CFTC 对境外货币期货或期权合约（不是在国家证券交易所交易的合约）行使管辖权。而为了克服"金融全球化"与"监管体制非全球化"的非均衡发展，美国 2010 年 7 月 21 日签署《多德-弗兰克法案》并肯定美国证券法具有跨境适用效力，

---

〔1〕 相关美国期货市场发展及 CEA 演进历史，参见 CFTC 官网，http://www.cftc.gov/About/HistoryoftheCFTC/history_ precftc，最后访问时间：2024 年 1 月 3 日。

〔2〕 Arthur E. Wilmarth, Jr., "The Transformation of the U. S. Financial Services Industry, 1975-2000: Competition, Consolidation, and Increased Risk", *U. ILL. L. REV.*, 2002.

CFTC 于 2013 年扩展跨境监管范围，基于投资者保护原则对期货及衍生品市场实行跨境监管，达成有效监管境外投资活动之目的，有助于保护在美国进行跨境衍生品交易的他国投资者的权益，并通过改善金融体系问责制和透明度促进本国金融稳定。

整体来看，CFTC 履行期货市场监管主要职能，发挥着期货市场管理的基础和核心作用。[1]同时美国期货业协会（NFA）、期货交易所作为公益性自律机构，经依法授权并实施自律监管职能，由此构成三级监管及自律监管模式。而在厘定期货监管体系时，笔者发现，与银行业、民间金融双轨制（联邦政府和州政府）监管不同，美国期货市场确立了期货市场与其他金融市场业务渗透和监管协调的合法性（如图 4-1 所示）。具体表现为：

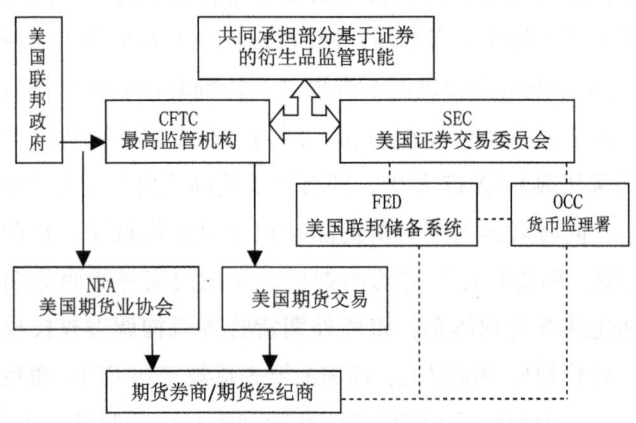

图 4-1　美国期货市场三级监管体系结构图

第一，CFTC 具有全面监管期货市场的权力，并与 NFA、期货交易所构成的三级监管模式与自律管理权能的协调配置，CFTC 除了承担及时监管并预防操纵期货交易和违规行为任务外，亦会围绕日常大户交易、交易量和持仓限制等市场信息行使监管权力[2]；NFA 所制定的规章制度也起到约束期货会员

〔1〕 Seema G. Sharma, "Over-the-Counter Derivatives: A New Era of Financial Regulation", *Law and Business Review of the Americas*, 17（2021）.

〔2〕 参见上海期货交易所"境外期货法制研究"课题组编著：《美国期货市场法律规范研究》，中国金融出版社 2007 年版，第 39~40 页。

及自身行为、工作程序的作用。比如：确立会员经营行为的合约市场管理权规则、境外期货和境外期权交易规则、投诉规则以及会员仲裁规则适用等规范体系。除此之外，美国期货交易所还可制定并强制执行如争端解决机制、适当管理标准、利益冲突等的制度规则。

第二，美国证券交易委员会（SEC）、美国联邦储备系统（FED）、货币监理署（OCC）以及联邦政府机构或其他金融行业机构，所涉足的期货或期权交易监管为三级监管模式填补了共同监管职能。根据 CFMA 规定：CFTC 与 SEC 共同承担部分基于证券衍生品监管职能[1]，而作为联邦一级金融监管机构，FED、OCC 与联邦存款保险公司（FDIC）等机构部门，虽未直接介入资本市场，但却对期货市场间接行使一定的监管权[2]。譬如 CFMA 第 2 章规定：美国联邦储备机构可就期货保证金进行监管；第 6 章规定：当某一州因期货市场或交易行为受到利益影响时，州政府或州司法机构可对该非法行为进行干预。[3]

第三，美国期货跨境监管措施及其相关国际合作，拓展了监管方式和协作内容，完善了跨境监管立法机制。无论美国期货监管机构如何政出多门，金融监管法治变革已向扩大市场参与者范围、强化市场监督和保护投资者转变。各监管机构落实境外期货交易违规调查主要通过下述方式实现：一是签署具有法律效力的双边司法互助协定（Mutual Legal Assistance Treaties, MLATS）强化跨境协作。目前美国已与英国、意大利、墨西哥、中国以及中国香港地区等近 40 个国家或地区相互签署互助协定（协助条约），可为缔约国（地区）一方在证券法域外适用时提供境外协助，并携手打击过度投机行为和违法犯罪活动。二是签订双边谅解备忘录（Memorandum of Understand-

---

[1]　SEC 介入期货市场监管主要法理依据在于：一是根据 CFMA 规定，单一股票期货和窄基股指期货同时具有期货和证券性质，因此 CFTC 和 SEC 对这些产品具有了共同监管权；二是 CBOT 有些会员公司是根据证券法律注册的经纪执行人；三是对一些场外衍生品的监管权。

[2]　例如，银行控股公司、在美国设立分支机构的外国银行如要成立期货经纪商，须获得 FED 的许可批准权；一个州银行如要建立一个期货经纪商，须获得 OCC 的许可批准。参见上海期货交易所《"期货法"立法研究》课题组编著：《"期货法"立法研究（下册）》，中国金融出版社 2013 年版，第 472 页。

[3]　参见上海期货交易所"境外期货法制研究"课题组编著：《美国期货市场法律规范研究》，中国金融出版社 2007 年版，第 37 页。

ing，MOU）落实监管协作目标。据统计，目前美国 SEC、CFTC 与 30 多个国家和地区证券期货监管机构签订 90 多份谅解备忘录，MOU 可为各国期货监管机构信息共享、业务查询以及执法协助等事项提供跨境保障。根据 SEC 网站报告资料：近 5 年，外国监管当局、SEC 分别向对方提出的监管合作数量保持在 100 件以上；外国监管当局向 SEC 发出的个案协查函数量年均为 500 件以上，而 SEC 向外国监管当局发出个案协查函数量则达到 1000 件以上[1]，为各国（地区）证券期货监管机构在信息分享、跨境执法协助和打击证券违法犯罪等方面提供合作。三是发挥 IOSCO 框架下多边合作机制落实监管协作事项。IOSCO 于 2002 年 5 月创立 MMOU，成为各国（地区）证券监管机构进行双边监管合作与协调的有效方式，因 SEC 主导多边备忘录、IOSCO 监管标准制定，已将美国监管标准通过 IOSCO 目标及多边备忘录转化为国际监管标准。[2]

第四，CFTC 跨境监管的实践路径和措施，发挥了制度化和正式化优势，管辖权扩展强化了投资者保护力度。CFTC 是在 MMOU 框架下执行跨境监管，通过优化跨境监管核心路径，有效弥合了欧洲监管体制与《多德-弗兰克法案》相关政策的隔离壁垒，对接受双重监管的跨境清算机构起草合作备忘录，强化监管信息共享机制，在《多德-弗兰克法案》中强化对本国交易者参与境外交易监管的目标。例如：境外交易所接受美国投资者跨境交易须向 CFTC 注册、对美国投资者参与的境外交易所产品作出要求和限制。[3]CFMA 规定 CFTC 对境外货币期货或期权合约（非在国家证券交易所交易的合约）行使管辖权，《多德-弗兰克法案》亦肯定美国证券法具有跨境适用的效力，CFTC 于 2013 年扩展跨境监管范围，并基于投资者保护原则对期货及衍生品市场实行跨境监管。

---

〔1〕　参见《SEC 2019 财年预算申请及 2017 财年绩效评估报告》，载美国证券交易委员会官网，https://www.sec.gov/reports-and-publications/budget-reports/secfy19congbudgjust，最后访问时间：2024 年 11 月 17 日。

〔2〕　张彩萍：《中美跨境证券监管机制比较研究》，外交学院 2018 年博士学位论文。

〔3〕　陈建平、卢庆杰：《美国期货市场跨境监管实践及启示》，载《期货日报》2013 年 6 月 3 日，第 004 版。

二、英国：自律管理主导型的统一监管模式[1]

作为国际上发展期货市场较早的国家之一，虽然英国传统金融监管体系曾受多部法律调整并由多机构实施分业监管，但期货市场管理体系是以自律管理为基础和核心的，政府则对期货市场以立法和非直接方式加强宏观调控。譬如 1984 年 LIFFEX 即参照美国推出 100（FTSE）指数期货合约，但在跨市场交易监管上并未引入美国"行政+自律"的监管模式，而采取"期货交易所为主、参与者为辅"的自律监管模式。[2]1986 年之前英国期货业由英格兰银行及贸易部共同管理，加之金融市场开放和解除外汇管制，境外机构和外国交易者可较自由地进行跨境交易并享受国民待遇。此间由期货交易所承担制定、审查和执行交易规则，独立清算与结算，审批会员资格，实施交易动态跟踪和督查等主要监管职责，虽然这种完全自律管理在较长时期发挥了基础规范作用，但随着市场规模和跨境交易竞争激增，为克制松散型自律监管交易冲突和行业垄断等缺陷和弊端[3]，英国议会通过颁布《1986 年金融服务法》确立了新型的、统一的"二元化"自律管理体制。根据该法案规定及授权，这一典型的二元化监管组织核心为英国财政部[4]赋权下的"证券投资委员会（SIB）+证券及期货事务管理组织（SFA）"，其中，财政大臣被立法授予金融体系监管权；SIB 经财政大臣授权取得准国家机关的期货监管法定权责，又将监管职责赋予不同自律管理组织来执行；期货经纪商协会等自律组织则接受 SIB 监督；SFA 主要负责期货交易公平公正和自律监管，并对 SIB 负责。英国财政部直接对海外金融投资（跨境期货交易）业务进行监督和管理，

---

〔1〕 英国和美国期货市场都采用"三级监管模式"，但英国监管体制与美国存在很大差异。英国是自律监管模式的代表，突出行业协会和交易所的自我监管，政府一般只是通过立法和采取非直接手段对期货市场进行宏观调控加以管理，并不直接干预。参见上海期货交易所《"期货法"立法研究》课题组编著：《"期货法"立法研究（下册）》，中国金融出版社 2013 年版，第 806 页。

〔2〕 陈斌彬、张晓凌：《股指期货和股票现货跨市场交易监管研究》，厦门大学出版社 2015 年版，第 110 页。

〔3〕 See Laurence, Henry, "The Rule of Law in the Era Globalization", *Global Legal Study*, 6（1999），p. 662.

〔4〕 承担期货法律监管职责的英国财政部，除实施金融监管授权外对期货市场干预较少，只在期货市场发生异常情况下才运用法律法规和非直接手段进行管理调控。

国内金融投资活动则由 SIB 负责监管。[1]例如该法规定，凡在英国从事投资业务（包括直接或间接从事证券投资业务），例如开设证券交易所、从事经纪人业务和信息咨询业务，均须得到 SIB 批准认可并服从和接受 SIB 监管，由此确定了 SIB 在金融监管市场和期货服务业权威监管的基础框架。

20 世纪 90 年代英国金融期货市场迈入快速发展期，同时各种违规操作和交易风险频发，尤其是期货业 Codelco 案、Summitomo 案以及巴林银行倒闭案引发金融市场激烈震荡，并对金融分业多头监管是否适应市场发展和结构调整需求产生质疑，使得改革以 SIB、SFA 为支柱的二元监管架构的呼声高涨。1997 年英国工党政府开启新一轮涉及多个金融领域的全新改革，最瞩目的即是将 SIB、SFA 更名为金融服务局（FSA），并由 FSA 统一行使商业银行、证券投资、保险期货及衍生市场监管职能。[2]1998 年 7 月英国政府推出《金融服务与市场法》（Financial Services and Markets Act）征询意见，该法案力主建立单一金融市场法律体系和统一监管机构，至 2000 年 6 月英国议会通过经增补更新的《2000 年金融服务与市场法案》（Financial Services and Markets Act 2000，FSMA）。FSMA 于 2001 年 4 月施行并全面确立 FSA 的独立法律地位和监管职责[3]，法案主旨在于为 FSA 提供一个单一法律框架，并通过赋予 FSA 广泛金融监管权以代替原有的二元监管框架。根据 FSMA 授权，FSA 继承了原有 SIB、英格兰银行（中央银行）、建筑合作社委员会（BSC）、保险理事会（ID）、互助会委员会（FSC）、互助会注册局（RFS）、投资管理监管组织、证券期货局和个人投资局等 9 个金融监管机构分享的监管权力[4]，而具体在期货交易监管上，FSA 职能主要包括：制定期货立法解释和跨市场交易行为规则指引手册、受理期货行业各主体申请并进行核审、受理投资者投诉赔偿、

---

〔1〕 汪利娜：《英国金融期货市场：监管、发展及对中国的借鉴意义》，载《财贸经济》1996 年第 1 期。

〔2〕 陈斌彬、张晓凌：《股指期货和股票现货跨市场交易监管研究》，厦门大学出版社 2015 年版，第 111 页。

〔3〕 Jerry W. Markham, "Super Regulator: A Comparative Analysis of Securities and Derivatives Regulation in the United States, United Kingdom, and Japan", *Brook. J. Int'l L.*, 28（2003）.

〔4〕 熊玉莲：《金融衍生工具法律监管问题研究——以英、美为主要分析视角》，北京大学出版社 2009 年版，第 47 页。

对金融期货市场及跨境交易进行实时监管等。同时 FSMA 授权包括期货和期权的所有投资业务和投资活动隶属 FSA 监管，如需从事期货交易活动的主体则要获得 FSA 授权许可或申请《投资服务法令》（ISD）经营牌照，并规定未经 FSA 注册的个人均不能在投资公司（期货公司）中行使支配性职能，此规定使得对从业个人行使支配性职能明确为"合格并合适"的界定标准。[1]从职能结构可以看出，FSA 力图从机构与业务两方面入手实现混业监管目标。其后 FSA 逐步将职权范围扩展至金融机构与客户合同中的不公平条款、金融市场行为准则、存款互助会、抵押咨询、保险经纪和居间领域。[2]次贷危机后，由英国保守党主导的新政府反对 FSA、英格兰银行及财政部"三方共治"的金融监管体制，主张赋予英格兰银行全面的金融监管权，先后发布《金融监管新方案》等一系列金融监管改革方案[3]以推行更系统的金融改革计划，以此为基础于 2012 年 12 月颁布《2012 年金融服务法》，该法案最大的举措是在英格兰银行下设立独立机构金融政策委员会（Financial Policy Committee，FPC）和审慎监管局（Prudential Regulation Authority，PRA）以及金融行为局（Financial Conduct Authority，FCA）三个监管机构承担原 FSA 金融监管职能。[4]从 FSA 分拆后的金融监管新职能看：FPC 监控系统风险并实施审慎性监管，PRA 则对存款机构、保险机构及其他重要投资公司（证券期货公司）进行微观监管，两者共设于央行框架下，其旨在强化央行监管职能；FCA 负责行为监管、消费者保护并继承 FSA 行使的期货交易所监管权。由此看，分设重构的金融监管新框架凸显了宏观审慎监管与微观审慎监管相结合的特征，并由原 FSMA 强调跨产品、跨机构和跨市场的特定类型机构监管转向针对特定类型金融业务的功能监管。而就期货市场监管而言，因英国缺乏专门立法使期货交易被作为投资业务进行监管，FCA 已承接并继续行使由原 FSMA 授权包

---

〔1〕 刘志超主编：《境外期货交易》，中国财政经济出版社 2005 年版，第 266~269 页。

〔2〕 鲍晓晔：《场外衍生品市场法律监管制度研究》，法律出版社 2016 年版，第 108 页。

〔3〕 根据颁布时间顺序，2009 年后英国金融监管改革方案主要包括：《2009 银行法案》《特纳报告：对全球金融危机的反应》《改革金融市场白皮书》《金融监管新方案：认识、焦点和稳定》《2011 金融法案》《金融监管新方案：建立更稳定的体系》《ICB 中期报告》《金融监管新方案：改革蓝图》《ICB 最终报告》等。

〔4〕 Dan Awrey，"The FSA, Integrated Regulation, and the Curious Case of OTC Derivatives"，*University of Pennsylvania Journal of Business Law*，13（2010）.

括期货和期权等所有投资业务和投资活动，因而从功能角度上看，跨境期货及交易行为监管者为 FCA；从监管机构看，根据交易主体区分，期货交易所、投资机构等则由 PRA 实施监管；而 FPC 和 FCA 分别为跨境交易市场宏观与微观审慎监管主体，FPC 有权根据跨境交易的不同情况向 FCA 监管行为发出建议指令，而跨境交易集中结算的中央对手方（CCP）则由央行负责监管。

综上所述，从期货市场发展和立法演进看，英国期货交易始终处于完全开放的市场竞争中，其对外开放态度，虽可从境外期货投资机构和投资者与本土投资机构及投资者具有相同的权利义务来知悉，但其期货市场相关立法主要涉及行业监管内容，期货业务均被视为投资业务活动进行规制，因而在期货市场对外开放、国际化进程以及跨境期货交易等问题上并未涉及原则性立法态度和监管条款。事实上，英国对期货及衍生品跨境交易监管立法主要体现在跨境内幕交易监管方面。而《2012 年金融服务法》是重构法律监控体系与严格自律体系的混合体，新监管框架虽赋予央行及 FPC、FCA、PRA 监管稳定金融市场的权力，力图通过改变原 FSA 作为非政府机构"宽松"监管的表现向政府监管回归，但交易所、清算所和行业协会等自律性组织仍担负着重要的一线监管职责，自律监管业态在英国的主导地位仍未动摇，新监管框架是通过立法加强和完善监管者的法定监管职权设置的。[1]

三、新加坡：政府+交易所"双维度"监管模式

与美英期货监管模式相对应的是新兴期货市场所采用的"二级监管模式"，即由政府机构监管和交易所自律管理相结合的监管体系，此种模式以新加坡为主要代表。经考察可发现，新加坡期货市场的监管立法、监管机关因其不同的期货分类[2]而有所不同，具体表现为：一是为不同期货种类和期货市场制定不同法律，如《证券和期货法》主要规制金融和能源期货，《商品交易法》规制商品期货而不适用于衍生品交易；二是针对不同期货品种和期货市场确定不同政府监管机关，如新加坡金融管理局（Monetary Authority of

---

〔1〕 鲍晓晔：《场外衍生品市场法律监管制度研究》，法律出版社 2016 年版，第 112 页。

〔2〕 新加坡将期货分为金融期货和一般商品期货（指金融期货、能源期货以外的商品期货，如咖啡、香料、橡胶等），同时对金融、能源期货与一般商品期货作出区分。

Singapore，MAS）对金融期货、能源期货及其市场进行监管，新加坡国际企业发展局（International Enterprise Singapore，IE）负责一般商品期货及其市场监管。

从监管立法来看，新加坡不同期货交易的不同监管机构被赋予了不同监管权力，这种监管体制主要体现为两个维度：第一个维度即国家监管，国家通过制定法律，分类建立相应的政府机构对期货市场进行监管，并赋予不同监管机构不同的监管权，以实施对不同期货品种、各类市场和交易活动的监管。例如，《商品交易法》规定新加坡国际企业委员会为期货交易政府监管机构，并赋予商品期货市场、结算所成立、许可证颁发或豁免、紧急情况处理等监管权，但权力仅及于商品交易所场内交易的期货。虽然《金融管理局法》规定 MAS 具有货币监管权、银行业监管权、保险业监管权、证券业监管权等一揽子金融监管权力及行使综合财政部门的权力，但却是由《证券和期货法》确立 MAS 对金融和能源期货市场的主体监管地位，并赋予其全面、广泛的监管权力。除审批交易所建立、规范期货市场建立、规制期货交易及其行为外，MAS 还拥有包括规章制定、命令发布和调查、特定事项审理等不同类型的行政权力。[1]第二个维度即自律管理，由各交易所对其场内进行的或由其结算的期货交易进行自我管理。从期货交易特点看，交易所对在场内交易或结算的期货监管具有合理优势，因此新加坡立法即赋予交易所期货交易自律监管权，做好了杜绝交易风险的法律保护。新加坡相继成立的国际金融期货交易所[2]、商品交易所通过健全内部控制体系，确保交易安全；其建立的公共契约系统、公开叫价系统获得结算会员支持，确保了公开有效交易，极大地发挥了会员制下交易行为监督和交易风险控制的市场优势，其交易所监管机制创立了国际期货交易管理的典范。

与新加坡监管立法非集中化的特点相比，期货监管的政府机构亦通过内部监管部门具体行使市场监管权，而国际企业委员会在期货监管权的局限也

---

〔1〕　上海期货交易所"境外期货法制研究"课题组编著：《新加坡期货市场法律规范研究》，中国金融出版社 2007 年版，第 8 页。

〔2〕　1999 年 12 月 1 日，新加坡国际金融期货交易所与新加坡证券交易所合并为"新加坡交易所"，新加坡金融期货和期权市场由此产生。

体现在《新加坡国际企业委员会法》未作明确规定上，因新加坡国土制约以及交易机构有限，未成立期货业协会实施自律监管，使政府行使监管的权重无论从立法表现或权力配置上均凸显了主体性和具体性特征。单从期货交易监管权配置看，就由《证券和期货法》（Cap. 289）（SFA）和《商品交易法》分别立法规定，尤其是同时赋予 MAS、国际企业委员会紧急情况处理权[1]，表明政府监管机关对中止合约交易、限定合约交易或变更交割条件、确定合约结算价格等维护期货公平、均衡交易状态的正向干预，以达成防控过度投机、操纵市场、披露合约和保护投资者之目的。

从法律体系和监管结构适用性分析可知，新加坡在期货发展阶段或拥有较发达期货市场，主要体现在市场监管制度完善、投资者保护制度完备的"双构建"机制上，如投保制度建立互保基金制度、规定期货交易违法民事责任等。从目前制度考察看，新加坡立法及其监管对跨境期货交易均未涉及原则规定，除前文论述过的期货交易监管权相关规定外，监管实践也未对跨境期货交易投资者保护问题进行说明。只是《证券和期货法》对国外监管机构协助作出了明确规定，主要归结为三个方面：一是提供协助须满足的条件。除提出协助请求时间已不受限外，其他诸如满足协助目的、请求事实、作出书面承诺——（1）相关材料不得用于该请求目的之外的其他目的；（2）非经法定程序不向第三方披露相关材料；（3）在向指定第三方披露相关材料前，已作承诺和经主管部门同意并仅在可能设定的条件下披露、被请求材料对实现该要求之监管或调查足够重要且无法通过其他途径取得、提供协助不与公共利益或投资人利益相悖等。[2]二是提供协助主要考量的法定因素。（1）声称违反的与请求相关的法律或监管要求之行为，如发生在国内是否违反本法；（2）是否已作出或愿意承诺并同意将来对向其提出的类似请求提供协助。[3]三是对国外监管机构可能给予的协助。该法第 172 条第 1 款规定，即使存在指定的成文法或据此设定的要求，或任何法律实施细则，主管部门或任何其授

---

[1] 参见《证券和期货法》第 34 条第 4 款、《商品交易法》第 34 条第 3 款规定。

[2] 参见《证券和期货法》第 10 章第 170 条（1）款之（a）、（b）、（d）、（e）、（f）、（g）、（i）条。

[3] 参见《证券和期货法》第 10 章第 171 条之（a）、（b）款。

权的人员，可以就外国监管机构的协助请求——（1）提供所占有的该监管机构请求的材料或复印件；（2）可命令任何主体向主管部门提供该监管机构请求的材料或复印件；（3）可命令任何主体直接交给该监管机构请求的材料或复印件；（4）可命令任何主体向主管部门就该监管机构请求的信息，形成陈述记录并交给该监管机构；（5）可请求任何政府部门、机关或法定机构提供该监管机构请求的材料或复印件。

四、中国香港地区、中国台湾地区跨境期货交易监管模式

（一）中国香港地区：机构为主、功能为辅的"二级监管"模式

中国香港地区期货市场监管始于 20 世纪 70 年代中期，是与新加坡同属"二级监管模式"的主要代表。[1]中国香港金融市场强调政府监管并注重以自律监管为补充，从中国香港地区政府机构所辖"司长+决策局+执行部门"三级组成看，金融监管体系亦可分为三级架构：第一层级为特区政府财政司；第二层级为香港金融管理局（Hong Kong Monetary Authority，HKMA，简称金管局）、证券及期货事务监察委员会（Securities and Futures Commission，SFC，简称香港证监会）、保险业监理处、强制性公积金计划管理局等金融监管决策部门；第三层级为自律组织根据其自律性规范监管各自成员。[2]其中在第二层级中，金管局负责维持货币及银行体系稳定并向财政司司长负责；SFC 负责证券期货市场监管运作的法定规管。

中国香港特区在 1976 年至 1986 年的 10 年间，通过借鉴发达期货市场基本经验，采取制定监管法规、成立监管机构的"先立法、后建市"方式推进期货市场发展，初步建立了政府监管和交易所自律相结合的监管体系。为加强期货交易监管，中国香港特别行政区立法会 1976 年 9 月正式颁布《商品期货交易法》，授权 SFC 主要承担香港证券及期货市场监管职责，SFC 设有监管事务委员会并下辖市场监察部，将期货合约交易、自动化交易等纳入监管对象，负责期货交易结算、服务和应变、投资者赔偿等营运、规管和发展的执行标准，同时监察遵守期货相关法例、守则、指引、规则及规例。SFC 的监

---

〔1〕　参见严嘉、于静：《香港金融法》，河南人民出版社 1997 年版，第 317~318 页。

〔2〕　鲍晓晔：《香港场外衍生产品市场监管制度改革》，载《学术探索》2013 年第 11 期。

管权限贯穿于期货及衍生品的设计、交易、结算等全过程，不仅规范期货交易者和产品设计准入门槛，且实施持续性行为监管和贯彻审慎监管原则[1]，从而执行监管证券及期货市场条例以及促进证券期货市场发展。为发挥期货市场一线监管职责及日常跨市场交易监管，2003年3月中国香港地区合并原香港联合交易所、香港期货交易所和香港中央结算公司，成立统一的 HKEX 及下设风险管理委员会，以担当期货跨市场监管的重任，并负责制定期货交易及结算公司对期货市场的风险管理政策并实施风险管理。具体监管内容包括：（1）对交易所会员实施分类管理，以防控风险和强化入市交易自我制约；（2）设立涵盖股票、期权和期货三个市场的综合报表机制，用以分析、比较和防范交易主体跨市场交易风险，以采取相应监管措施；（3）交易所强化与以 SFC 为主的监管机构跨市场交易监管合作，例如开展跨市场信息交流、签订谅解备忘录和转介不当交易行为案件等。[2]在此基础上，根据期货市场国际惯例以及规范，2003年4月中国香港特别行政区立法会颁布《证券及期货条例》（以下简称《条例》），该条例吸纳原《证券条例》《保障投资者条例》《证券及期货事务监察委员会条例》《证券及期货（结算所）条例》《交易所及结算所（合并）条例》等10个法规，形成了系统全面的、最重要的证券期货监管法规。其主要内容有：（1）明确了 SFC 维护期货交易公平、提供投资保障等监管目标；（2）扩大 SFC 调查权和处罚权；（3）审裁内幕交易、操控价格、虚假交易、披露虚假或误导性资料等市场失当行为；（4）授权 SFC 监管期货自动化交易；（5）设立投资者赔偿公司负责管理和执行交易赔偿等。根据《条例》立法授权，SFC 作为独立法定机构，其监管对象包括 HKEX 及相关结算所、证券期货公司、从事证券期货业务的经纪商、自动化服务提供者、基金经理、投资顾问、登记机构、投资者赔偿公司以及交易投资者，有关涉及投资者的内幕交易、操纵市场等违法行为均由 SFC 负责事中监管和事后检控。除监管证券及期货市场主体外，SFC 监管还覆盖投资产品和证券及期货行业，即是说，香港金融机构如从事期货业务则需向 SFC 申领

---

〔1〕　鲍晓晔：《场外衍生品市场法律监管制度研究》，法律出版社2016年版，第116页。

〔2〕　陈斌彬、张晓凌：《股指期货和股票现货跨市场交易监管研究》，厦门大学出版社2015年版，第117~119页。

许可牌照并接受监管。

从香港财政司分设监管机构及其规管功能可见，在中国香港地区以机构为主、功能为辅的分业监管模式下[1]，SFC 监管职权呈逐步扩张趋势。次贷危机后在省思债务纠纷案的基础上，通过修改《条例》加强期货监管体系改革，例如，扩展期货和衍生品市场监管职权、健全期货交易集中结算和信息报告制度、提高自律组织市场监管参与程度等，但总体上仍沿袭了原有监管模式。2012 年 7 月 HKMA 与 SFC 公布联合咨询总结，一是扩展 SFC 职责范围并增加新的监管内容；二是更加强化 HKMA 与 SFC 的协调与合作，确立共同监管制度。2023 年 8 月 SFC 就《条例》内与执法相关条文修订发表咨询总结，明确扩大范围后内幕交易将涵盖：在中国香港地区对境外上市证券或衍生工具所进行的内幕交易、在中国香港地区以外地方进行但涉及在 HKEX 上市的任何证券或衍生工具的内幕交易。意即只要在交易地点或交易产品方面涉及中国香港地区并符合内幕交易定义，就会被 SFC 根据修订的《条例》认定为内幕交易并采取相关监管执法措施，以确保投资者获得充分保障。

（二）中国台湾地区：法律监管+宏观监督+自律机制的"三级监管体制"

中国台湾地区是在对外开放基础上建立和发展期货市场的，即率先开展境外期货交易其后发展本地期货市场，即是说，中国台湾地区是在建立期货市场过程中完善一系列法律法规的。从中国台湾地区境外期货交易肇始和立法脉络考察，1981 年中国台湾地区信托主管部门依照重要物资境外期货交易管理办法设立首家期货公司，并准许本地交易商就规定商品经核准从事境外期货交易。1987 年 5 月中国台湾地区开放外汇管制并解除有关结汇限制，使得企业和个人有了规避汇率风险的需要；1988 年 7 月中国台湾地区经济主管部门取消对大豆、玉米等农产品进口量及销售价格的限制，使得进口商面临价格风险急需利用期货市场避险工具进行保值。上述两项经济改革措施凸显并直接促动了期货套保交易需求，但这种经济客观要求无法在岛内得以满足，

---

〔1〕 G30, The Structure of Financial Supervision: Approaches and Challenges in a Global Marketplace, 2008, available at http://www.group30.org/images/ PDF/The% 20Structu re% 20of% 20Financial% 20Supervision.pdf, last review on 1 May. 2014.

使得进口商和投资者只能转向境外期货市场，因客户缺乏跨境期货指令单的法定许可，从而出现不正规的市场经纪商诱使客户在美国、新加坡、日本等国家和中国香港地区的期货交易所进行跨境交易，又由于中国台湾地区未制定跨境期货交易监管法规，致使产生了诸如订单无法送达市场、市场信息不正规、挪用或骗取客户资金等交易纠纷案件。后虽经中国台湾地区经济主管部门采取措施并允许适格经纪商在岛内开设分公司，但在岛内建立规范化和高度流动性的期货市场尚不具备条件，于是中国台湾地区决定先开放境外期货市场，然后分阶段筹建本地期货市场。

1993 年底中国台湾地区证券期货主管机关核准大华、元大、金鼎、中信等 14 家本地及 9 家境外期货经纪商筹建申请。1994 年初以中国台湾股指为基础的境外期货交易在芝加哥商业交易所（CME）、新加坡交易所衍生品部（SGX-DT）上市，推进了中国台湾地区期货市场国际化进程也加速了岛内期货市场建设步伐。1994 年 4 月中国台湾地区首家期货经纪公司成立并受托从事经核准的境外交易所部分期货合约交易，标志着投资者可经正式渠道开展跨境期货交易及本地期货交易。

1997 年 6 月统一规范中国台湾地区期货交易的"期货交易法"正式施行。该规定共 9 章 125 条，主要规定有：期货市场主管机构为财政主管部门证券暨期货管理委员会；投资者可参与交易的境外期货产品和期货交易所须经主管机关认证和公告；期货结算机构应经主管机关许可，主要担负监视期货交易市场的功能；境内外期货商须经主管机关许可发照营业；设立统一的期货业自律组织——期货商业同业公会；主管机关制订市场监视准则以确保期货市场规范有序运作；主要禁止操纵或影响期货价格、内幕交易和欺诈等交易行为。由此看，中国台湾立法主管机关法律监管、证券暨期货管理委员会宏观监督、交易所行业监管和期货商业同业公会自律机制构成了期货市场"三级监管体制"[1]，多层次的法律监管体系为期货市场实施有效监管并强化期货商监管力度、确保投资者合法权益提供了法律依据，有助于岛内期货交易制度建立和规范运作。目前经中国台湾地区期货主管机关许可设立的本

---

〔1〕 参见宋锡祥：《台湾"期货交易法"评析》，载《政治与法律》1999 年第 1 期。

土期货商、外国期货商及其分支机构均可受托进行经公告的跨境期货交易。以中国台湾日盛证券公司为例，其代理的境外期货交易所包括东京工业品交易所、东京谷物商品交易所、大阪商品交易所、横滨商品交易所、中部商品交易所、关西商品交易所、芝加哥期货交易所、芝加哥商业交易所、纽约商业交易所、新加坡衍生性商品交易所和香港期货交易所等。此外，中国台湾地区期货交易所上市商品已有在境外商品挂牌交易，积极寻求国际化发展为投资者提供多元化跨境交易商品。

第三节　跨境期货交易监管借鉴及启示

2021 年 3 月，《国民经济和社会发展第十四个五年规划和 2035 年远景目标纲要》提出建设更高水平开放型经济新体制，稳妥推进期货等金融领域开放，深化境内外资本市场互联互通，健全合格境外投资者制度等目标。党的二十大报告亦重申推进高水平对外开放，再次强调加强和完善现代金融监管，稳步扩大规则、规制、管理、标准等制度型开放。可以说，推动期货市场对外开放不仅是"建设开放型世界经济"的重要步骤，更是对党和国家宏观金融战略目标的具体落实。为防控投资者跨境交易所发生期货衍生品风险，吸纳境外期货市场监管实践做法、经验教训是前提，健全"走出去"跨境交易立法机制是基础，"他山之石，可以攻玉"，唯有"通闭解结"方可实现跨境交易制度型开放和跨境交易高水平发展。国际较成熟期货市场为数众多且发展不平衡，上节列举的发达或新兴期货市场监管模式虽有异质性，但从考察这些期货市场衍生的发展动能、历程以及监管立法，亦可总结出可供借鉴的共性规律。

一、强调政府监管作用但未形成统一或固定的监管模式

金融全球化背景下以及次贷危机后，引发了各国家（地区）新一轮金融监管体制或框架（financial regulatory framework）改革，目前虽对金融监管体制尚无明确和统一的定义，但总体上是指金融监管体系的组织架构和职责划

分等问题。[1]因政治体制和不同政党对金融监管主张具有差异性，美国 CFTC 履行期货市场主要监管职责并与 SEC 共同承担监管权，FED、OCC 与 FDIC 等金融监管机构也间接行使一定监管权，其监管体系和权力配置是分级多头并存的；英国《2012 年金融服务法》从立法功能上明确跨境期货交易行为监管者为 FCA，并赋予央行及 FPC、FCA、PRA 监管稳定金融市场的权力；新加坡《证券和期货法》确立 MAS 行使期货市场主体监管权；中国香港地区授权 SFC 主要承担期货市场监管职责并强化与 HKMA 的监管协作、中国台湾地区则明确了期货市场主管机构。由此可见，无论发挥何种监管功能或形成何种监管模式，上述国家（地区）无一例外地均将发挥政府监管职能放在首位，其次才辅之期货业协会、期货交易所、期货商业同业公会等行业自律监管。这是由跨境期货交易的非标准化、信息不透明、行业敏感性以及发挥一线监管效能所决定的，无论权责分级的多头监管、自律主导的统一监管抑或机构自律主辅的"双维度"监管，都存在各自优劣及其固有的局限性，例如多头的监管重叠或空白、监管协调不畅和单一的监管套利、效能低下等不适应症，都是对期货市场专业化、行业竞争化和跨境跨市场交易风险综合评估的结果，较难形成多头的或是统一的固定监管模式。面对中国金融行业存在的监管重叠、监管空白和监管套利等问题挑战，结合国内重构的"一行一总局一会一局"[2]金融监管新架构和监管职责配置目标——实现监管权力集中、统一、一致[3]，未来"走出去"期货市场凸显全面性政府监管自不必说，而在跨境期货监管方面如何优化政府监管权配置、加强证监会规管作用、完善行业自律机制、培育跨境交易风险意识等都是当前的重点内容和目标。

---

[1] See David G. Mayes and Geoffrey E. Wood, *The Structure of Financial Regulation*, London: Routledge, 2007; Robin Hui Huang and Dirk Schoenmaker, *Institutional Structure of Financial Regulation: Theories and International Experiences*, London: Routledge, 2015.

[2] "一行一总局一会一局"，即指中国人民银行、国家金融监督管理总局（在原银保监会的基础上组建）、证监会、外汇管理局。其中，中国人民银行主要负责货币政策执行和宏观审慎监管，国家金融监督管理总局主要负责微观审慎监管、行为监管和消费者权益保护，证监会主要负责资本市场监管，外汇管理局主要负责全国外汇市场监管。

[3] 石光乾：《金融科技赋能地方金融数智化监管：机制、挑战与对策》，载《湖南社会科学》2023 年第 6 期。

二、引入宏观审慎监管职能，并强化机构监管与功能监管协同作用

全球金融危机促使国际金融组织、各国家（地区）相继启动金融监管改革，并将防范金融风险和保障金融安全纳入改革首位，凸显了监管理念更新和监管模式转型的立法态度，尤其是国际组织和各国（地区）金融改革均注重对全球或重要性金融机构实施审慎监管。例如，2009 年 6 月 G20 峰会决议新建金融稳定委员会（FSB），旨在评估全球金融风险和监管改进、促进监管信息交换和跨境风控应急等方面发挥宏观统筹职能，FSB 除专设监管和管理合作等三个委员会外，还专门成立工作组负责跨境风险管理；美国《多德-弗兰克法案》授权成立金融稳定监督委员会（FSOC），并赋予其与 FED 作为全美宏观审慎监管者地位[1]；英国立法明确央行为金融监管主要责任机构，并增设 FPC 和 PRA，监控系统风险和行使审慎监管职责；中国台湾地区也设立了证券暨期货管理委员会进行宏观监督等。它们均通过承继并实施期货市场监管权能，发挥了改良市场监管政策、制定跨市场监管标准和防控跨境系统风险的广泛职能。同时，无论美国、中国香港地区的多头监管抑或英国、新加坡的统一监管，在全球金融视野下，机构监管与功能监管并没有相互替代，而是各具所能、互为辅之，表现了金融分业经营下机构监管和相同业务产品下功能监管的混合监管业态。尤其是次贷危机后，上述各国家（地区）进一步明确期货市场监管政府部门归属和职责，通过实施功能监管提升监管连续性和一致性。例如，美国授权 CFTC 为期货市场监督者并与 SEC 共负主要监管职责；英国设立统一监管机构 FPC 负责系统性风险监管并转向特定类型金融业务的功能监管等。而中国金融业务存在非完全独立性，也未形成有效的风险隔离机制，实施监管均是在各金融行业内展开，这为实施功能监管提供了契机。中国《期货和衍生品法》规定"国务院期货监督管理机构依法对全国期货市场实行集中统一监督管理"，按照"一行一总局一会一局"新金融监管体制，期货市场由中国证监会下设的期货监管司，作为政府主管机关并实施功能监管。根据从事跨境期货交易不同主体机构性质，还需接受中国证监

---

〔1〕　陈斌彬、张晓凌：《股指期货和股票现货跨市场交易监管研究》，厦门大学出版社 2015 年版，第 121 页。

会派出机构、期货交易所、期货业协会、期货市场监管中心等机构的行为监管，未来如何革新跨境期货交易监管理念，按照市场准入、审慎经营、信息披露和风险防控等配置监管权限，强化跨境监管主体间协调合作与信息共享，以达到合理平衡政府监管与交易市场关系的目的，这都成为克服跨境监管缺陷和实现功能监管有效性的重要方面，亟须立法监管部门全面审视和重点解决。

三、适度开放跨境期货交易为大势所趋，但需完善法制和厉行监管

在推动期货国际化发展的进程中，境外主要期货市场国家（地区）更多地采取双向开放立法模式，即便是判例法国家（地区），也无一例外地采取了制定成文法的方式护航对外开放政策，并且不断地修订、补充、完善。[1]例如，美国《多德-弗兰克法案》规定本国投资者进行跨境交易，境外交易所须向 CFTC 注册并对交易产品进行限定，CFMA 规定 CFTC 对境外货币期货或期权合约行使跨境管辖权等；新加坡《证券和期货法》《商品交易法》历经多次修改后，明确规定了期货交易范围、经纪许可、交易结算、资金分账管理、风险披露、处置市场不当行为规则以及违法行为处罚。由此来看，以上各国家（地区）均对期货交易实施严格监管，通过严厉法规加大违法惩处力度，有利于预防、减少和惩罚期货犯罪行为并起到吓阻作用。事实上，"走出去"跨境期货业务面临着汇率平衡、经纪经营、游资做空、高频交易、投资穿仓等各类不确定性跨境传导风险。但从国内企业套保选择、市场投资需求、掌握国际规则和促进交易制度完善等多维考量，"走出去"参与跨境交易已是大势所趋，由此凸显了完善跨境期货法制建设的紧迫性。不过，完善期货法制并非是对"走出去"跨境交易管控过度、限制增多或是刹车倒退，而是对投资境外期货交易、规范期货经纪业务开展、实现套期保值供给、参与境外市场规则等各方面风险的有力保障，也是实施期货市场制度型开放的应有之义。通过借鉴国际期货市场经验，参照当前国内证券发行注册制监管困局，可得出一个现实结论：要根据现有国情适度、稳妥地开放跨境期货交易，必须建立完善与之相适应的期货法制。为避免出牌顺序紊乱而开放缺乏牢固的法制

---

〔1〕 刘道云：《境外主要期货市场对外开放的监管沿革、制度路径及借鉴》，载《新金融》2022年第 11 期。

基础、足够的监管措施的跨境交易，再次陷入市场操纵、内幕交易、过度投机、恶意做空等风险泥潭，则要预先制定一系列严格的适应性监管措施，彻底杜绝跨境交易利益链和风险链，切实推进"融资市"向"投资市"转进，健全和完善严格的制度基础，保障跨境投资主体权益以及涉外国家金融安全。

四、提高参与跨境交易主体水平，并促动制定统一监管标准和规则

通过总体考察可见，上述国家（地区）虽对参与境外交易投资者准入、经纪商准入、执行委托经纪商、经纪机构注册与豁免、交易行为规范等进行监管，但基本对本国（地区）参与跨境期货交易投资者资格不设限制性条件，且专业交易者参与跨境交易还享有法律监管便利和支持。例如，SFA 会明确专业投资者为市场专业人士和高资产净值投资者，并与新加坡等国家（地区）规定仅限专业交易者参与境外期货交易等。之所以这样规定，并非忽视对跨境投资者的利益保护，而是要通过强化对跨境交易的路径监管达到保障投资者利益、维护国家金融稳定的目标。具体措施包括：加强境外期货交易所和期货交易品种的注册、批准、认可以及公告；明确对境外期货经纪机构的注册要求；境外交易所直接市场接入会面临包括母国监管在内的严格审查。以上既有的立法规定与监管措施，表明这些国家（地区）注重解决本国（地区）投资者交易壁垒和准入问题，旨在提升投资主体对交易产品、市场认识的判断能力。中国《期货和衍生品法》第 51 条第 1 款规定："根据财产状况、金融资产状况、交易知识和经验、专业能力等因素，交易者可以分为普通交易者和专业交易者。专业交易者的标准由国务院期货监督管理机构规定。"因而，鉴于国内普遍存在参与境外投资者风险意识模糊、对境外结构性衍生产品认识不足、对衍生工具掌握不全面等问题，立法监管部门应将从事跨境期货交易的自然人、法人和非法人组织明确为"专业交易者"，且应尽快出台并适用主体资格及专业标准规范[1]；同时大力培育和提升专业投资者从事跨境

---

〔1〕　中国证监会颁布的《证券期货投资者适当性管理办法》明确了专业投资者标准，此标准在 2019 年新修订的《证券法》中亦被沿用。但《期货和衍生品法》立法行文均使用"交易者"而非"投资者"概念，其第 51 条第 1 款规定 "……专业交易者的标准由国务院期货监督管理机构规定"，因而是继续适用《证券期货投资者适当性管理办法》或是经立法技术处理后再适用抑或单独成文规范，目前仍未出台明确意见和具体规范。

交易的能力水平，夯实期货交易所、经纪机构推进跨境交易的基础力量。

笔者研究还发现，发达和新兴国家（地区）期货市场监管立法结构，既有综合与统合立法体制也有独立与混业立法体制；而从立法模式或监管主体层级看，以美国、新加坡为代表的两类期货监管体制，表征了域外期货市场行为主体监督与控制的较完整的立法系统。当前，全球金融市场发展的特殊性已使期货监管制度具有了多层次结构特点，新兴金融发达国家或地区期货监管机制业已呈现新特征与新趋势。例如，强化并将交易所自律监管功能纳入政府监管新补充、加强国际监管协作互认合作机制等。而各国家（地区）期货监管体制差异化特征缩小以及共性内容的扩张，表明发达期货立法体系对新兴期货市场制度具有较强包容性和纠偏性，使得各国家（地区）期货监管体制未来会逐步实现趋同化，这将为重估和制定期货市场全球通用监管标准和规则提供了可能。因而未来中国跨境期货交易更应加强国际期货监管合作，这种注重期货监管的全球合作凸显了金融安全价值的目标取向，而无论立法的监管适用、监管协调抑或冲突解决，均需要基于"走出去"跨境市场实际制定相应监管标准和规则，并尽力缩小与国际市场的监管差距，这些思路对于中国构建跨境期货监管标准和规则体系具有借鉴和引导作用。

本章小结

跨境期货交易并非传统法学意义上的学术概念，其产生与兴起有着特定的经济环境和市场背景。虽然对其形成的具体时间和空间维度无需准确界定，但从可追溯的相关文献和资料梳理可知，跨境期货交易是信息国际化和电子交易普及化的产物，并随着国际贸易发展和期货国际化进程加快而逐渐兴起。

跨境期货交易是中国期货市场双向开放的必然选择，理顺和解决好跨境期货立法监管问题，是稳妥推进"走出去"跨境期货交易的基本前提。本章考察了美国、英国、新加坡以及中国香港地区、中国台湾地区等典型开放境外期货交易市场的监管模式，以及跨境期货交易监管进程中立法特征、监管举措和完善路径。通过比较可见，中国境内"走出去"投资主体合法利益保护，除依赖本国期货母法和具体配套立法制度保障外，更需要削减跨境期货监管制度壁垒，并接续扩张引入域外适用机制；而考察国内外期货立法架构、监管规则以及域外管辖效力，可为促动中国跨境交易监管立法转换以及扩张适用规则提供借鉴。总之，吸纳历史的、国内外的共性规律和经验教训，可避免因缺乏良好法制基础环境而陷入跨境交易实施困局，能为完善现有监管原则性规定提供建议和思路。

第五章

跨境期货交易行为特殊样态

第一节　跨境期货交易行为主体

跨境期货交易行为主体是直接参与跨境期货交易行为、依法享有交易权利（权力）和承担交易义务（责任）的行为关系当事人。从期货和衍生品交易行为看，跨境期货交易行为是期货交易行为的合理形态外延，已成为期货立法规范的核心主体行为。跨境期货交易行为与普通的投资交易行为不同，它是跨境交易主体为实施期货买卖、交割、结算业务所作出的具有法效力的意志行为。按照传统法行为效力理论，可将跨境期货交易行为分为合法交易行为和非法交易行为。非法跨境期货交易行为是违反期货法禁止性规定实施的不法或不当交易，其主体因涉及对期货交易性质认定和由监管机关核查认定，应归于"非法期货交易"范畴而不属本书研究范畴。具体看，期货交易场所、经营机构、交易者〔1〕、结算机构、服务机构均是"交易行为"的实施者或协助者，亦共同构成了合法跨境期货交易行为主体。本节仅对合法跨境期货交易主要行为主体进行分类厘定。

一、期货交易所主体

期货交易所是为交易者提供信息技术和结算、交割的期货（期权）合约交易组织者。作为跨境期货合约交易及标准化期权合约订立撮合交易的场所，无论是境内还是境外期货交易所，都是跨境期货交易行为的条件创造者、规则制定者、行为参与者和市场管理者。期货交易所处于期货交易市场创变的核心主

---

〔1〕　中国《期货和衍生品法》第4章专章规定了"期货交易者"，且在立法行文中除不得使用的7个"客户"概念外，其余均使用"交易者"而非"投资者"概念，因两者概念内涵差异较大，为呼应立法行文概念表述之转变，除在此处注释外，后文均统一表述为"交易者"。

体地位，是期货交易会员基于共同利益和目的需要而设立的非营利性自律管理法人组织。根据相关立法规定，现有境内期货交易所主要采取会员制或公司制的组织形式，会员制期货交易所由会员出资认缴，公司制期货交易所采用股份有限公司的组织形式。目前经中国证监会批准的境内期货交易所包括上海期货交易所（SHFE，含上海国际能源交易中心）、大连商品交易所（DCE）、郑州商品交易所（CZCE）、中国金融期货交易所（CFFEX）和广州期货交易所（GFEX）等5家，同时还包括中国香港交易所（HKEX）和中国台湾地区期货交易所。

　　布雷顿森林体系解体助推了全球经济一体化市场形成，在此进程中，国际期货市场发挥了极其重要的促动作用。期货交易所的国际化是期货市场国际化重要组成部分。尤其自1993年瑞典证券交易所率先改制后，全球期货交易所的发展呈现出交易中心日渐集中、交易所改制合并加快等新趋势。例如，1999年伦敦国际金融期货期权交易所、新加坡交易所完成改制；2000年纽约商业交易所、芝加哥商业交易所、伦敦金属交易所、伦敦证券交易所、国际原油交易所、悉尼期货交易所完成改制，中国香港联合交易所与期货交易所完成股份化改制并与中央结算有限公司合并成立香港交易及结算所有限公司；2001年泛欧洲证券交易所、东京证券交易所、大阪证券交易所、德意志交易所等完成改制；2002年瑞士证券交易所、国际证券交易所等完成改制；2005年芝加哥期货交易所完成改制，并于2007年与芝加哥商业交易所合并组成芝加哥商业交易所集团；2012年中国香港交易及结算所有限公司并购英国伦敦金属交易所等。其间发达和新兴期货市场国家（地区）期货交易所相继公开上市，其根本原因在于交易所内外部、场内外交易的竞争加剧以及会员体制决策运行效率低下，因而改制实施现代公司治理的集团化和规模化经营，就成为因应国际化市场竞争的重要共识和必要举措。从目前整体情况看，中国境内期货交易所除CFFEX、GFEX是公司制运作模式外，其余3家均为会员制。无论是公司制或是会员制均由政府主导创立、属于"自上而下"制度变迁的产物，由中国证监会对交易所进行集中统一监督管理，政府干预色彩较浓，这与国际通行的会员制和公司制交易所存在不少差异。[1]学界普遍认为，

---

〔1〕　胡俞越、刘志超：《我国期货市场国际化的路径选择》，载《期货日报》2016年9月9日，第004版。

中国期货交易所的国际化主要体现在几方面：一是交易所的组织形式，二是期货产品合作开发，三是扩大境外会员比例，四是加入国际性期货期权行业协会、签署谅解备忘录，与境外交易所实现信息共享、研讨交流和开展合作等。[1] 这些认识主要是基于"引进来"如何增加市场活力、优化期货产品以及交易结构的考量。

从目前既有立法看，各国家（地区）均对期货交易所的设立规定了相对严格的实质性条件和程序性条件。中国《期货和衍生品法》《期货交易所管理办法》对期货交易所制定修改业务规则、履行职责、交易风险监测、应对措施、行情发布和交易处置等方面也进行了明确规定，并提出期货品种上市、交易、结算和交割等制度规范，明确期货交易所不得直接或者间接参与期货交易，因而期货交易所只作为交易活动组织者并不介入交易流程；但因其承担着提供交易场所、担保合约履行、组织进行结算等诸多职责，在交易过程中具有较特殊的主体地位，使其行为会对交易走势产生直接影响。例如，实践中为多空双方提供造市题材、定点交割仓库大规模拒收合格实盘以利多方、大规模收进不合格实盘以利空方、不利方大规模开仓交易所用风险资金助其舞弊等违规行为，均会导致防范失控而对期货市场交易规范产生影响。从对期货交易所设立的法律规范和标准看，其主体行为是为实现法价值目标而对行为客体的权利（权力）义务（职责）进行规定和具体要求[2]，而涉及跨境期货交易的主体行为主要包括：（1）依照法律、行政法规和中国证监会规定，制定、修改跨境期货交易等业务规则和交易制度，经报有权机关批准后，对跨境期货交易业务活动各参与主体产生约束力；（2）各参与主体从事跨境期货交易及相关行为，必须遵守交易规则并依法规范进行，如有违反，期货交易所可施以包括但不限于暂停受理或办理相关业务、限制交易权限、取消会员资格等纪律处分或采取其他自律管理措施；（3）设计和制定标准合约，以利于减少交易者因存在期货合约理解瑕疵而产生交易纠纷；（4）依法享有跨境期货交易行情权益和有权公布交易即时行情，并履行跨境交易信息报告义务；（5）对跨境期货交易行为进行实时监控和风险监测，如出现市场风险

---

〔1〕 胡俞越、张少鹏：《期货市场的国际化发展》，载《中国金融》2015 年第 22 期。

〔2〕 刘少军：《法边际均衡论——经济法哲学》，中国政法大学出版社 2007 年版，第 229 页。

异常累积、急剧放大等异常情况，可依照业务规则单独或会同期货结算机构实施紧急处置措施；（6）健全施行风险警示和处置机制，可采取要求会员和交易者、境外经纪机构报告情况、谈话提醒、发布风险提示函等措施，以警示和化解风险；（7）可依照章程和业务规则对会员、交易者、期货服务机构等实行自律管理，开展跨境期货交易者教育和跨境市场培育工作，等等。同时还规定：境外期货交易所向境内单位或者个人提供直接接入该交易场所、交易系统进行交易服务的，应当向中国证监会申请注册并接受监管。境外期货交易所经申请注册后，可通过直接接入的方式向境内单位和个人提供境外期货交易服务。由此表明，现有立法亦将相关境外期货交易所接受国内投资者参与跨境期货交易纳入监管。

整体而言，期货交易所是跨境期货交易最重要的和最直接的主体。目前中国境内期货交易所"走出去"国际化进程较为缓慢，而要推动其发展为全球化跨境交易平台，关键要在交易制度、会员结构、交易品种、汇总管理和交易流程等方面实现国际化。这些已在"引进来"诸多政策革新中有实质性体现[1]，但在"走出去"方面境内期货交易所则须在诸多因素影响下适时谋变。例如，为适应国际化市场和提升与国际期货交易所之间的竞争优势，应尽快推动交易所全员公司化改制上市并实现集团化、规模化运行；扩大国内商业银行、投资银行、证券公司及全能型金融集团境外注册成为境外期货交易所会员；试点引入结算价授权、交叉挂牌、相互冲销、品种互换、会员互换等多元化模式，强化与国际期货交易所之间的深层次业务合作等。同时应看到，不同国家（地区）期货交易所对吸引境外投资者的制度规范和保护标准有所不同。一方面，期货交易所作为市场交易组织者，其营利性或非营利性需求对跨境期货交易市场发展方向会起到重要的导向性作用；另一方面，期货交易所作为期货市场一线监管者，其监管力度与监管严格程度，对市场运行效率和投资者保护也有明显差异；此外，境内经纪机构、实体企业与金融机构的参与态度亦是影响期货交易所国际化的重要因素。

---

　　[1]　分别参见《境外交易者和境外经纪机构从事境内特定品种期货交易管理暂行办法》《外商投资期货公司管理办法》《合格境外机构投资者和人民币合格境外机构投资者境内证券期货投资管理办法》《境外机构投资者境内证券期货投资资金管理规定》。

二、期货经营机构主体

期货经营机构是指依法设立的期货公司以及由一国期货监管机构核准从事期货业务的其他机构。从立法赋权角度看，各类期货经营机构从事跨境期货经营以及期货业务，其主体法律地位是经由期货立法许可而设定的。作为跨境期货交易行为的重要参与者和服务提供者，各类期货经营主体机构因在跨境交易市场中承担的角色不同，其主体行为亦不同。例如，期货交易所主要负责组织和监管期货交易业务行为；期货公司通过期货交易所为交易者开设实名账户，并提供交易平台、研究报告、行情分析等服务；期货经纪公司作为中介机构接收交易订单并代表交易者在期货交易所执行具体交易等。除此之外，期货经营机构还包括专门从事期货资产和投资管理的期货资产管理公司、通过集合投资方式作为参与期货市场工具的商品期货基金（commodity pools 或 managed futures funds）以及商品期货基金运营者（operator）等。因而中国《期货和衍生品法》第 59 条所称"从事期货业务的其他机构"，应视为是对商品期货基金、商品期货基金运营者等预留的立法解释空间。由此看，期货经营机构概念外延并不止于期货公司，而期货公司经监管机构核准后亦可从事期货经纪业务（broker）、期货交易咨询（trade advisor）、期货做市交易（dealer）、资产管理业务（asset manager）和其他期货业务，因而期货市场亦会涌现与上述业务相匹配的公司主体。

（一）期货公司主体

期货公司是提供期货交易服务的核心金融机构之一，其主要接受交易者委托和执行期货交易指令，并在期货交易所代表交易者进行交易。期货公司通常履行期货交易、结算、风险管理等职责，以及提供市场分析、行情资讯、投资建议等专业服务，同时也会参与期货交易所市场运作和规则制定。从境外成熟期货市场看，基于期货及衍生品业务模式以及交易经验，可将期货公司主要分为三类：一是作为金融集团旗下专门的衍生品经纪部门或者由投资银行、证券公司兼营的全能型期货公司，例如高盛、摩根大通、巴黎银行等；二是相对独立经营的以期货经纪业务为主线的传统型期货公司，例如新际集团（Newedge Group）、盈透公司（Interactive Brokers）、罗杰欧（R．J．O'

Brien & Associate）、全球曼氏金融（MF Global）等欧美期货公司以及中国台湾地区的宝来曼氏期货公司等；三是由大型或资深现货企业设立的期现结合型期货公司，例如美国福四通期货公司（Fcstone）、爱德盟投资服务公司（ADMIS）以及英国苏克敦金融公司（Sucden Financial）和联合金属贸易公司（AMT）等。[1]从国内现有期货公司主体的市场定位、业务功能看，绝大多数是以期货经纪业务为主的传统型期货公司，其业务经营范围亦具有较大拓展空间。为提升期货公司服务实体经济的能力，中国《期货和衍生品法》第60条对期货公司主体准入较《期货交易管理条例》更趋严格。主要设立变化表现在：一是最低注册资本限额由3000万元人民币提增至1亿元人民币，且明确须为实缴货币资本而非货币财产出资。此意在通过提高实缴注册资本金来增强期货公司交易信用和经营规模，以满足开展资管、做市和衍生品交易等业务监管要求。二是明确主要股东及实际控制人具有良好财务状况和诚信记录，且应符合最低净资产标准，通过财务和诚信要求可力尽善良管理人义务，最大限度实现和保护公司利益；同时强调满足最低净资产标准，亦是后续开展期现贸易、仓单服务、合作套保和场外衍生品等重资产业务的基本监管条件。三是除具备合格经营场所、业务设施外，还应具有合格的信息技术系统，要实现境内或跨境交易账户资金、持仓、成交等数据"通用"，亟须通过信息技术、硬件通道、接口技术等建立高速、稳定、安全的交易系统。四是除具有健全的风险管理制度和完善的内部控制制度外，还必须有良好的公司治理结构，以确保主体运营与决策符合法律法规和行业准则，同时匹配未来集团化、规模化经营需求，防避并减少潜在的运营风险和损失。上述较严格的准入监管，旨在强化、完善适时发放与其未来复杂业务相适配的经营牌照和资质。

随着中国期货法制体系不断健全完善，通过立法授权许可，中国证监会先后推出期货投资咨询业务、期货资管业务以及风险管理公司试点，境内期货公司业务范围和功能亦得以拓展。现行立法对境内期货公司从事期货经纪、期货交易咨询、期货做市交易、其他期货业务实行法定许可制，由中国证监

---

　[1]　冯玉成：《境外期货公司业务模式借鉴》，载《中国证券期货》2014年第11期。

会按其商品期货、金融期货业务种类颁发许可证，并对其主体业务行为实施监管。而从期货公司"走出去"看，中国《期货和衍生品法》第 120 条、《期货交易管理条例》第 17 条均对境内期货公司申请经营境外期货经纪业务、期货投资咨询以及其他期货业务作出法定许可。但实际上，境内多数期货公司都已选择中国香港作为国际化窗口来参与跨境期货业务。譬如，自 2006 年内地与香港签订 CEPA 协议允许内地期货公司赴港设立分支机构以来，先后有格林期货等 6 家期货公司在香港设立分支机构、中信期货等 8 家期货公司在香港设立子公司、弘业期货等 3 家期货公司在香港收购期货类经营机构[1]，广发期货香港子公司收购法国外贸银行所持英国 NCM 期货公司 100% 股权等，至 2017 年海通期货等 6 家期货公司设立分支机构，及至近年来期货公司"出海"发展势头迅猛。中国证监会网站信息显示，截至 2023 年 7 月底，内地有近 80 家证券期货基金经营机构在港设立子公司[2]，且经业内估算，已有超过 2/3 的中资期货公司获得 2 号（期货合约交易）、5 号（就期货合约提供意见）期货业务牌照，代理客户从事全球衍生品交易已覆盖 CME、LME、SGX、HKEX、EUREX、ICE 等全球主要交易市场，不断拓展服务国内实体经济、产业客户、专业投资者等跨境交易业务类型。除上述在香港设立分支机构、子公司和收购境外期货经纪公司外，中国证监会发布《关于取消期货公司设立、收购、参股境外期货类经营机构行政审批事项的决定》，明确将境内期货公司在境外设立、收购或参股期货类经营机构由原来的审批制转为备案制，更为境内期货公司寻求搭建多元化、多牌照跨境业务平台，以及拓展海外期货及衍生品市场路径提供了政策依据和新发展方向。例如，华泰期货设立全资子公司华泰（美国）期货有限公司；南华期货香港子公司成立南华美国有限公司已取得 NFA 会员资格，并在成为 CME 无条件合约清算会员后为其他期货公司及相关金融机构提供代理结算服务；永安期货与英国金融机构 OSTC 设立中英合资公司；广发期货（香港）公司收购英国期货经纪商 NCM 成为 LME 圈

---

[1] 薛智胜、高基格：《中国期货市场国际化的市场准入问题探析》，载《天津法学》2016 年第 3 期。

[2] 中国证监会：《李超副主席在 H 股 30 周年志庆活动上的致辞》，载中国证监会官网，ht-tp://www.csrc.gov.cn/csrc/c100028/c7427687/content.shtml，最后访问时间：2024 年 11 月 12 日。

内交易会员并取得欧洲等地的展业资格；亦有数十家中资金融机构通过申请海外主要交易所清算会员资格、实施境外大宗商品业务收购、设立分支机构取得期货交易业务牌照等方式进军境外期货及衍生品市场；及至 2023 年境内期货公司亦在新加坡设立东证期货国际（新加坡）私人有限公司、国泰君安期货（新加坡）有限公司和通过香港分支机构设立永安国际金融（新加坡）有限公司、南华新加坡有限公司等 4 家分支机构，其中 3 家已成为 SGX 衍生品清算会员，等等。以上境内期货公司注册成为众多国际期货交易所会员和依法开展跨境业务的重要途径，为境内企业参与跨境期货交易奠定了现实基础。

但当前境内期货公司实施"走出去"国际化布局既有扩张空间亦面临诸多难题。具体而言，一是亟须通过跨境新设机构或收购跨境机构，以加速域外扩张。前者耗时较长却利于培养和提升主体管理思想、文化和风格，最大程度降低违规交易成本概率；后者则需合理规避主体并购审查及其风险，尤其应整合因文化差异所产生的涉及合规方面的冲突。二是亟须了解和明晰跨境法律监管环境，突破"走出去"域外目的地法律法规调控障碍，这是促进跨境主体业务成长的关键所在。三是亟须审思并解决跨境监管合规问题，域外期货市场虽然整体监管思路趋同但存在细节差异，尤其在系统接入、净资本充足、信用交易、客户开发与管护等方面，均应与域外监管层保持有效沟通以对接和适应监管政策。四是亟须以夯实跨境期货经纪业务优势为基础，突破注册资本小、业务模式单一、同质化服务竞争等单一牌照业务限制，通过增加国际证券、国际资产管理等创新业务，探索升级风险管理业务与境外期货业务结合的多元化、多牌照跨境业务平台。五是亟须重视和加强与域外机构合作安全问题，除构建合作借力"防火墙"外，应尽快搭建自己的交易通道专线并串联全球市场，同时备份可自动切换线路以保障资产安全。六是亟须通过扩展和提升跨境期货行业涉及面，加快引进和培养既熟悉证券、基金和保险等金融领域，又熟知国际期货市场规则的涉外交易复合型人才，以充分满足不同交易者跨境风险管理需求，实现交易策略风险可控。

（二）期货经纪公司主体

期货经纪公司是为交易者提供期货交易中介服务的核心机构，也是构成期货经营机构的重要主体，对于推进跨境期货交易中介服务发挥着重要功能，具有区别于期货公司主体职责的显著特征。中国《期货交易管理条例》第 17 条、《期货和衍生品法》第 63 条均明确作出期货公司经核准可经营期货经纪业务之规定，且两者分别在第 18 条、第 66 条要求应以期货经纪公司名义为交易者进行期货交易，尤其《期货和衍生品法》第 65 条更是明确要求"应当将其期货经纪业务、期货做市交易业务、资产管理业务和其他相关业务分开办理，不得混合操作"等。透过这些强制性规范可深悟此间立法意旨：第一，清晰表明期货经纪业务主体职能与期货公司整体业务分离的必要性，现阶段相关业务通过分开办理可避免混同行为，未来期货经纪业务行为应实现主体独立并强化行为独立。例如，曼氏金融公司即为全球最优秀的独立期货经纪机构之一。第二，独立设立运营的期货经纪公司只能做通道服务，为交易者提供期货交易开户、下单、交易结算以及提供市场分析、投资建议等服务，其主要职责是为实现功能性投资目标，提供交易渠道并将交易信息输出到交易所，不能有参与代客理财、期货基金等其他业务经营行为。第三，为防避期货经纪公司代理交易行为与未来自营业务行为[1]混同产生利益冲突，强化以期货经纪公司名义为交易者进行期货交易并由交易者承担结果，这种分级分类交易既可在风险隔离基础上实现自营交易，亦可确保做市以及投资更为规范的控制风险。第四，境内交易主体从事跨境期货交易，只能委托经核准具有境外期货经纪业务资格的境内经纪主体机构进行交易，或通过境内经纪主体机构转委托经注册的境外期货经纪机构进行交易。[2]

从国际期货跨境交易发展特点看，期货经纪业务始终是期货经纪公司业务主源，且都以深化扩展境外经纪代理业务为基石。而遵循主流分类法，可将欧美期货经纪公司划分为全能型、专业型和服务型三大类，这些不同背景、不同类型的期货经纪机构，在市场面向、代理产品、交易系统、业务模式以

---

[1] 中国证监会已于 2023 年 3 月 24 日发布《期货公司监督管理办法（征求意见稿）》，预期该办法修改后，期货公司经核准可以从事期货经纪（含境外期货经纪）、期货交易咨询、期货做市交易、期货保证金融资、期货自营、衍生品交易、资产管理等业务。参见中国证监会：《中国证监会关于就〈期货公司监督管理办法（征求意见稿）〉公开征求意见的通知》，载中国证监会官网，http://www.csrc.gov.cn/csrc/c101981/c7397662/content.shtml，最后访问时间：2024 年 11 月 1 日。

[2] 参见《期货和衍生品法》第 120 条。

及注册会员等方面均有独特优势。例如，盈透集团经纪代理、做市商业务分属不同公司，其在风险管理、交易手续费、电子交易、结算服务、高端分析等方面均有市场竞争力。鉴于此，中国境内交易主体若参与跨境期货委托交易，应紧密结合主体资质及自身交易需求，区分选择委托或转委托境外不同经营业态、功能类型的期货经纪机构进行交易，这亦是判断委托经核准境外期货经纪主体的重要标准。

从跨境交易业务结构、产品类别与经营模式看，随着期货电子化、网络化和全球化顺势而起，境外期货经纪机构主体发展呈现以下新型特征：一是以通道服务盈利为主的传统业务模式，正面临"走出去"业务和产品创新的多元化挑战；二是期货经纪机构业务范围和服务能力，会不同程度涵盖期货经纪业务、资产管理、财富管理、风险管理以及全球商品、期货与期权、固定收益证券和外汇等诸多领域，面对业务模式和投资者结构、电子化通道和全球化交易等新变化，必然会加大产生"综合化、多元化、机构化、专业化"的经营差异性；三是交易电子化越发促进并形成期货经纪机构发展的新业态，尤其经纪代理业务必然要求配套高质量的期货产品电子交易执行和结算服务，由此为期货经纪机构实施全球化跨境交易奠定了交易基础；四是随着跨境业务普及以及需求度增加，加大期货经纪机构并购重组、上市正成为扩张主体经营规模、有效提升行业竞争力的必然要求。上述境外期货经纪发展趋势及其特征，亦是国内期货公司或经纪业务面临和亟须平衡的主要问题，解决好这些问题对于优化提升经纪主体跨境业务质量具有现实意义。

反观境内期货行业业务模式则以衍生品为导向，从中国《期货和衍生品法》《期货公司监督管理办法》等法律法规对行业定位及赋能看，未来境内期货公司及风险管理子公司至少可形成经纪业务（含境外）、交易咨询业务、做市商业务、衍生品交易、资产管理、介绍经纪商业务、代销业务、期货自营、期货保证金融资业务，以及风险管理公司可从事基差贸易业务、合作套保业务、仓储物流业务、仓单服务业务等"9+4"类业务方向。而除了为数不多的大型期货公司通过设立香港子公司间接开展跨境期货业务外，跨境业务仍是境内期货公司目前较少涉足的领域。随着不少境内期货公司在全球布局，当前境内 151 家期货公司中，有 23 家在海外设立了 26 家一级子公司。[1]尤其目前期货和衍生品市场迈入政策密集制定期，跨境业务势必成为行业重点关注拓展的业务领域，相关政策的细化实施必将加速推进境内期货经纪主体直接代理跨境交易进程，而未来可能开展的代理从事境外期货交易业务，除拓宽国内交易投资渠道外也会形成衍生品全球配置格局，因而监管部门应顺应"走出去"趋势，支持满足资本金、合规性、风控体系和人员配置等条件的期货经营机构取得境外经纪业务牌照与交易所会员资质，进而协调和整合各牌照公司与分支机构以及境内期货公司在交易、结算、客户服务等方面面临的难题[2]；逐步提升期货经纪主体对交易者服务、风险管理、市场分析的专业化和差异化优势，强化利用大数据和人工智能技术提高经纪业务效率和安全性，健全风险管控体系以及交易者风险监测系统，完善跨境交易主体风险评级从而控制财务杠杆运用风险；通过境内期货经纪主体实践动能促进交易理念和业务模式转变，继而提升跨境期货交易管理能力和服务能力，从而为前瞻性地培育境内跨境期货市场和交易者、提升跨境期货服务国际竞争力，以及为推进期货经纪公司专业化、规范化、创新化和数智化发展提供更为清晰的方向。

三、期货交易者主体

期货交易者主体是指在期货市场中委托期货经营机构从事期货交易，承担交易结果的自然人、法人和非法人组织。就传统意义而言，亦可指称参与期货交易的投资者或客户主体。前文已述及，中国现行《期货和衍生品法》与《期货交易管理条例》等法规行文最大的区别在于，采用"交易者"概念指称参与期货交易一方主体，从而替代原行政法规中"投资者""客户"概念。这一表述转变表明期货与衍生品并非单纯投资工具而是风险管理工具，以此凸显核心规范主体是"交易行为"而非期货经营机构的立法态度，这与本书研究主旨和跨境交易风险管理目的相契合。因而明晰"交易者"主体是

---

〔1〕 杨美：《期货公司：加快双向开放步伐》，载《期货日报》2023 年 10 月 25 日，第 002 版。

〔2〕 傅小燕：《境外期货经纪机构跨境交易发展带给中国的启示》，载《中国期货》2019 年第 5 期。

对强化期货与衍生品零和博弈属性的有效处理，规范"交易者"主体行为重在搭建防控期货交易风险管理架构。就此而言，并非所有单位或个人都能成为期货交易合格主体，无论从事期货交易的单位或个人均须符合主体要件，这是规范准入资格和防控交易风险的法律标准。根据中国现有法律法规，除具备源于民法、基于原则规定的完全民事行为能力外，期货交易者主体应满足专业性、经营性、资产性、适当性、核准性等许可要件，同时排除基于公务性、股权性、监管性、知情性、违约性和投机性等要件而产生的除外交易情形。因而上述特殊主体被禁止或在一定范围内被限制期货交易行为，是对可能滥用行政权力、内幕信息、优势地位、非诚信交易等行为的立法阻断，以此保护交易公正性以及其他适格交易者的合法利益。

从跨境期货交易维度和市场实践看，境内目前对参与境外期货业务的法人、非法人组织以及个人主体实行审批许可制。其中，可进行境外期货交易的法人主体主要以国有以及国有控股企业为主。对这一主体的重要判断，从《期货交易管理条例》第 41 条明确"国有以及国有控股企业进行境内外期货交易"遵循原则、国资监管等规定中即可确认；而非法人组织从事境外期货交易，截至目前在实践操作环节仍未见任何许可。对于个人主体从事跨境期货交易，从既有相关通知、意见再到行政法规，均持"未经批准，不得直接或者间接从事境外期货交易"的监管态度。同时《期货和衍生品法》还规定，境内个人应委托具有境外期货经纪资质的境内经营机构从事境外期货交易。从立法对上述各主体秉持"严格审核+特需许可"的监管原则看，其根本初衷在于控制从事境外期货交易的衍生风险。但随着期货市场开放背景下避险功能更趋完善，各类商事主体跨境业务亟须有效利用境外期货市场交易机制，况且较严苛的许可制本质上无法为防控跨境期货交易风险提供完全担保，尤其在市场开放条件下参与境外期货交易主体更趋多元，立法上亦难以回应实践中已突破国企交易主体的类别局限。原有基于国企监管而生的许可制，要么表现为授权面狭窄，忽视了对其他不同主体参与境外期货业务的合法约束；要么在无形中切断了境内期货交易者主体投资需求和合法渠道。目前除仅有的 31 家国有企业主体获准从事境外期货套期保值业务、境内单交易者通过少数具有境外期货经纪业务试点资格的境内期货公司，以及通过境内数家期货公司并购设立海外分支机构，方可合法参与跨境期货交易外，对于其他专业交易者和普通交易者主体而言，一般并不具有其他合法畅通的跨境交易途径，由此势必催生其他非正规跨境交易类型及其非法服务主体，因而可通过扩展许可制应用的范围，基于跨境交易风险自负原则，确立参与境外期货交易的主体标准。

事实上，根据《期货交易管理条例》第 42 条第 2 款规定："境内单位或者个人从事境外期货交易的办法，由国务院期货监督管理机构会同国务院商务主管部门、国有资产监督管理机构、银行业监督管理机构、外汇管理部门等有关部门制订，报国务院批准后施行。"但时至《期货和衍生品法》颁行至今，境内单位或个人从事境外期货交易相关办法亦未出台。而目前一国（地区）为保障其本国（地区）交易者跨境期货交易经济利益安全，则会要求国外交易场所为本国（地区）交易者提供直接接入电子交易服务前在该国（地区）主管机关注册并接受监管，有些国家或地区亦对境外经纪机构开展涉及境外期货经营业务实施许可制。中国《期货和衍生品法》第 118 条、第 120 条第 2 款虽已分别对境外期货交易场所向境内单位或者个人提供直接接入交易系统服务向监管机构申请注册，境外期货经营机构接受境内期货经营机构委托开展境外期货交易应当向监管机构申请注册作出规范要求，但面对成熟国际期货市场国家（地区）交易所已向所在国（地区）、主要海外市场监管机构全面注册，以及加速拓展参与境外期货投资业务平台之趋势，上述原则性规定付诸可操作的实践仍需加强专项技术研究，短期内仍无法满足指导中国境内期货交易所和期货经纪机构赴境外期货监管机构注册之需求。在此情势下，亟须监管部门、交易所和期货机构协同细化国际期货市场监管规则研究，加强前期交流沟通与跨境合作，尽快制定符合条件规范的境外注册方案，达到跨境交易者监管标准并实现境外期货业务合法合规。在此应强调的是，各国基于交易者合法权益保护已普遍强化境内交易者开展境外期货业务立法支持，为此中国《期货和衍生品法》第 2 条第 2 款已确立域外适用效力，赋予期货监管机构享有境内主体参与境外期货交易管辖权，并对境内交易者无论直接入场交易抑或委托具有境外期货经纪业务资质的境内机构进行交易，均明确将境外期货交易场所或受托境外期货经营机构纳入监管，从而为境内交易者从事跨境期货交易提供立法保障。与此同时，监管机构还应对除国企、QDII 外的现有外盘、"地下"等交易类型采取"疏"而不"堵"的策略，通过备案、报告、检查等方式强化此类交易及主体监管，扩张并推动处于边缘交易主体的合法转型，由此打破境内其他法人、自然人等交易主体参与跨境期货交易的禁锢。

四、期货结算机构主体

通过前文分述可知，期货交易所、期货经营机构和期货交易者是分别承担组织监管、交易执行、承担结果的核心主体，此三方主体是共同构成跨境期货交易实施的最重要行为主体。在期货市场上，期货交易本质上需通过为参与者、经纪机构提供盈亏结算和交割服务来实现，结算即是对期货交易所会员、交易者盈亏以及市场各环节的清算，并以此作为收取或追加保证金的依据。换言之，结算是保障期货交易运行和顺利实现的最终环节，例如期货交易所对会员的结算，会员对代理交易者的结算，对非会员期货公司、经纪机构和交易者结算等。结算机构是期货交易发展中不可缺少的一个重要组成部分，有了完善的结算机构才能产生规范的现代期货市场。[1]因而在交易产生后，能够合法提供结算交割安全性且具有结算资格的专门机构亦是跨境期货交易的当然主体。在期货交易主体体系中，其他三方主体是所有主体的基础，期货结算主体是三方主体行为实现交易领域的组合，这种组合主体主要取决于其他主体行为需求的发展程度。

从期货结算机构发展历程看，自美国 1883 年成立结算协会到 1925 年芝加哥期货交易所结算公司（BOTCC）挂牌至今，应该说，现代意义的期货结算机构既是为满足复杂结算与交易安全需求而生的，亦是为适应交易量日趋增大以及发挥计算交易盈亏、担保交易履约、控制市场风险的作用需求而发展的。事实上，因期货结算机构主要承担期货契约结算、保证履约等责任，最初结算机构的建立与期货交易所主体关系密不可分，它们或可附属于期货交易所，或可由期货交易所或其他机构兼营等，因而其组织形式亦呈现多元

---

〔1〕　宋锡祥：《台湾"期货交易法"评析》，载《政治与法律》1999 年第 1 期。

化类型。例如，独立法人型的结算公司、隶属期货交易所兼营的结算部门（机构）、共用独立结算公司、经监管部门核准可从事期货结算的证券结算机构等。具体而论：一是独立的法人型结算公司（机构），是附属或不附属于某一期货交易所、可为一家或多家期货交易所提供结算服务的独立法人。独立的结算公司具有完全法人意志，并能与期货交易所、期货公司等法人主体间形成有效监督，能相对保持交易和结算的独立性。这种独立型结算体系的最大特点是实行结算与交易分流的制度，在很大程度上能防止或避免徇私舞弊行为[1]，可最大程度防控各主体在利益驱动下的交易违规行为，但在维护市场交易和协调安全性上必然会增加沟通和监督成本。例如，美国国际结算公司、伦敦结算所（London Clearing House）即采用此种形式。二是期货交易场所内设成立的结算部门（机构），由期货交易所垂直管理的结算机构，实质为隶属且仅为该期货交易所提供结算服务的内部机构，其优势在于能够提高交易所及结算机构的结算效率，便于交易所与结算机构统一协调交易和结算的全过程，全面监控结算会员持有的品种头寸、抵押品等，并且能够较为全面地评估结算会员的风险，采取及时、有效的风险控制措施。[2]同时因受控关系，相应结算资金流动会被期货交易所全面掌控，便于期货交易所掌握交易者资金规模和流动情况，通过跨境市场交易资金判别可强化实施有效的闭环监管，从而根据交易者资金和头寸情况实时抑制市场交易风险。例如，CME和 HKCC、SHFE、DCE、CZCE、CFFEX 等期货交易所都采用内设结算机构的形式。三是由多家期货交易所和金融机构共同出资设立的共用独立结算公司，此类全国性独立的结算机构一般不附属于单一期货交易所，其结算由独立、专门的结算机构实施，属于为多家期货交易所提供结算的水平型业务模式。例如，英国国际商品结算公司、美国期权清算中心（OCC）等，前者既为英国本土数家期货交易所服务，亦为大多数英联邦国家和地区期货交易所提供结算服务。这种共用结算机构的优势在于可保证风险控制标准不受期货交

---

〔1〕 宋锡祥：《台湾"期货交易法"评析》，载《政治与法律》1999 年第 1 期。

〔2〕 王在伟：《〈期货法〉（草案）中提到的"中央对手方"是什么意思?》，载商品交易场所创新服务智库公众号，https://mp. weixin. qq. com/s/y3h7W5XAZitmOYdc96pglw，最后访问时间：2021 年8 月 14 日。

所影响，而为多家期货交易所提供结算服务，结算参与者只需交纳单一担保金，由此会降低资金成本从而提高资金使用效能。四是经期货监管部门核准可从事期货结算的证券结算机构，而此处的证券结算机构是否具备从事与证券业务相关的期货交易结算、交割业务的标准，仍需由监管机构核准许可。中国《期货和衍生品法》第 91 条第 2 款即对此类期货结算机构给予立法确认。

综上可见，目前期货结算机构设立方式虽各有不同，中国境内包括前述以及上海国际能源交易中心、广州期货交易所等则普遍采用期货交易场所内部设立结算部门。即是说，境内目前并未建立独立的期货结算机构提供结算服务。境外较多 的则是采用独立法人公司类型。例如，LME 的清算由子公司 LME Clear 负责、ICE 的清算由下属的 6 个清算所分别负责，分别为 ICE 欧洲、美国、荷兰、新加坡、信用清算所以及能源清算所（ICE NGX）。[1]无论境内外结算机构建立方式如何，其经营模式无外乎是独立型提供水平结算或附属型提供垂直结算，根本之处在于要健全和完善会员登记（分级）结算、结算保证金、每日清结、最多合约数量、风险处理等一系列结算制度，这既表征为结算机构制度建设的核心内容，亦是发挥履约保障、结算交易盈亏、组织交割、控制市场风险、自律管理等经营职能的重要保障。目前中国期货市场虽采用垂直清算模式，但《期货和衍生品法》第 91 条、第 92 条仍然沿袭了《期货交易管理条例》第 82 条 "国务院期货监督管理机构可以批准设立期货专门结算机构，专门履行期货交易所的结算以及相关职责，并承担相应法律责任" 之条款内容，再次前瞻性地对独立的期货结算机构法人地位、批准设立和设立条件等内容给予确认，这既是对期货结算机构独立化趋势的立法呼应，也为设立独立的期货结算机构明确了法理基础。

这里需要审思的是，"走出去" 的跨境期货交易是期货市场国际化的直接体现，期货市场国际化不仅包括主体国际化也包括业务国际化，本质上也内含结算主体、结算交割业务 "走出去" 问题。中国立法既然明确规定了独立的期货结算机构，那在当前推进跨境期货交易主体、业务等全要素开放的背

---

[1]　徐欣晗、石松、杜宸：《全球主要交易所清算模式与清算会员体系探析》，载《金融纵横》2021 年第 9 期。

景下，究竟是继续沿袭附属型结算机构还是建立独立型结算机构？对此问题的争论学界观点也是莫衷一是。笔者认为，对未来结算机构类型适用路径问题仍值得商榷和考量，其原因有三：第一，2008 年前全球主要交易所清算既有垂直模式也有水平模式，金融危机后原先采用水平清算模式的交易所也转向了垂直清算模式并逐渐成为主流[1]，因为清算业务内置在结算服务、降低成本和应对风险等方面的优势明显。中国目前采用的垂直清算模式在具体清算体系设置上虽存在一定差异，但在现有期货结算交割体系下短期内改弦易张，不仅涉及期货交易所与附属期货结算部门合理分割问题，更面临期货交易所、结算机构、结算参与人、交割仓库以及交易者各方利益博弈的冲突，与相应制度安排和资本市场"稳中求进"总基调并不相契合。第二，中国《期货和衍生品法》并未明确期货结算机构在后续交割阶段的责任承担边界，根据《最高人民法院关于审理期货纠纷案件若干问题的规定》第 47 条规定，各期货交易所自律规则以及目前境内期货实物交割实践，期货交易场所事实上是对交割仓库提货行为承担责任的。而从境外期货交易实践看，独立的期货结算机构模式下"期货交易场所或结算机构无需为交割仓库后续行为负责"[2]。届时如采用并建立独立的期货结算机构，如何消解立法和实践中交割责任的冲突具有现实难度。第三，中国《期货和衍生品法》第 91 条、第 92 条分别规定了独立的期货结算机构法定形式、独立法人和设立条件等，同时第 93 条、第 94 条确立了期货结算机构中央对手方地位并赋予其结算和交割职能，即让"凯撒的归凯撒、上帝的归上帝"，其旨重在明确独立的期货结算主体的独立法律责任。而反观《期货和衍生品法》第 46 条实物交割相关规定存在期货结算机构与期货交易场所基本职责和责任承担混淆之嫌，这种规定在垂直式交割体系下尚可解释为由期货交易所履行结算主体职责。但若建立

---

[1] 例如，2008 年 11 月，ICE 建立 ICE 欧洲清算所（ICE Clear Europe）不再使用 LCH 清算服务；2014 年 9 月，LME 建立隶属 LME 清算所（LME Clear）等。据期货业协会（FIA）统计，截至 2020 年底，场内衍生品交易量排名前十的交易所中，除了芝加哥期权交易所（CBOE）因为监管原因采用水平清算模式外，其他交易所都采用垂直清算模式。参见徐欣晗、石松、杜宸：《全球主要交易所清算模式与清算会员体系探析》，载《金融纵横》2021 年第 9 期。

[2] 参见郭重清、姜毅、潘文静：《〈期货和衍生品法〉之期货结算机构解读》，载锦天城律师事务所网，https://www.allbrightlaw.com/SH/CN/10475/6338918e11b7dba3.aspx，最后访问时间：2024 年 9 月 21 日。

水平式交割体系，期货结算机构与期货交易场所则各自为法人承担独立责任，此规定则无法作为独立的期货结算机构承担责任的适用条款，届时如不修正交割环节混淆各主体职能和责任承担之规定，势必会产生市场交易、结算和交割的归责混乱。依此而论，《期货和衍生品法》第46条实物交割规定，尚可规避垂直式交割体系下内设的期货结算机构独立责任，若未来采用水平式独立的期货结算机构，则需对期货交易所（或期货结算机构）作为中央对手方的法律地位等期货市场基础性法律制度、期货交易所和交割库等期货市场主体之间法律关系的性质以及各主体的权利义务等基础性问题进行思考和重构[1]，更要在稳定市场兼顾各方诉求的基础上加以统筹调适，而这并非一朝一夕所能成就。

第二节　跨境期货交易行为路径

市场交易行为是法律制度规范的对象，也是交易法律制度的根本需求。[2] 跨境期货交易行为是涉外期货业务参与主体以设立、变更或者消灭期货合约关系为目的法律行为，包括各主体共同实施或单一主体施行的各种相关交易行为；而跨境期货交易行为路径则是开展跨境期货业务可选择或提供的交易方式和具体渠道。跨境期货交易行为（业务）存在共性关系和个性区别，跨境交易业务模式决定了具体可选择的营运路径。

一、跨境期货交易业务模式

跨境期货市场是由参与跨境期货的交易场所、经营机构、交易者、结算机构和服务机构等主体共同构成的资本场域。其中，期货经营机构作为极其重要的中介和金融中枢，是参与跨境期货经营业务的核心主体。期货经营机构开展境外期货业务是授权许可的经营行为，因其市场定位、经营行为和业务模式的特殊性，决定了在跨境业务范围、广度、深度上服务实体经济的能力，因而成熟期货市场经营机构跨境业务模式值得参考借鉴。

---

〔1〕　翟浩：《论我国商品期货交割库交割违约时的责任分配》，载《河北法学》2022年第5期。
〔2〕　吕忠梅、陈虹：《经济法原论》，法律出版社2007年版，第200页。

本质上，与传统境内期货交易相比，跨境交易广义上可理解为境外代理业务、期现业务以及投资咨询、自营交易等其他相关业务。结合欧美跨境期货交易发展和主流分类法，期货经纪机构一般被定义为全能型、专业型以及服务型。从广义的跨境交易去区分，经营方式可以分为工具型、服务型以及交易型。[1]经营方式是区分交易功能性的有效前提和市场属性，因而从上述经营方式分类可加以推断，境外不同背景的期货经纪机构开展跨境交易业务具有差异化特征。例如，高盛、摩根大通、法国巴黎银行等全能型期货公司，业务范围覆盖股票和债券市场、商品和货币交易市场、期货和期权衍生品市场，具备投融资、交易与做市、资金管理、托管与清算等业务功能，适用于机构交易者；新际集团（Newedge Group）、盈透公司（Interactive Brokers）、罗杰欧（R. J. O'Brien & Associate）、曼氏金融（MF Global）以及中国台湾地区的宝来曼氏等服务型期货公司，主要以交易代理、结算服务等为核心业务，并拓展场外和现货市场交易服务、做市商交易业务、基金业务、为客户融资服务及研究咨询业务，还包括经纪证券、固定收益、利率和外汇等在内的各种类别的基础资产，适用于初级期货交易者；福四通（Fcstone）、爱德盟（ADMIS）和英国苏克敦金融公司（Sucden Financial）、联合金属贸易公司（AMT）等专业型期货经纪机构，可调动集团资源提供包括贸易、物流、仓储、交割、融资、交易执行与清算、信息咨询、风险管理等一揽子的专业化服务，在保持现货和交易所市场优势的同时向场外市场和金融期货领域拓展。[2]通过梳理国际主流期货公司业务布局可见，不同期货经纪机构经营面向决定了跨境交易业务模式的选择，各自的业务功能和交易特征亦体现出市场领域竞争优势。

通过比较分析归纳可见，目前国内期货公司业务模式主要分为以下类型：一是传统期货经纪业务，包括国内和外盘代理的商品期货和金融期货，主要以南华、银河为典型代表。二是期货创新类业务，包括提供期货交易和风险管理的投资咨询业务，以永安、中信为代表的；管理资产、期货集合理财和

---

〔1〕 傅小燕：《境外期货经纪机构跨境交易发展带给中国的启示》，载《中国期货》2019 年第 5 期。

〔2〕 冯玉成：《境外期货公司业务模式借鉴》，载《中国证券期货》2014 年第 11 期。

期货基金等资产管理业务，以永安为代表的；提供仓单抵押、信用额度等融资需求的期现业务，以中粮、万达为代表。三是做市商等相关业务。四是类"自营"业务，以永安为代表。[1]即便如此仍应看到，目前境内期货公司仍存在市场定位同质化、行业结构和业务功能单一、缺乏经营规模优势等不足，未能集成经纪、结算、融资、代客理财、场外交易、基金管理、顾问服务等职能优势，加之存在股权分散化、直线型构架、未专设风险检测等营运差异和机制约束，亦较难突破传统业务向综合性业务创新的现实瓶颈。而根据中国证监会发布《期货公司监督管理办法（征求意见稿）》[2]，预期境内将会进一步丰富期货经纪（含境外期货经纪）、期货交易咨询、期货做市交易、期货保证金融资、期货自营、衍生品交易和资产管理等多元化业务类型。此法规预案适度拓展了期货公司业务范围，并以开放性的监管态度明确体现了对市场成熟业务的制度化认可，但基于"扶优限劣"监管导向和防控跨境风险要求，同时也因涉及外汇额度、跨境监管、涉外保证金监控等诸多问题，该办法暂未具体规范境外经纪业务等涉外事宜。但为凸显国际大宗商品市场参与价值，有效满足实体经济风险管理与资产定价需求，继而推进期货公司国际化业务进程，亟须加快构建以境内头部期货公司为引领的跨境业务布局。当然，这需要完善诸如许可制适度豁免、涉外期货业务规范、外汇配额调适等一系列"走出去"的行政立法支持。

二、跨境期货交易营运路径

自跨境期货行为产生以来，跨境交易运行就成为严格的立法规范问题。此交易行为因破除固有壁垒而具有广泛社会性，已成为整体经济运行的重要调节与控制领域。因跨境期货交易只能由特定期货主体参与并承担行为监督责任，国际期货市场均通过建立严格的法规体系进行调控，各国规范的核心即是跨境交易主体资格及其业务营运模式。

---

〔1〕　傅小燕：《境外期货经纪机构跨境交易发展带给中国的启示》，载《中国期货》2019年第5期。

〔2〕　参见中国证监会：《中国证监会关于就〈期货公司监督管理办法（征求意见稿）〉公开征求意见的通知》，载中国证监会官网，http://www.csrc.gov.cn/csrc/c101981/c7397662/content.shtml，最后访问时间：2025年3月3日。

就跨境交易主体资格而言，境外国家和跨境地区并未对交易主体资格进行过度约束和限制。例如，美国 CFTC 规章第 30.4 节规定，任何人从事与外国期货客户或者外国期权客户有关的期货中介活动，都必须进行注册，即境外交易所接受美国投资者跨境交易须向 CFTC 注册；德国《证券交易法》第 10 章 "国外有组织市场" 第 37i 条授权规定，国外有组织的市场或者它们的经营者想要提供给德国境内的交易参与者利用电子交易系统直接接入市场，则需要得到监管局的书面认可[1]；中国台湾地区 "期货交易法" 第 5 条亦规定，投资者可参与交易的境外期货产品和期货交易所须经主管机关认证和公告。由此观之，境外国家和跨境地区并未以投资者主体为限制实施境外期货交易管理。而在中国境内，事实上涉外期货业务主体已突破 31 家特定大型国企限制，其他具有境外期货品种套期保值、风险管理需求的非国企机构、中小国企、大型民企和自然人也以不同形式参与跨境期货业务。因而在加快期货市场制度型开放背景下，仍通过行政许可制固化特定投资主体已不适应跨境服务高水平开放的需求，应对标高标准国际贸易和投资通行规则，遵循 "循序渐进、审慎参与、风险自担" 原则，基于境内投资者套期保值需求、行政许可适用控制、外汇额度管理调适、扩展境外期货业务类型等多重因素，逐步放开跨境交易主体准入资格，通过构建跨境期货业务投资者适当性保护机制，激活跨境期货市场套期保值需求，健全备案、报告、检查等境外期货业务全过程监管机制，继而熟悉境外市场规则、风险控制和运作模式，移植运用多元主体经验降低期货双向开放投资盲目性，提升投资主体抵御跨境市场风险能力，为优化跨境交易主体准入和规范监管提供政策依据。

就跨境期货交易路径来看，可从境外国家和跨境地区出台或授权实施跨境期货交易监管窥见一斑。例如，从美国《联邦条例法典》第 17 章 "商品期货及证券交易" 第 30 部分 "境外期货和境外期权交易"、第 48 部分 "外国交易所的注册" 等境外期货交易专款规定看，美国对境内投资者参与境外期货交易主要从境外期货（期权）产品的强制认证、境外中介机构的注册与豁免、境外交易系统的直接接入限制等方面加以监管，表明了美国境内投资者参与

---

[1] 参见上海期货交易所 "境外期货法制研究" 课题组编著：《德国期货市场法律规范研究》，中国金融出版社 2007 年版，第 88 页。

境外期货交易的前提路径是境外期货（期权）产品注册认证，境内外中介机构通过美国注册即相当于期货中介机构的二级代理商，并加大对境外交易系统直接市场接入路径的限制；德国《证券交易法》第 10 章 "国外有组织市场" 则对境外市场直接接入路径实行严格审查，如因欧盟以外的市场直接接入路径不能满足《交易所法》第 19（2）条要求[1]则无法获得交易授权；而中国台湾地区亦规定了本地区投资者委托期货经纪商向境外期货交易所交易的复委托（二级代理）交易路径，即投资者从事境外期货交易须向本地期货经纪商申请开户，其后由适格条件的外国（或本地）期货经纪商再转给境外交易所进行交易。由此观之，境外国家和跨境地区主要通过强化境外期货交易所及其交易品种注册认证、明确境外期货中介经纪机构注册规范、严格审查境外交易所直接市场接入标准等多维路径保障跨境投资者主体利益，并主要体现为境内期货机构一级（分级）代理、境外期货机构直接代理、境外期货交易所直接接入等交易路径，对于中国参与跨境期货交易路径和模式选择具有现实参考性，具体整合分述如下。

（一）境内期货公司一级代理模式：成立境外子公司并使其成为境外交易所会员

从境内机构和投资者参与境外期货交易实践看，由期货公司代理特定境外期货业务是开展跨境期货交易的最主要形态，亦是境内投资主体 "走出去" 的最初路径。而境内期货公司参与境外大宗商品市场或代理境外期货经纪业务的路径之一，即是成立境外子公司并成为境外交易所会员，通过获得境外期货交易所会员资格的相应权利，即可参与或直接代理境内投资主体进行跨境期货交易，亦即境内期货公司一级代理模式。此模式最大便利在于可构建 "境外期货直接交易通道"，减少向境外期货公司支付代理费用等中间环节，保障境内投资主体套期保值交易信息安全，主要适用于有资质的期货公司、中小型贸易企业和投资者。会员资格主要分为交易会员、结算会员和清算会员，不同会员门槛则对应不同会员资质、财务要求、牌照要求、交易（清算）权利和义务等。其中，交易会员亦称为交易参与者或经纪商，是最基本的资

---

[1] 参见上海期货交易所 "境外期货法制研究" 课题组编著：《德国期货市场法律规范研究》，中国金融出版社 2007 年版，第 113~114 页。

质门槛（一级门槛），此会员赋予期货公司权利仅限于以此通道使国内投资者能投资境外期货商品。例如：新加坡交易所交易会员资质为衍生品交易会员标准、财务要求为 100 万新加坡元的最低基本资本、交易权利为新加坡衍生品交易有限公司上市的所有合约；香港交易所交易会员资格为在港注册成立的股份有限公司、持有最少一个期货交易所交易权、须为根据香港《证券及期货条例》第 116（1）条已获发牌经营第二类规管活动持牌法团等。结算和清算会员（二级门槛）门槛最高，是赋予期货公司成为境外交易所结算会员或者清算会员权利需要具备的条件，诸如资格条件为期货结算公司参与者，可为本身及代理投资账户登记及结算的参与者，可清算自身、其他会员或其代理投资交易，等等。

在国内，早前虽有 6 家期货公司赴港设立分支机构，但囿于代理资金权限，其在港所从事期货业务与其后 3 家期货公司获批参与境外交易所全球期货交易有本质区别。虽然境内期货公司成为会员直接代理境外期货交易，可使代理链条缩短、成本风险降低，尤其从境内投资者保护角度而言更易为市场接受，但境内获得境外交易所交易或结算会员资格的期货公司并不多。譬如，布局拓展境外业务优势较突出的南华期货，通过分设中国香港、美国、新加坡和英国公司，仅在国际市场获得 16 家主要期货交易所的交易会员资格、11 家清算会员资格。[1]可见此路径并非是参与跨境期货交易的主流模式，究其原因主要在于：第一，国际期货市场上诸如芝加哥商业交易所集团（CME）、洲际交易所（ICE）、伦敦金属交易所（LME）、东京工业品交易所（TOCOM）等主流期货交易所甚多，各家期货公司如通过注册会员方式代理全部跨境期货业务，则须逐一注册为众多交易所会员，而从境内期货公司资质评级、经营实力和交易需求考虑，普遍不愿主动选择和接受长流程、高成本的会员注册，境内头部期货公司亦只偏好部分期货交易产品集中、交易量巨大的主流期货交易所注册取得会员资格，因而境内其他绝大多数期货公司难以经此路径参与境外期货交易所的更多交易。第二，成为交易会员虽可直接代理境外期货交易所交易，但无法直接进行结算，仍须通过境外具有结算

---

〔1〕 参见南华期货研究所：《国内期货公司参与境外市场的可行性与模式建议》，载《中国期货》2021 年第 2 期。

会员资格的期货公司或银行进行交易，故而在信息保密程度上不如二级代理模式；而要实现直接代理、结算并做到交易信息绝对保密，则需同时申请成为交易会员和结算会员，但其成本高昂还要面临注册公司、相关法律法规等事项。[1]

（二）境内期货公司二级代理模式：成为境外期货公司二级代理商间接从事转委托交易

前已述及，南华期货通过分设境外期货公司而申请取得境外交易所会员资格，但当前境内绝大部分期货公司尚无法广设分支机构而实现直接代理，为克服一级代理障碍并满足全球化交易需求则可采取二级代理模式，即境内期货公司成为境外期货公司二级代理商，将境内投资者的交易转委托给境外期货交易所的会员公司执行，由此间接从事境外期货交易所的交易。此模式的核心在于通过"境外执行经纪商"与"境内原始经纪商"两个期货公司间签署协议而设置"综合账户"（Omnibus Account），境内原始经纪商将旗下多个客户的委托单集中在同一账户名下传送至境外执行经纪商，然后由境外执行经纪商代表境内原始经纪商下单。[2]在此交易过程中，境内客户资金汇入综合账户，境外执行经纪商（境外期货公司）对境内原始经纪商（境内期货公司）账户进行结算，再由其对境内客户进行结算。此间接交易模式实质上表现为境内客户通过与境内期货公司成为对手方对冲自身风险，境内期货公司则在国际市场对冲，因而对境内期货公司内外风险对冲能力经验、风险防范与监控系统要求严苛，更适用于大型经贸企业、具有高风险控制力的期货公司等。相较于直接代理，二级代理模式可有效解决跨域、跨时区障碍以及风险控制等问题，符合国际市场跨境交易通行惯例。

当前，中国境内期货市场"走出去"步履偏慢，因境内多数期货公司较难直接开发境外投资者且缺乏国际交易经验，必然存在境外信息不对称、专业性交易竞争、相关法律法规监管等诸多限制性条件，但若全然允许委托境

---

[1] 参见李颖：《中国期货公司境外期货代理业务研究》，首都经济贸易大学 2011 年硕士学位论文。

[2] 中国期货业协会：《原油期货境外中介代理模式可行性研究》，载原创力文档，https://max.book118.com/html/2017/0630/119377852.shtm，最后访问时间：2024 年 7 月 29 日。

外期货公司直接代理参与境外期货交易，难免会加剧潜在高风险和挫伤"走出去"跨境交易积极性。而适用此交易路径，即可规避跨境申请全球期货交易所会员资格之难，同时引入具有相关现货背景、境外风险管理需求大的境内投资实体参与，这在跨境资本流动开放初期具有更强适用性和普遍操作性。但主要依托和发展二级代理模式，应基于成熟境外代理的服务和竞争属性，强化考量期货公司参与境外大宗商品市场的流动性和风险对冲能力，可依据《期货公司分类监管规定》综合评估境内期货公司实力，结合市场竞争力、培育和发展机构投资者、持续合规状况、风控能力等评价指标，对评级为 AA 级的期货公司也可参考境外子公司数量、境外交易经验、境外牌照等指标再次筛选，通过前置性审查评级确立参与二级代理的期货公司数量；但这些境内期货公司转委托境外期货经营机构从事境外期货交易的，该境外期货经营机构应当向境内期货监管机构申请注册并接受监管。[1]除此之外，还需在政策层面推动实现更大程度开放，目前首先要解决的即是外汇配额问题，因境内期货公司外汇额度有限且以银行供给为主，单一供给和审批严格会压缩境内投资者境外套保需求，所以期货公司外汇配额已成为制约境外期货交易效率的瓶颈问题。有学者提出应适用"总额控制、余额管理"的外汇管理模式[2]，建议由代理期货公司根据服务投资者套保风险敞口进行汇总申报，确定一定外汇额度分配比例并将其分至期货公司，期货公司根据投资者套期保值需求、使用情况分配使用外汇额度和管理外汇额度。笔者认为，无论境外期货"直通"还是代理转委托交易必会涉及外汇配套额度及审批问题，而代理期货公司汇总统一申请外汇额度，经符合境外期货业务需求的境内投资者注资开户后，可由代理期货公司在分配比例外汇额度内兑换为外汇币种参与境外交易所期货交易，既可控制年度汇出总额不超出配比额度，亦可保持行使外汇余额管理支配权，更利于发挥境外期货交易中的外汇需求管理赋能作用，因而这种基于外汇需求的管理思路目前已具备适用空间。当然，因跨境期货业务的特殊交易样态，在外汇管理局进一步放宽企业境内外划拨、流转外汇资金

---

[1] 参见《期货和衍生品法》第 120 条第 2 款。

[2] 参见南华期货研究所：《国内期货公司参与境外市场的可行性与模式建议》，载《中国期货》2021 年第 2 期。

限制的基础上，代理期货公司及投资参与者均须遵循"单独开户、单独风控、单独结算"原则，在配汇、结汇、收支及其余额管理等各环节接受职能机构全程监管。

（三）境外期货机构直接代理模式：在境内设立分支机构开展境外期货交易

此直接代理模式，是指境外期货机构在一国境内设立分支机构开展境外期货经纪服务。在此模式下，境外期货机构取得主流期货交易所交易会员或结算会员资格，可开展直接代理和结算业务，亦可直接代理投资咨询、资产管理等多种类业务，会极大提高一国境内投资者参与程度，提升规范交易和有效监管程度，也利于对风险控制进行有效性评估。美国 CFTC 规章 30.4 规定，除特别规定外，未经注册成为合格中介机构，不得在美国境内提供境外期货期权产品的中介服务。具体而言，境外期货中介机构如需在美国境内代理境外期货交易的，该机构则须注册取得期货经纪商（FCM）、介绍经纪商（IB）、商品基金经理（CPO）、商品交易顾问（CTA）等相应资格[1]。

中国可借鉴上述国际通行惯例，对在中国境内开展境外期货直接代理服务的境外期货机构，明确要求向国务院期货监督管理机构申请注册并接受中国证监会监管。中国《期货和衍生品法》第 118 条、第 120 条分别对境外期货交易场所直接接入交易系统、境内转委托的境外期货经营机构申请注册作出明确规定，但对境外机构在境内设立分支机构并无相关规定；只是在《期货交易管理条例》第 83 条规定，境外机构在境内设立期货经营机构，以及境外期货经营机构在境内设立分支机构（含代表处）的管理办法，由中国证监会会同有关部门制订，报经国务院批准后施行。但至今相关管理办法未见颁行，届时会否作出强制性注册规定并未可知。事实上，在中国期货市场国际化起步阶段，长期囿于国内市场规则的境内期货公司与国际期货市场机构相

---

〔1〕 美国期货市场主要经纪商有：FCM（Futures Commission Merchant）是美国期货中介机构核心和最主要的期货经纪中介机构，相当于中国的期货公司，其可接受期货交易指令、向客户收取保证金以及为其他中介机构提供下单通道和结算服务；IB（Introducing Broker）可开发客户和接受交易指令但不能接受客户的资金，且必须通过 FCM 进行结算；CPO（Commodity Pool Operator）是指向个人筹集资金组成期货基金，并管理此基金在期货市场上从事投机获利的个人或组织；CTA（Commodity Trading Advisors）可以提供期货交易建议（如管理和指导账户、发表及时评论、热线电话咨询、提供交易系统等）但不能接受客户资金，且必须通过 FCM 进行结算。其他类型经纪商还包括经纪商代理人（AP）、场内经纪商（FB）、场内交易商（FT）、外汇交易商（RFED）等。

较，无论在交易规模、竞争实力和行为习惯上均存在较大差距，若直接引入境外期货机构代理境外期货业务，相当于境外期货业务领域要面临强大市场竞争，这势必对境内期货公司初期发展产生严重冲击，同时也会挤压境外期货经纪业务潜在的利润空间。此外，直接引入境外期货机构开展境外期货经纪业务，也必然会涉及境外期货机构主体开放和准入问题，对此问题的核心考量主要集中于引进境外强势期货机构对境内机构市场控制力和成长性影响、金融安全基础与国际化开放驾驭能力是否匹配等方面的问题。相关统计表明，仅类比美国期货经纪商保证金规模、可调整净资本总额，即分别超过境内数倍和数十倍之多，可见其在境外期货经纪业务具有较强的交易控制力。虽然境外期货机构直接代理模式具有较强参与优势和可操作性，中国《期货交易管理条例》相关规定也为此模式预留了可能空间，但从国内立法对境外期货机构设立分支机构所持的谨慎态度看，短期内境外期货机构较难以通过分支机构开展境外期货代理服务。

（四）境外期货交易所直接市场接入模式：境内交易者直接参与境外期货市场

境外期货交易所直接市场接入模式，对于一国境内投资者参与境外期货交易活动，具有迅速性、便捷性和信息安全性等优势。例如，美国《联邦条例法典》第17章"商品期货及证券交易"第48部分"外国交易所的注册"对直接市场接入作出规定，境外期货交易所在美国注册成为外国贸易委员会（FBOT），美国交易者可以直接接入境外期货交易场所或者通过美国期货经纪商（FCM）接入境外期货交易场所，实现直接参与境外期货市场[1]；德国《证券交易法》第10章"国外有组织市场"第37i条授权规定也明确了对境外交易系统直接接入的限制和监管。不仅如此，包括美国、英国、日本、德国、加拿大、澳大利亚、新加坡等国家和中国香港地区、中国台湾地区，其期货监管机构均要求境外期货交易场所须在其境内先行注册后，境内交易者方可直接参与境外期货市场。其中英国、日本、加拿大、澳大利亚等国法律也同时规定，境外期货交易场所可以申请豁免注册。

随着直接市场接入系统在信息技术、硬件通道和接口技术等方面的成熟

---

〔1〕刘道云：《境外主要期货市场对外开放的监管沿革、制度路径及借鉴》，载《新金融》2022年第11期。

完善，境外不同交易所对外提供不同 API 接入模式是实现跨境交易规模的关键所在。从直接市场接入提升参与境外市场交易效率而言，允许境外期货交易所向境内投资者提供期货合约直接市场接入服务已是大势所趋。中国《期货和衍生品法》第 118 条对境外期货交易场所直接接入系统申请注册及监管已作出明确规定，同时对境外期货交易所直接接入市场也已进行了立法确认，由此奠定了境内投资者依此模式参与境外期货市场的可能性。但建立此营运模式，除考虑满足全球化期货交易需求、平衡境外期货市场竞争关系和挤压跨境业务利润空间外，更应借鉴国际主流期货市场国家（地区）监管部门对直接市场接入的具体经验，健全境外期货交易所市场接入准入审查机制和注册核准程序，强化注册认证信息数据的安全性监控，实时公告推送境外期货交易所直接接入合格准入名录；探索境内投资者直接参与境外交易的适当性评级应用标准，基于评估数据加强投资者动态评估结果的主动风险揭示、留痕，重点防控包括但不限于核心交易、资金清算交割等跨境系统风险；依法加强与境外期货交易所母国的监管合作和信息共享，实施投资者交易信息动态跨境监管以确保风险隔离。此模式可供借鉴的基本经验，即对提出直接市场接入请求的境外期货交易所应细化审查条件，而具体授权标准包括但不限于提供：（1）境外期货交易所及其管理部门的名称、住所地、组织机构、内控机构以及交易系统、交易规则等；（2）为直接进入市场的交易参与者提供买卖的期货工具类型；（3）境外期货交易所母国监管机构监管执行标准、监管合作安排和有无监管信息共享协议等；（4）对所列举无法实现有效信息共享等不宜准入市场接入情形逐一响应并实施审查等。

（五）参股或控股境外期货公司参与模式：由境外期货公司提供跨境交易结算服务

此境外期货交易参与模式，即境内期货机构通过并购、受托经营、联营等方式参股或控股境外期货公司，由境外受控公司为境内期货投资者提供交易结算服务。随着境内资本和期货市场逐步开放程度加深，中国人民银行等 4 部委于 2020 年发布《关于金融支持粤港澳大湾区建设的意见》并支持在粤港澳大湾区内地设立外资控股的证券公司、基金管理公司、期货公司。其后中国证监会即核准摩根大通期货股权变更并成为国内首家外资全资控股期货公司。截至 2023 年底，已有 802 家境外机构获批 QFII 资格，成为中国资本市场重要的机构投资者。从外资参股甚至全资控股境内期货公司实现和投资需求看，国际投资机构抢占国内市场份额已然启动，未来大概率有更多境外机构独资或控股境内期货公司。外资期货公司和投资机构准入竞争必将倒逼境内期货公司升级迭代，而从境内期货市场"走出去"视角看，参股或控股境外期货公司模式，可借助境外公司营运模式和交易经验，引进和发挥技术、管理、资本、全球视野和服务优势，有利于搭建跨境交易平台和开发境内投资者，以及有效提升跨境交易参与主体业务监管实效。虽通过设立或参股境外公司有相应参与空间，但因取得境外期货机构控制权存在跨境集中壁垒，加之要符合所涉法律监管、投资规划、并购评估、磋商谈判、业务整合等周期较长，亦面临高昂成本和跨境风险。

当前境内期货公司国际化业务拓展起步时间不长，从国内监管机构审批开展境外期货业务试点筹备到广发期货作为首例内资收购英国 NCM 公司，境内头部期货公司搭建了全球化的经营交易网络，截至 2023 年，国内期货公司设立 19 家境外子公司（18 家位于中国香港地区，1 家位于新加坡），已核准外资独资期货公司 2 家。[1] 当前开始布局国际化（如设立境外子公司）的境内期货公司占境内期货公司总数 13% 左右，但境外子公司数量和业务规模均较为有限，多数境外子公司尚处于机构设立、人员配置阶段，相关跨境业务短期内较难深度开展，多数期货公司海外子公司经营情况较为惨淡，盈利的海外子公司仍占少数。[2] 目前具有套保资格的大型国企通过其在中国香港或境外控股（参股）子公司开展境外期货交易，其业务模式是与境外期货公司签署合同并采用境外期货交易系统，此模式虽部分解决了企业参与境外市场的渠道问题，但因所签境外合同文本使得纠纷处置只能遵循所在国（地区）法律。就以往境内投资者赴境外参与跨境期货交易案例来看，中资企业赴境外参与跨境期货交易大额亏损情况频发。[3]

参股或控股境外期货公司，实质上是在更大程度上打通境外交易渠道及

---

[1] 祝惠春：《期货市场助力构建新发展格局》，载《经济日报》2023 年 9 月 12 日，第 007 版。

[2] 姜哲：《期货市场国际化：现状、问题与应对》，载《证券市场导报》2021 年第 7 期。

[3] 参见姜哲：《境内期货市场双向开放问题探讨》，载《证券市场导报》2019 年第 4 期。

交易方式，倘若此类公司体量过多或业务增量过大，亦会分流市场交易量且对境内公司产生较大冲击。但此模式可为符合条件的境内机构提供境外期货交易服务，随着期货公司境外分支机构整体规模扩张，以及加快拓展 QDII 基金、券商自营、对冲基金等资产管理和场外衍生品业务，促动境内机构与其境外子公司业务跨境联动已成为必然。虽然期货公司国际化布局不宜盲目阔步并进，但在国际资本市场、监管环境变化的大背景下，推动在境外设立分支机构开展跨境做市业务、代理投资境外期货市场，亦成为增强跨境服务能力和提供跨境交易便利化的主要选择，因而在支持头部公司外设机构跨境做市外，须严格设置境外子公司准入及跨境投资者参与门槛，通过健全境外子公司数量、境外交易经验、境外牌照等指标遴选体系，稳步逐级推进境内最高 AA 评级期货公司开设境外子公司[1]，同时尽快颁行配套的境外期货业务管理指引，以实现此模式下跨境业务规范发展和风险自主可控。

第三节　跨境期货交易行为样态

期货跨境交易行为是投资者以履行跨境交易权利义务为内容，依照期货法规实施的有效买卖行为。它不是普通的期货交易法律行为，其行为种类、行为方式、行为结果在期货法上应有严格要求，不符合相关要求可能产生非法或其他法上效力，而不会产生期货法上的效力。[2]跨境交易行为之间既具有共性又各具特殊样态，分析跨境交易行为和样态特征是期货市场国际化的突破口。总体而言，按照跨境投资者交易目的、策略和时机选择不同，跨境期货交易行为样态主要包括跨境套利（Cross-border spreads）、跨境套保（Cross-border hedge）、跨境趋势交易（Cross-border Trend Trading）、跨境投机（Cross-border speculate）等。

---

〔1〕　中国期货公司评级分为 AAA、AA、A、BBB、BB、B、CCC、CC、C、D、E 等 5 类 11 个级别，每年 9 月，中国证监会以及期货协会主要根据期货公司整体服务能力、市场竞争力、培育和发展机构投资者状况、持续合规状况等情况评价确定类别，目前最高评价分类等级为 AA 级，2024 年最新 AA 级期货公司 22 家。

〔2〕　参见刘少军：《货币法学研究》，中国政法大学出版社 2022 年版，第 251 页。

一、跨境套利

跨境套利交易，是指期货产品的价格比、价格差处于过低或过高时，跨境交易者在不同境域市场的两种产品上同时做反向操作，而在价格比、价格差回归正常时则同时平仓，从而获得投资收益的交易行为。跨境套利的主要原理在于，同一产品在国际贸易流通中应具有相对一致的价格水平，而不同境域市场中两种产品价格之间一般具有相当关联性，如多个市场间两种产品价格比例或者差额围绕合理位置上下浮动而形成不同价格水平时，市场力量回归从而会产生价格比、价格差的获利空间。一般而言，期货套利是买卖头寸相反的不同期货合约而获取收益的交易行为[1]，跨境套利是一种在不同市场、不同时间买卖相同或相似资产，以获取无风险利润的投资策略，相对于期货投机交易其风险较小。跨境套利交易主要分为统计套利、跨期套利和跨市套利。

统计套利，是指跨境交易者基于历史数据进行统计分析，估测相关变量概率分布和预测资产价格走势，并结合基本面数据进行交易的一种套利方法。此交易行为因基于统计分析确定价格关系均衡点，交易者需具备复杂的统计模型和完备的数据分析能力，当市场价格偏离均衡点时即可进行套利操作，其风险相对较高但与套利机会和收益亦呈正比。此套利行为主要适用于价格关系稳定的市场，在具有较强相似性的大豆、豆粕、豆油之间进行跨品种套利。

跨期套利，是指跨境交易者在同一种期货商品不同交割月份合约之间价差发生异常变化时，在同一期货商品的不同合约月份建立数量相等、方向相反的持仓，通过把握主力持仓量并以对冲或交割方式结束交易的一种套利方法。不同境域市场同一期货商品不同交割期之间一般存在一定价格差异，一旦某几期产品之间价差明显不符合变化规律时，则不同期的同一品种之间即存在套利机会。因建立在严格持仓成本和持仓条件基础上的商品价格受市场行情波动影响较小，使得参与实际仓单交割的跨期套利表现为无风险套

---

〔1〕 Carmona R, Durrleman V., "Pricing and Hedging Spread Options", *SIAM Review*, 4 (2006), pp. 627~685.

利，但满足稳健"无风险"的跨期套利收益相对较低。此套利行为主要适用于期权平价关系等严格数学关系市场，可通过发现市场暂时价差交易而保有收益。

跨市套利，是指跨境交易者在不同境域期货交易所之间进行套利交易的行为，即通过不同境域期货市场对同一品种同一时间期货商品同时进行反向操作的一种套利方法。当同一期货商品合约在多个期货交易所交易时，因境域间地理差别会存在商品合约间价差关系，而在两个交易所同时买进和卖出期货合约即存在套利机会。因境内期货交易所上市品种的局限和与境外市场的差异，以及前两种套利行为或统计模型复杂或收益率低，事实上，目前跨市套利已成为跨境套利交易行为的直接表现，而进行跨市套利需具备两种期货合约的交割标的物要相同或相近、期货品种在两个期货市场的价格走势具有很强的相关性、此种商品可以在两国之间自由流通等基本条件。例如，大连商品交易所（OCE）与芝加哥期货交易所（CBOT）的大豆套利、与芝加哥商业交易所（CME）的铁矿石套利，以及上海期货交易所（SHFE）与伦敦金属交易所（LME）的铜套利等。

通常而言，因境外机构受到严格企业内部风险控制的限制，或需跨境交易者快速发现并利用价差、或需考量交易成本和价格波动、或需对市场具备精准预测能力，加之各种套利策略应用场景与实例存有差异，跨境交易者适用何种套利策略更取决于风险承受能力和对市场机会的判断。例如以原油期货作为跨境交易行为标的，则发现境内原油价格与现货价格、境外原油价格联动加强，使得原油期货跨境套利行为已呈常态化。

二、跨境套保

跨境套保亦称为"跨境对冲交易"，是指跨境交易者在期货市场建立与现货市场相反的头寸，通过期货与现货之间的对冲以达到保值的交易行为。此操作即为规避市场现货价格波动风险，在跨境期货市场进行与现货市场交易方向相反、数量相同的交易，当价格发生波动时可使此市场盈利弥补彼市场亏损，以此建立对冲机制的交易策略。跨境套保的主要原理在于，因受相同供求因素影响，期货和现货价格变动基本趋同，通过在跨境期货市场进行与现货市场相反的交易，无论商品价格升或是降，此市场亏损则能够与彼市场盈利相抵，因而跨境套保的目的不是获利而是避免价格波动风险。[1]从跨境套保原理可看出，跨境套保是通过在期货与现货市场建立盈亏冲抵机制，实际上是用基差[2]风险替代了现货市场价格波动风险，在此意义下，套期保值是一种套期图利行为[3]。换言之，跨境套保是将商品价格波动的风险转化为基差风险，即通过协议基差方式将风险转移给对方。因而从理论上讲，如投资者在进行跨境套保之初与结束跨境套保之时基差未发生变化，则可能实现完全的套期保值。[4]

根据交易者参与形式不同，跨境套保交易主要分为跨境买入套保（Cross-border long hedge or buying hedge）、跨境卖出套保（Cross-border short hedge or selling hedge）。跨境买入套保，亦称为跨境多头套保，是指跨境交易者通过在期货市场买入期货合约，以规避现货市场价格上涨风险的交易策略。即当现货市场价格上涨时，现货市场亏损可被期货市场盈利所弥补；当商品价格下跌时，则现货市场盈利会被期货市场亏损所冲抵。跨境卖出套保，亦称为跨境空头套保，是指跨境交易者通过在期货市场卖出期货合约，以规避现货市场价格下跌风险的交易策略。即当期货市场价格下跌时，现货市场亏损可被期货市场盈利所弥补；当商品价格上涨时，则现货市场盈利会被期货市场亏损所冲抵。

从风险管理效果看，跨境套保行为既可有效降低商品价格波动风险，亦可实现交易者固定利润或成本。对于持有现货商品交易者而言，跨境卖出套保可规避价格下跌导致资产减值；对于计划购买现货资产交易者而言，跨境买入套保可防止价格上涨导致采购成本上升。而从风险管理策略看，跨境套保是较为复杂的系统业务工程，两种交易行为均为有效风险管理和投资策略工具，交易者可根据自身风险承受能力及对市场预期选择套保策略。例如，

---

〔1〕 参见刘志超主编：《境外期货交易》，中国财政经济出版社2005年版，第60页。

〔2〕 此基差是指现货商品价格与相同商品期货合约价格之间的差值。

〔3〕 Working, H, "New C on coming Futures Markets and Prices", *American Economics Reviews*, 52 (1962), pp. 431~459.

〔4〕 参见陈斌彬、张晓凌：《股指期货和股票现货跨市场交易监管研究》，厦门大学出版社2015年版，第30页。

可选择全额套保，即期货合约数量与现货资产数量相等，以完全消除价格波动风险；亦可选择部分套保，即期货合约数量小于现货资产数量，以降低部分价格波动风险。从理论上讲，任何主体均可参与跨境套保，但从境外成熟市场经验看，机构投资者主要运用跨境套保策略管理投资组合中的市场风险和流动性风险。[1]例如，中国境内现有 31 家国有企业获批可通过境外机构参与跨境套保，由于人民币汇率双向波动加剧，诸多外向型行业企业均有跨境对冲保值需求。但因跨境套保行为存在政策变化、价格波动大、标的流动性不足、操作不当、内控制度不完善等业务风险，亦对资金、头寸份额以及信息决策能力要求甚高，因而从跨境参与主体培育看，应遵循"先机构、后个人"的准入原则，根据风险敞口、净资产、风险识别、实战经验等维度重新设定、调整交易准入门槛。

三、跨境趋势交易

趋势交易是跨境期货交易中遵循的交易原则和基本策略，是指通过对不同境域期货市场行情趋势的准确把握和判断，进而实现低买高卖获益的交易行为。本质上，趋势交易是一种技术分析方法，主要基于期货合约价格所呈现的明显趋势方向进行交易决策。其基本原理在于，因期货市场价格具有一定趋势性，可通过分析历史价格数据找到价格变动规律，进而预测未来的价格走势。当判断市场即将上涨时买入期货合约，当判断市场即将下跌时卖出期货合约。在跨境期货交易市场上，趋势是期货合约价格运动的方向，其类型有主要趋势、次要趋势和短暂趋势三种。

从跨境期货趋势交易行为特征看，参与境外期货商品交易具有多样化的投资优势，例如农产品、金属、能源、货币等丰富的交易品种选择。因全球发达期货市场具有较高流动性，交易者利用趋势交易可快速进出市场，亦可通过发挥杠杆效应以较小初始投入获得较高收益。跨境期货趋势交易虽具有多样化投资、杠杆效应、流动性和良好风险管理等优势，但讲求趋势交易策略仍是管控趋势的重要工具，其核心在于技术分析、基本面分析和风险管理。

---

〔1〕　王小丽：《股票与股指期货跨市场监管法律制度研究》，法律出版社 2017 年版，第 25 页。

具体而言，应基于历史价格数据分析，利用趋势线、均线、支撑与阻力等市场工具判断市场趋势，将全球互联性宏观经济数据、商品供需关系等基本面因素，纳入市场趋势判断指标，并制定合理交易策略且设定止损止盈阈值，通过控制仓位避免过度交易、规避交易风险。

四、跨境投机

跨境投机，是指利用不同境域期货市场商品或期货合约价格波动进行的风险性投资，在跨境期货市场中是以赚取价差收益为目的的交易行为。其具体做法为，根据对期货市场价格变动判断，适时买入或卖出期货合约，利用市场出现价差从中获取利润。概括而言，按照投机操作方式不同，跨境期货投机可分为多头投机和空头投机；而按照持仓合约交易时间长短不同，则可分为长线投机、短线投机和即日投机。一般而言，在跨境期货投机中，交易者会根据对合约未来价格的预测选择不同交易部位，只要价格上涨致使收益大于手续费或价格下跌出现持仓方向不利时均可主动平仓，以实现尽可能获利或止损。[1]跨境投机"买空""卖空"市场较为多见，但在跨境交易中对于市场价格识别及掌控较难，虽然可以增强跨境市场流动性但亦会减缓价格波动，从而为跨境套保交易创造条件。

第四节 跨境期货交易行为特征

从跨境期货交易行为样态看，适用何种交易行为取决于参与主体、交易模式和交易行为的综合考量，且不同跨境交易行为对于规范交易制度、产品设计和市场运行具有重叠交叉性影响。其具体特征表现在以下几方面。

一、跨境期货交易行为具有互补融通性和交易转化性

以境内获批国有企业为例，此类获批许可主体既可为企业产品原材料保值进行跨境套保，亦可择机参与跨境投机或跨境套利交易，即各类跨境

---

〔1〕 参见陈斌彬、张晓凌：《股指期货和股票现货跨市场交易监管研究》，厦门大学出版社2015年版，第28页。

交易行为具有跨境交易互补性、融通性和转化性。换句话说，跨境套保与跨境投机在跨境期货市场同时存在，套保者转移的风险实质上由投机者承担，因而跨境交易应明晰目的和需求，以避免由跨境套保转为跨境投机而产生亏损。[1]同时，国外机构资金亦专门从事国际市场套利和投机交易，使得国内市场价格敏感度弱于国外，考虑到交易行为的高杠杆和高风险特性，在实施跨境交易行为时，应注意不同境域交易所交易时间匹配问题，交易时间重叠幅度越大形成套利机会越多。例如，DCE 交易时间较短但可涵盖有效价格形成的绝大部分时间，DCE 铁矿石期货夜盘交易开盘，有利于及时对国际矿价作出反应并进行跨境套利。

二、跨境期货交易行为通常以机构投资者为主体

跨境交易是对市场双向开放主体避险投资需求的扩展和延伸。从理论上讲，任何受境内公司法保护的市场主体均有权参与跨境交易。但在实践中，因跨境交易是一种新兴的期货衍生交易，其对于参与者资金数量、份额头寸等要求甚高，而其潜在的高杠杆和高风险特征，更要求参与者具备专业的投资融资、信息筛选、交易决断等综合能力，而这些准入资质对于一般个人或自然人投资者难以具备。因而实践中跨境交易都以机构投资者为主，且从国际发达期货市场主体培育看，亦是实施"先机构、后个人"的条件准入，而在市场成熟阶段允许个人投资者参与，亦会设定资金门槛、知识背景、交易经历、风险等级等综合测评要求。同时，机构或企业主体参与跨境交易，为实现避险保值需求，会更重视提升专业团队交易技术、信息处理和投资专业化能力。

三、跨境期货交易行为亦衍生出"灰色"交易通道（生态）

境内投资机构经合法渠道参与境外期货交易，一般限于通过审批许可参与国际期货市场交易、通过 QDII 形式参与国际期货市场交易。目前除获批的大型国有企业或国家控股企业从事境外套保业务外，市场存在与自身生产采

---

〔1〕　参见刘旭：《境外期货交易：内部风险管理至为关键》，载《国际商报》2005 年 9 月 10 日，第 002 版。

购业务相关并具有套保需求的企业和个人不在少数，有些有进出口需求的生产商、消费商和供应商因管制原因，寻求跨境交易渠道时较难择优比较，基本都通过"灰色"渠道采用平仓式套保或投机操作方式套利，同时亦有个人投资者为寻求交易渠道而私下进行境外商品和金融期货交易。因受立法及获批许可限制，上述企业和个人基本采取绕开政策性限制方式进行"灰色"交易。参与"灰色"境外期货交易缺乏相应法规依据、国外期货代理机构通过各种变通方式寻求境内客户、缺乏境外期货运作机构和健全业务管理规则、难以根据生产经营计划统筹制定跨境套保计划等，这些问题都凸显出解决境外期货代理机构良莠不齐以健全有效监管，以及疏导"灰色"交易的现实紧迫性。

四、跨境期货交易行为主体对选择交易品种持谨慎态度

尤其是在如今，交易量、交易产品的复杂性以及跨境交易几乎每天都在重新定义资本市场[1]，境内市场行为主体在面对跨境新环境时对选品交易应慎之又慎。例如，获批国有企业主体选择的交易品种主要有：石油（石油和燃料油）、有色金属、贵金属、农产品等商品期货以及各类指数、外汇等金融期货、期权及组合等，而基于跨境套保需求亦会更多选择与企业生产经营相关的品种。虽然选择跨境交易期货交易标的差异不会影响不同境域市场套利交易，但交易者进行套利交易应注意区分期货合约报价单位、合约单位，同时应适时对套利建仓与期货合约建仓头寸比例进行相应调整。

五、跨境期货交易行为实施风险较大且缺乏完善保障力

从防控跨境交易行为潜在风险看，当前跨境衍生品交易的行业标准和管理仍呈多头监管、难以有效协调等弊端[2]，境内存在外盘交易避险投资需求会加剧境内外市场联动性，尤其未经监管部门批准进行跨境交易，除面临市场风险、汇率风险等风险外，因存在获取信息阻塞、语言交流困难、交易规

---

〔1〕 参见 United States Congress Senate, Committee, "Illegal Insider Trading: How Widespread Is the Problem and Is There Adequate Criminal Enforcement", *109th Cong*, 10 (2006).

〔2〕 姜哲：《境内期货市场双向开放问题探讨》，载《证券市场导报》2019 年第 4 期。

制差异、外币支付难度大等因素，亦会影响通用操作和交易结果。此外，赴境外参与期货交易的投资风险还可能通过溢出效应转化为跨境信贷风险。同时，应增进对市场风险整体状态的掌握程度[1]，如境外代理机构（或交易对手）破产或无力履约，境内交易企业（机构）会面临资金回收、主张交易权利等域外风险。

六、境外期货市场交易规则、运行机制及运营人才缺乏亦影响交易效果

境外期货市场具备各自独特的管理规则与运行机制，交易特征及品种多元，而缺乏境外市场结构性衍生产品认知会产生各类交易问题，加之面对国际游资多样化策略，如前期抬高价格其后反手卖空、跨境做空本境域资产等交易手段，这对跨境操作时空监管、国际外汇期货市场判断、精通外语和境外沟通，以及商品、跨期、套利等数字技术应用等能力要求甚高。因而境内中资企业、机构或交易商人才储备不足会影响跨境交易效果。

本章小结

中国《期货和衍生品法》施行并对跨境期货监管作出明确规范，业界和学界亦对期货市场国际化实践讨论趋多，但囿于对境内期货投资者参与境外交易的立法局限，对跨境期货交易市场实践的缺乏必然产生理解上的偏颇。规范期货主体交易行为是构建跨境期货交易风险管理的基础，而期货市场国际化实践首要是强化对跨境交易行为及其特殊样态的认识，当前亟须强化对期货市场跨境交易行为的理解，对其交易特征以及交易风险进行总结梳理，继而提升跨境交易主体国际化服务水平，这些都是顺应跨境业务发展需求的基础，亦是期货交易所和经营机构提升国际化程度和跨境交易服务能力的前提。

跨境期货交易主体决定着跨境期货交易行为，要规范跨境期货交易主体的行为，首先必须厘定跨境期货交易行为主体，这是履行跨境交易监管职责

---

　　[1]　See Julia Lees Allen, "Derivatives Clearinghouses and Systemic Risk: A Bankruptcy and Dodd-Frank Analysis", *Stanford Law Review*, 64（2012）.

和保障投资者权益的重要前提。跨境期货交易行为业务模式决定了可提供或选择的营运路径，通过分析境内投资者参与境外期货市场的行为样态，对于厘清跨境期货交易行为中存在的问题、行为风险以及跨境期货市场运行影响具有重要作用。

第六章

跨境期货交易行为监管正当性

第一节　跨境期货交易行为正当性

在人民币国际化战略背景下，中国金融衍生品市场开发创新能力正不断增强，境内期货市场已成为"一带一路"资本市场重要组成部分。事实上，业界虽对期货国际化"跨境、跨界、跨越"问题讨论持续热烈，但有"全球金融期货之父"之称的芝加哥商业交易所名誉主席利奥·梅拉梅德（Leo Melamed）认为："中国的期货市场还是基本立足于国内，跨境的较少。只有当期货市场真正地开放有跨境的活动，才能达到我们想要达到的最高水平"[1]。

一、跨境期货交易行为样态与调适

从本质上讲，中国境内交易者参与境外期货交易尚处于初级阶段，当前在立法规制与风险波动匹配性、合法与非法界限标准性不甚明晰的态势下，现行法律体系何以因应跨境期货交易法律适用的特殊性？对此问题的正确解释，则是全面辨识跨境期货交易立法规制与监管缺陷的前提和基础。

第一，从跨境期货交易行为特殊性来看，因受国家严控外盘操作准入影响，国内30余家授权国企、跨境平台除合法开展套期保值交易外，客观上不排除动用资金从事国际期货市场的套利和投机。而就期货套利形式而言，一方面跨品种、跨期套利因收益率低而需求不旺；另一方面跨市套利市场风险较小且因国内上市品种单一，其实质已转向跨境套利。据森普拉金属有限公司（Sempra Metals Ltd）推算，上海期货交易所电解铜期货30%以上交易量是

---

〔1〕　董铮铮：《服务"一带一路"期货市场探索国际化》，载《上海证券报》2015年12月7日，第002版。

与伦敦市场的跨境套利。应该看到，现行立法作出持证央企可采取套期保值交易方式参与境外期货市场，以及交易工具仅限为场内标准化期货合约产品等相关规定，实质上是通过"套期保值、严禁投机交易"原则强力约束跨境投机和套利交易行为，此规范较难顺应跨境投资及市场交易避险的现实需求。有交易需求则必然产生交易市场，这种客观需要仅靠令行禁止是无法解决问题的，也是不符合金融全面市场化改革的基本思路的。[1]尤其是对市场自发形成的套利交易行为，如果规制缺位必然会产生监管职能空白，也无利于跨境期货交易者权益保护。

第二，从跨境期货套保可操作性界定标准来看，现行立法对持证企业境外套期保值交易程序、方法所界定的法律标准亦存在商榷空间。例如，交易品种限于产品或所需原材料、持仓量不得超出交收能力和配额数量、持仓时间与计价期相匹配等相关规定，这些严格规定虽以跨境交易风险控制为旨归，但却具有明显的局限性和排除性。究其本质而言，现有立法规定未能突破对套期保值理论轨迹与实践发展内涵的认识论基础，过度强调传统套期保值理论下的"平仓了结头寸""限制实物交割率"等原则，限制了跨境套期保值的决策行为、多品种投资以及操作灵活性，这在价格波动、行情万变的交易时差中更易出现合约移仓风险或"高吸低抛"，可能会对企业（机构）保值和风险防控设置障碍。例如，美国在20世纪60年代至70年代分次对套期保值豁免行为和范围的可操作性界定标准予以放宽。当前随着境内各类企业、机构境外套期保值交易需求和境外期货运作能力的提升，可借鉴域外规范经验，对跨境期货交易现实与管制矛盾中存在的适用缺陷，通过更新和放宽可操作性法律标准予以校正。

第三，从跨境期货标准化合约交易工具限定来看，现行立法规定从事境外期货业务须以标准化合约进行交易，且仅限于在法定设立的期货交易所订立标准化合约进行套期保值并将场外和类期货交易排除在外，这种规定已与企业（机构）交易实际及国际期货市场实际脱节。当前建立证券期货业开放性、多层次交易市场是国际化战略的客观要求，而金融衍生品合约的基本种类

---

〔1〕 刘少军：《我国"期货法"制定中的主要问题研究》，载《南昌大学学报（人文社会科学版）》2017年第6期。

包括远期、期货、互换（掉期）和期权，这是其他金融衍生业务的基础。[1]虽然国内传统期货交易的核心仍止步于场内标准合约交易，但境外市场非标准化、非远期、期权、"期货+期权"等多种类合约已成为实现组合交易配置及提高套期保值效率的多元化期限套利工具。实践中机构参与境外交易并不局限于套期保值，客观上跨境套保尤其是跨市套利并不鲜见。现有立法限制机构主体境外交易工具选择及其跨市套利需求，亦会影响多元类型层次市场构建，尤其会影响境外衍生品种和交易工具的有效掌握和管理。总之，跨境市场交易需求的不可禁止性与企业（机构）适时变通场内场外交易策略，已使现有管理体制与交易主体矛盾无可避免，同时因脱离合法监管亦对期货"双向交易"秩序形成冲击。

第四，从跨境期货交易国内经纪公司禁止代理来看，因长期受涉外交易经历与失利影响，立法对跨境期货交易经纪业务管理慎之又慎，为有序扩大对外开放，才逐步允许了银行代客从事基于风险对冲的跨境期货交易。[2]因市场需求及跨境交易的不可逆性，目前整体上禁止境内期货公司代理境外期货交易会给投资企业（机构）带来额外风险。例如：因域外体制差异会加大国内投资主体选择境外经纪商的成本和甄别风险、单纯依赖境外全权代理会因服务质量问题增加管理和损失风险、持证央企委托境外代理亦存在商秘外泄及诉讼风险等。因此寻求现有立法在境外经纪代理制度上的有效突破，对未来监管部门监测跨境交易、掌控化解风险具有现实意义。

综上所述，包括上述期货原则性规范但不限于风险内控、监管防范、境外期货头寸额度、涉外期货（期权）交易等方面的不足以及境外纠纷调处机制的空白。这些不足不仅表现在境内套期保值管理上，更突出体现在跨境期货交易行为特殊样态的法律不适用性上，当前亟须克服立法调适冲突，着眼于境外期货交易立法完善及其监管配套，为整体性跨境期货交易监管安全保驾护航。

---

〔1〕　李枫、李济广：《金融衍生品市场不具有价格发现功能》，载《南方金融》2019 年第 3 期。
〔2〕　姜哲：《境内期货市场双向开放问题探讨》，载《证券市场导报》2019 年第 4 期。

二、跨境期货交易行为正当性分析

从全球资本市场看，推进期货市场国际化的首要进路即是健全跨境交易主体风险衡平机制。通过前章分析跨境交易行为样态可知，当前跨境期货交易虽存有立法局限及实践困境，但学界对跨境期货交易行为的正当性并无异议。其原因在于：第一，跨境期货交易行为契合金融法理论前沿和实践热点，主要涉及境内投资主体跨境期货投资和境外机构参与国内期货交易两个层面。因这两种交易模式和监管规制存在较大差别，国内期货交易监管宽松或缺位客观存在，学界力图一并规制存在融合难度及其视角差异，就此而论，建构跨境期货交易监管体系以及明确"走出去"跨境期货法治建设目标则具有重要意义。第二，对期货市场国际化实践和跨境期货交易行为均可理解为"双向机制"，由此探讨跨境监管亦应是互为双向的，即存在对境外投资者参与境内期货市场交易监管、对境内投资者参与境外期货市场交易监管两种情形。而推进"走出去"跨境监管体系构建，明确对跨境期货交易主体市场规制、业务规范、监管规则、风险防控、解纷机制等基本问题的研究，可为跨境交易监管立法完善提供精细化法理依据，对于跨境交易风险防御、政策制定以及监管实施具有实践意义。第三，通过强化跨境期货交易的系统性监管，可为"走出去"期货交易整体性金融安全提供法理支撑，亦可为境内投资者认识、评估和应对跨境交易风险提供新思路、开辟新视野，以保障交易者在境外期货市场以及 QDII、跨境平台的投资安全。第四，更为重要的是，因境内期货市场处于发展上升期，客观上存在监管宽松或缺失等不足是不可避免的，为契合"加快涉外法治工作战略布局、统筹推进国内法治和涉外法治"战略部署，侧重"境内投资者从事境外期货交易"单向度监管，通过实现从宏大叙事到探幽发微之转变，可为重点防控"走出去"跨境交易风险及投资保护提供治理建议。

第二节　跨境期货交易监管正当性

跨境期货监管是由国际金融条件下期货部门的主体特殊性、客体特殊性和行为特殊性决定的。在世界经济一体化的背景下，金融国际化、自由化发展程度日益加深，金融风险传递业已遍及银行、保险、证券、期货、外汇等各领域金融系统。目前国际金融监管改革的主要目的是增强全球金融体系的安全稳健性，更好地满足实体经济的金融需求[1]；而期货作为现代新型的金融创新工具，已成为现代金融体系中不可或缺的重要组成部分，跨境期货交易监管更是构筑金融风险防御体系的最重要的系统规范基础。

一、跨境期货交易监管及其必要性

法律的功能在于调节、调和与调解各种错杂和冲突的利益[2]，其核心是以突出实现各方利益均衡为目的。期货市场为提升实现价格发现、套期保值、风险管理、定价话语权[3]等多种金融功能，亦需在期货产品、期货市场主体、期货市场业务、期货交易所、期货国际监管等多领域，顺应国际化趋势及其发展利益。此发展进程呈现的是全要素、全方位、全系统的双向开放路径，既要吸引更多的国际投资者参与境内期货市场，又要提高境内期货市场主体境外市场的参与度[4]，由此引发了期货市场由单一交易结构向多重交易结构的转变。例如，境内投资主体直接从事境外期货交易、境外投资主体直接从事境内期货交易，境内期货经营机构[5]新设期货公司实施 FDI 参与他国

---

〔1〕 綦相：《国际金融监管改革启示》，载《金融研究》2015 年第 2 期。

〔2〕 沈宗灵：《现代西方法理学》，北京大学出版社 1992 年版，第 291 页。

〔3〕 参见［美］唐·钱斯、罗伯特·布鲁克斯：《衍生工具与风险管理》，丁志杰等译，机械工业出版社 2010 年版，第 10~12 页；吴志攀：《金融法概论》，北京大学出版社 2011 年版，第 412~413 页；叶林、钟维：《核心规制与延伸监管：我国〈期货法〉调整范围之界定》，载《法学杂志》2015 年第 5 期；张美玲：《我国商品期货市场监管法律制度研究》，中国政法大学出版社 2018 年版，第 43~47 页。

〔4〕 参见张异冉：《我国期货市场对外开放问题研究》，载《中国物价》2017 年第 10 期。

〔5〕 根据中国《期货交易管理条例》相关规定，期货经营机构应主要包括两个级别：一级是期货交易所，提供交易品种、交易规则、交易场所等，收取交易手续费；二级是期货公司，负责对投资者等没有结算资格的期货交易者进行开户结算业务，提供交易场所、收取交易手续费。新湖期货有限公司董事长马文胜在"第十四届中国（深圳）国际期货大会"上指出，期货公司正在逐步转型成为期货经营机构，期货公司已经初步形成了经纪业务、投资咨询、资产管理、场外业务、期现业务、做市商业务和国际化业务 7 项业务，这 7 项业务可归类为工具型、服务型、交易型等三种业务模式。参见马文胜：《期货公司正在逐步转型成为期货经营机构》，载新浪财经网，https://finance.sina.com.cn/money/future/roll/2018-12-03/doc-ihprknvs7881878.shtml，最后访问时间：2024 年 10 月 12 日。

期货市场交易，境外期货经营机构新设、参股或控股境内投资实体实施 FDI 参与中国期货市场交易，同时还包括境外、境内其他投资者分别从事境内、境外期货交易，等等。

应该明确，上述多重结构的交易样态是期货市场发展的必然趋势和结果，但国内开放型市场格局之所以拓展缓慢，若忽略金融市场繁衍机能和境内外业务拓展需求等因素，其仍存在系统性和诸多外观性原因，具体表现如下。

第一，中国期货市场国际化战略布局还未全面完成。期货市场是一个商品、信息、资金高度流动的市场，具有天然的国际化特征[1]，目前期货市场面临着规模和结构失衡、金融期货及衍生品薄弱、境内外金融机构合作不畅以及国际化条件不足等问题。

第二，跨境期货交易法律法规支持空间尚未全面打开。对于境外投资主体从事境内期货交易，中国《期货交易管理条例》2012 年修订时曾作出相关规定，符合条件的境外机构可从事特定品种的期货交易，但具体办法须由国务院期货监督管理机构制定[2]；2016 年修订时依然沿用。据此法规，中国证监会 2015 年公布《境外交易者和境外经纪机构从事境内特定品种期货交易管理暂行办法》[3]，虽赋予境外投资者、经纪机构开展境内特定期货品种交易许可权，但对期货跨境参与主体、交易品种和范围、参与模式、业务环节等方面仍作出严格限定，截至目前仍未有国际化品种试点运行。[4]虽然《期货和衍生品法》为打通境外期货投资者参与境内交易路径进行了原则规定，但

---

〔1〕 崔蕾：《专家学者：国际化将给期货市场带来质变》，载《期货日报》2018 年 5 月 31 日，第 002 版。

〔2〕 参见《期货交易管理条例》（2016 修订）第 23 条第 2 款规定。中国 2012 年修订的《期货交易管理条例》已有此项规定。

〔3〕 该办法自 2015 年 8 月 1 日起施行，共 35 条。主要内容包括：一是扩大中国期货市场参与主体，允许境外交易者和境外经纪机构从事境内特定品种期货交易；二是为境外交易者和境外经纪机构提供了多种参与模式；三是规范境内特定品种期货交易涉及的主要业务环节，包括开户、运营、结算、保证金收取及存管要求、大户报告、强行平仓、违约处理、纠纷调解处理等；四是规定了对境外交易者、境外经纪机构从事境内特定品种期货交易及相关业务活动的违法违规查处和跨境执法等监督管理职责。中国证监会同时确定原油期货为首个中国境内特定品种，后续将循序渐进地推进期货品种国际化。

〔4〕 参见陆丰、顾元媚、黄思远：《中国期货市场国际化的现状及路径研究》，载《开发性金融研究》2017 年第 2 期。

同时仍作出须经监管机构批准、不得从事变相经营的限制规定。[1]

第三，各种期货及衍生品跨境投资平台正尝试寻求开放条件和环境。例如，对于境内投资主体从事境外期货交易，中国《期货交易管理条例》规定，国务院商务主管部门对境内单位或个人从事境外期货交易的品种要进行核准，境外期货项下购汇、结汇以及外汇收支，应当符合国家外汇管理有关规定；境内单位或者个人违反规定从事境外期货交易的责令改正，给予警告，没收违法所得，并处罚款等相关处罚。[2]可见原有法规宏观性强且位阶较低。而对于境内投资主体从事境外期货交易，虽然中国《期货和衍生品法》颁行后具有积极指导和规范作用，但总体上立法执行的宏观性强、管束较为严苛。实际在新法颁行前，上海自贸区期货产品创新未甘落后。例如，央行上海总部 2014 年印发的金融自贸区建设细则规定，自贸区内期货公司风险管理子公司可参与跨境交易[3]；而国内招商基金通过 QDII 首创衍生品跨境交易平台已可投资境内外期货市场，支持跨期套利、跨市套利、单边投机、全球宏观对冲、跨品种套利、高频、夜盘等多品种交易模式[4]；EUREX 与中国台湾地区做市商已实现跨境全天候交易。由此可见，目前境内投资境外期货兴意正浓，上述类似跨境通道的业务已突破与传统跨境投资合作之需求，因跨境投资方式、业务模式存在诸多政策风险，由此产生的交易冲突已对完善跨境监管机制形成倒逼态势。

正是基于此判断，中共中央、国务院明确了扩大期货市场双向开放、参与境外金融衍生品市场交易的政策支持，并提出要扩大期货市场对外开放，便利境内外主体跨境投融资，参与境外金融衍生品市场交易。[5]笔者认为，

---

〔1〕 参见中国《期货和衍生品法》第 121 条、122 条规定。《期货交易管理条例》2012 年修订时已有此项规定，《期货交易管理条例》（2016 修订）第 23 条第 2 款中也有相关规定。

〔2〕 中国《期货交易管理条例》于 2012 年 10 月 24 日、2016 年 2 月 6 日分别有过两次修订。文中相关规定参见《期货交易管理条例》（2012 修订）第 43 条、第 74 条规定，参见《期货交易管理条例》（2016 修订）第 42 条、第 73 条规定。

〔3〕 参见《中国（上海）自由贸易试验区分账核算业务实施细则（试行）》第 3 条，第 14 条第 1 款、第 2 款，第 15 条规定。

〔4〕 方丽：《招商基金首创跨境套利交易平台 开辟全球投资蓝海》，载新浪财经网：http://finance.sina.com.cn/stock/t/20140123/044418052412.shtml，最后访问时间：2024 年 11 月 27 日。

〔5〕 参见《中共中央、国务院关于构建开放型经济新体制的若干意见》第 8 部分第 35 条。

从期货市场"引进来""走出去"国际化发展趋势看，面对交易主体对外开放，单一交易市场向多重结构交易转进是根本开放路径，无论套保需求还是投资者交易偏好，投资者开展期货国际合作、境外并购、开设分支机构、选定跨境期货交易服务机构已是跨境期货交易必然趋势。但如因境内外投资主体的双向交易异常、引发风险波动、违规操作行为或是产生委托（交易）纠纷，其责任配置或司法裁定必将归于境内或境外投资（中介）主体，而涉案归责问题由谁去划分或是裁断？由此引发的资金监控、投资者诚信、协作互助等问题均需通过跨境监管方可得到公正稽查，因而厘定并解决跨境交易业务规制、风险防控以及监管规则等问题，对于衡平境内投资者交易风险、投资安全保障具有现实意义。

跨境期货交易行为主体、营运路径及其样态，对跨境期货市场产生了"结构性影响"，并催生了市场新主体、交易新模式、服务新内容和监管新态势。一方面，虽有助于拓展提升"走出去"战略金融效率与服务空间；但另一方面，也因域外市场、信用、营运、监管等诸多隐蔽效应产生更大的操作风险和监管套利空间。从泛亚贵金属兑付危机、联合石化原油交易巨亏、中行"原油宝"穿仓等诸多事件省察，域外期货衍生品交易存在市场、信用、营运、监管等诸多隐蔽效应，具有行情把握难、内部管控弱、专业团队缺、头寸不匹配、风险防范难、监管防范难等跨境特征，会产生更大的操作风险和监管套利空间。此类爆仓事件再次对强化金融监管与合规治理、提高 OTC 衍生品市场监管能力、防控央企跨境金融风险提出立法预警[1]，更对现有期货交易监管的理念模式、内容框架构成重大挑战。

检视境内企业参与境外期货交易（如联合石化、中行原油宝等）等重大亏损事件可发现，这里既有投资决策的原因，也涉及立法保障与依法维权的

---

〔1〕 例如 2019 年初中国石化子公司"联合石化"原油衍生品交易巨亏事件、2020 年 4 月中行"原油宝"穿仓事件，学界均对重塑"强化主动监管、采取穿透式监管、实施功能监管"的监管逻辑、构建"及时发现问题—全面分析问题—有效解决问题"的场外衍生品市场监管机制提出了立法要求。分别参见杨美：《联合石化原油交易巨亏疑云引发业内深思》，载期货日报网，http://www.qhrb.com.cn/2019/0124/241308.shtml，最后访问时间：2020 年 6 月 25 日；杨松、郭金良：《"原油宝"事件再次提醒我们：场外金融衍生品市场监管漏洞必须弥补》，载金融法界公众号，https://mp.weixin.qq.com/s/a8eTyo4O4q86voEFTK-OTA，最后访问时间：2023 年 7 月 20 日。

应用问题。当然，市场更期待《期货和衍生品法》生效后能有效缓解跨境交易规制困境，但在具体原则性条款的限度下，深层次的监管理路及体系建构，则有赖于市场发育程度、实体经济发展的现实需求、投资者教育和保护的和谐共进，这些不仅仅是通过立法完善能即时得到有效解决的。因而在许可和开放跨境期货交易时，应基于国际法法理，明确跨境监管权赋予必须设定的监管范畴、互助期限、合作条件和协作程序等，除建立跨境监管域外协作机制外，更有赖于各国司法机关的理解与认同。但出于国家利益和本国（地区）交易者保护原因，目前较难在监管实践中达成协作互认机制。即便如此，跨境期货交易和投资安全风险已然迫在眉睫，必然要求以国内法和域外法协同推进为基础，从立法顶层设计上完善跨境监管模式及其科学规划监管法制路径。

二、跨境期货交易监管正当性省察

诚如前述，在期货市场国际化的背景下，跨境期货特殊交易及行为样态打破了风险传导区域限制。与境内期货交易相比，跨国域、跨市场交易服务使业务识别、规则掌握、风险度量的难度剧增。中国之前建构的"一条例+八办法"的法规体系，存在对跨境期货交易立法缺位和规范不足等问题。中国《期货和衍生品法》施行后的原则性较强，当前亦难契合跨境期货交易发展及规制需求。从监管发展趋势看，跨境期货监管对传统期货监管模式提出了重大挑战，而跨境交易监管问题又是构建期货金融风险防御体系的基础，当下如何消解跨境监管立法局限及其弊端，仍需从对跨境监管正当性的考量中寻求解决之策。

（一）跨境期货监管是以"风险防控与投资者保护"为本位的监管模式

期货市场在国际化背景下正发生着质变，"走出去"战略是打通跨境交易的重要前提，跨境期货交易具有跨期、跨市场、高杠杆、高风险、市场联动和双向交易等特点，是国际游资做空某一类市场或资产的惯用工具[1]；而跨境期货交易效率提高会削减风险保护的域外效力，以跨境交易监管为代表的

---

〔1〕　姜哲：《境内期货市场双向开放问题探讨》，载《证券市场导报》2019 年第 4 期。

立法运用以及达成的可追溯性，正是监管立法适用与境内期货监管的特殊相异之处，也是异于传统金融监管模式的根本所在。如若没有跨境监管而仅靠市场交易主体自身的调整行为，必然会导致整个跨境交易体系的混乱和效率下降。因而何以规制跨境金融风险拐点和提升安全保障效率，亟须解决域外期货投资立法保护问题，以此本位构筑的跨境监管模式则是国际化背景下期货开放发展的基本经验与启示。

（二）跨境期货监管是以立法监管协作为中心的新监管生态

由于跨境期货交易是新生的金融业态，当前尚未有固定的参与模式、成熟的规制机制和有效的监管体制。而跨境监管最重要体现的是国与国的协作法则，在法域上不仅有中国法的考虑，也涉及伊斯兰法、大陆法、英美法对跨境期货交易的立法规定和不同态度，更不可忽视宗教对法律体系的影响，尤其在法律适用上尚缺乏国际法理论探讨，也无法选择代表性国家法规或司法判例作为参考。鉴于此，为弥合在监管体制国别差异、国际监管协作、执法管辖冲突、跨境处罚认同、信息共享机制建立等方面的差异，全面加强域内外立法合作与体系共享是根本途径，在此趋势下构筑跨境期货监管新业态则未来可期。

（三）跨境期货监管必将推动新型金融监管范式的立法转换

跨境监管是域外法权与协调机制的结合，是立法技术在跨境监管执法中的运用，其所引发的在监管理念、框架、方式和内容上的重大变革，是推进跨境期货交易全新监管范式转换的关键因素。当下，因对跨境交易监管立法体系前瞻性、有效性犹未可知，如因未来修法不完善导致欠缺监管实效、或因协作不畅引致监管套利、抑或因监管执法粗暴扼杀交易创新等，凡此种种，必将迟滞金融跨境监管体制改革。因而目前须通过立法手段与技术规范构建跨境交易监管体系，以实现跨境交易监管实时性、系统性、协调性和可替代性为目标，由此诱发的全新监管范式其本质仍以立法转换为圭臬。在此前提下，如何厘定跨境交易监管标准、引入域外管辖、强化主动监管和实施穿透式监管，正是颠覆性立法技术与创新的应有之义，更是推动传统金融监管手段与模式亟待转换的根本原因。

三、跨境期货交易监管考量因素

在期货交易国际化的背景下，境外衍生品合约性质、交易结构、交易操作呈现多元性、复杂性和非规则性，倘若仍局限于证监会提出的期货市场改革发展策略，仍寄望于对既有期货法规政策的修补完善，缺乏对现行法律体系的本源性和颠覆性创新，不能确立组织机构稳健、投资权益保障、金融交易良性的立法监管及核心价值体系，这既无法满足期货市场"走出去"战略要求，更难以达成促进跨境交易监管立法运用、防控境外交易风险以及投资者权益保障之目标。鉴于此，在期货国际化监管新业态下，构建跨境交易监管体系则须重点考量下述因素。

（一）跨境期货监管的目标

法是以强制作为保障的社会目标体系[1]，监管目标是受行为主体活动目的所支配的、监管主体力求所达致的效率结果或追寻方向。在金融法领域，金融行为最早体现为个体自治行为，在金融经济发展为整体经济之后，单个主体的金融风险就演化为整个社会的系统性金融风险[2]，因而监管机构规定监管原则、监管规范的首要前提即是设定监管目标。如监管目标不确定、不合理或缺乏调整性，势必阻碍监管体系、监管规范的构建与实施，也无法达成监管者、金融行为者和其他主体方利益均衡之目的。

就跨境期货监管而言，监管机构的总体目标在于通过对本国（地区）投资者参与境外期货市场交易进行整体性规范来维护市场公平竞争，有效防控跨境金融风险，保护投资主体合法权益，强化全球监管协作机制。具言之，一是防范溢出效应跨境传导风险。这是对新生金融监管领域期货跨境监管的终极目标。例如，境内投资者（机构）因对境外市场（或产品）判断失误引发投资或敞口风险、涉外投资风险通过溢出效应转化为境内承兑风险、境外主体（或资金）因跨境信贷关系跨境传导风险等等，以及跨境投资风险、交易安全隐患、经营欺诈行为等可能诱发系统性金融风险，这也成为实施跨境

---

〔1〕　[德] 卡尔·拉伦茨：《法学方法论》，陈爱娥译，商务印书馆2003年版，第12页。
〔2〕　刘少军：《准金融"机构与业务"监管的法理研究》，载《金融法学家（第五辑）》2013年。

交易监管的重要缘由。二是保障跨境主体金融投资权益。这已由国际投资立法实践和经验表明。例如，IOSCO 已确立资本市场监管目标之一即"保护投资者"，FESCO 通过颁布《协调保护投资者的核心商业行为准则》重点强化了投资者保护机制，美国《多德-弗兰克法案》亦赋权金融保护局对本国金融投资及跨境衍生品投资权益进行保护。

总而言之，跨境交易在开辟期货多元市场和品种的同时，可为投资套保及交易偏好需求提供技术经验，但作为整体市场的共同投资者，因境外机构与参与主体在交易层面掌握较强的对冲手段与投资能力，在风险管理层面已具备合规竞争与市场化防控体系；而境内投资者风险意识相对缺乏，中资企业和个人对境外期货市场以及结构性衍生产品的认识较浅显，对有关衍生工具的掌握和认识有待提高[1]，加之跨境交易的高杠杆、高风险特性，在同一市场完全竞争条件下，境内参与主体较之境外对手尚不具备交易优势。因此，欲完善和推动跨境交易良性发展机制，须构建多层次、全覆盖、穿透型的境外期货投资保护体系，特别是在完善适当性管理、强化行政信息披露监管、厘定主体法权关系、掌握投资交易规则、境外经纪机构选择、风险应对措施、解纷方式机制等方面，应通过确立监管准则和完善立法技术，理顺与域外立法及国际惯例的适用关系，健全适用国际规则应对交易风险的保护措施，更大程度满足境外投资交易需求，从而实现金融投资权益的整体保护目标。

(二) 跨境期货监管的理念

实践表明，现行期货法的具体确定性、滞后性和不完善性，难以适应交易行为创新与跨境监管需求，这是由法律的内在本质特征所决定的。虽礼、法以时而定，"法学对现象形成的概念、法则都是始终如一地存在着，其各项严谨制度真正构建完成时总是落伍于现实，……总是试图按照已经过时的条条框框来构建现今的制度"[2]，因而须从立法变量、行为样态及市场需求合法性权利应用中，调整、改变并确立"适应性"监管思维。

从当下期货交易行为规制看，其实质仍表现为以传统金融为中心的监管

---

〔1〕 姜哲：《境内期货市场双向开放问题探讨》，载《证券市场导报》2019 年第 4 期。

〔2〕 [德] 尤利乌斯·冯·基尔希曼：《作为科学的法学的无价值性——在柏林法学会的演讲》，赵阳译，商务印书馆 2016 年版，第 17~18 页。

模式，即"命令-控制"型监管[1]。例如，持证企业期货套保业务权限、资本项下外汇管制、境外期货项下购（结）汇、参与境外市场准入资格、跨境交易审查程序、跨境业务规范要求等，虽不系统但具有法定指令和控制力。这种静态式、单向度、时滞性监管模式会使期货市场始终处于放松与严格监管的循环往复中，不利于形成支持创新、风险防控的长效机制，也难以对期货业务行为进行完整系统的规范。因而在期货国际化的背景下，面对高度动态性、行为特殊性、衍生风险性以及套保操作灵活化、交易工具多元化的跨境市场，应依据涉外制度、监管策略、监管条件的不同适时调整跨境交易监管思维，使境外市场参与者理性调整行为方式以符合新的监管目标[2]，双向提升监管机构、投资主体域外交易行情把握、风险管控和合规治理能力。

（三）跨境期货监管的方式

期货市场国际化的重要表现就是期货的跨境交易，因投资者与资本流动的非地域限制性，一方面可使资金实现跨域自由融通，另一方面也会打开期货跨境交易的各类不法行为空间。从期货国际监管发展理路看，监管主体对期货交易行为实施监管，应构建并维持服务于创新的良性监管生态，因此设定何种监管模式则要从监管时机、创新限制、竞争影响等方面予以全面权衡。而借鉴证券跨境交易监管，目前各国的做法主要是采取单边监管和国际协调监管两种模式。[3]

依此而论，对于投资主体境外套保操作、风险防范、内控体系、合规审核等交易体系，其由跨境交易母国和东道国（或一国内不同法域地区）运用各自法律制度竞相监管，实质体现为赋予本国（地区）期货监管制度的域外效力。[4]域外期货市场产品瑕疵、衍生品欺诈、恶意操纵、虚假交易等不法行为因跨越本国（地区）监管边界，对其交易行为监管通常须借助母国、东

---

〔1〕　此模式主要表现为监管机构预先制订行为规则，监管对象开展金融投资及交易行为须遵从法定规则。详见张永亮：《金融监管科技之法制化路径》，载《法商研究》2019年第3期。

〔2〕　See Lawrence，G. B. "Adaptive Financial Regulation And Regtech：A Concept Article on Realistic Protection for Victims of Bank Failures"，*Duke Law Journal*，66（2016）.

〔3〕　Jurgen Basedow，Toshiyuki Kono，*Legal Aspects of Globalization：Conflicts of Law，Internet，Capital Markets and Insolvency in a Global Economy*，Boston：Kluwer Law International，2000.

〔4〕　邱润根：《证券跨境交易的监管模式研究》，载《当代法学》2006年第2期。

道国及多国（地区）法律域外效力而行使，而如何协调本国（地区）监管法、管辖权、监管调查（或跨境执行）等诸方面域外法效问题，则应强化国际监管联动机制，主要体现为双边协助、区域合作、国际协同等方式。[1] 由此看，跨境交易内外部体系监管方式，应是构建以赋权本国法律域外效力与国际监管机制为协同、单边监管与国际监管共同存在的互助新模式。

当然，在此构架及跨境交易风险特征下，诸如以立法强化跨境内幕交易、投资保护规则、管辖权特别规定、衍生品交易结构以及期货（期权）产品强制认证、经纪机构注册与豁免、交易系统接入限制等具体监管途径，虽是对跨境交易规制与交易路径的单边监管，但此机制根本在于保障投资者权益及维护金融稳定，因而在国际协调监管领域也发挥着共有监管守则的作用。

第三节　跨境期货交易监管范式转换

中国期货市场建设和交易起步较晚，立法制度体系仍不完备，在 20 多年金融法律体系嬗变过程中，对于衍生品立法规制，即使在《期货和衍生品法》颁行后仍具有完善和细化空间，而新法施行后能否系统确立期货跨境交易的法律规则仍需拭目以待。金融监管法制是时代发展的产物，市场环境、科技发展水平、国家政策等均能影响金融监管法律制度的变迁。[2] 跨境期货监管除须应对境外复杂的市场、信用、流动性、营运和法律等风险隐患外，最大问题是面临诸多法律制度的掣肘，尤其是资本市场国别化的监管规范、碎片化的协作机制、确定化的冲突博弈阻碍了法制体系的构建。因此，在确保立法技术与监管思路成熟的前提下，构建与国际化路径相匹配的监管规范和法律制度，是跨境交易有效运行并实现投资利益的基本保障。

---

〔1〕　目前 MLATS、MOU、MMOU 已成为国际证券期货"双向协同监管"合作机制的基础文件和法律机制。据公开数据统计，截至目前，中国已与 86 个国家缔结 178 项双边司法协助类条约；与 63 个国家和地区签署金融情报交换合作协议；中国证监会与境外近 70 个国家（地区）证券（期货）监管机构签署备忘录并建立跨境监管与执法合作机制。
〔2〕　张永亮：《中国金融科技监管之法制体系构建》，载《江海学刊》2019 年第 3 期。

一、立新跨境期货交易的多元监管理念

监管理念是监管机构规划监管政策、厘定监管规范、明确监管重点的制度遵循与态度指引。综观世界金融监管改革脉络及其趋势，均以培育时代性、稳健性衍生品市场为己任，并贯穿了"因时而进、因势而新"的发展逻辑。较之于传统期货市场及交易模式，跨境交易的实质在于推动期货交易商、金融衍生品、期货市场的根本创新。因当前业务呈现专业化、综合化、数据化、违法化[1]特征，为规避合约交易对赌市场的投机风险，与此相应，监管理念亦须以变应变、除旧布新并倡导多元化。对此建议如下：

第一，突出"目标型"监管理念。对跨境监管体制的评判标准，应以维护公平竞争、防控跨境风险、保障投资权益、强化全球协作等监管目标的有效性为准则，以此确立监管模式方可有效、合理、透明地配置"目标"责任，更有利于统一、归集监管资源与效能。

第二，强化"适应性"监管理念。要求以衍生品市场风险、交易规则体系、产品结构影响等即时波动为指令，相机突破静态法律界限，动态调整监管策略，统合主动监管和功能监管优势，及时发现、准确界定并有效解决问题，真正实现从单向式"控制型监管"向分层式"适应性监管"转进，以防避再次发生"原油宝""联合石化"等巨亏事件。

第三，贯穿"穿透式监管"理念。全面落实穿透式监管合规整改，推进信息（外接）系统对接穿透式监管技术标准[2]，通过合理配置监管职权、明晰市场监管协作措施，对目标产品、交易行为、资金流通、衍生品交易环节等全过程实施"穿透式监管"，彰显整体性监管作为与效能（例如，精准定

---

[1]　据权威媒体报道：2019年，CFTC提起69项违法指控，主要涉及操纵、幌骗、欺诈、盗用保密信息、非法提供数字资产等创新产品的违法行为，其中欺诈、操纵和幌骗案件约占65%；CFTC追究的金钱责任总额超过13亿美元，比上一年增长39%；CFTC刑事司法机关合作发起了16个平行起诉。参见中金所期货市场巡回审理协作部：《2019年美国期货市场监管执法实践与借鉴》，载《期货日报》2020年1月21日，第005版。

[2]　2020年1月15日，SHFE、CZCE、DCE等期货交易所向会员单位发布通知，为完成穿透式监管合规整改工作，将整改最后期限由2020年1月20日延长至3月1日，此后所有会员单位的信息系统和外接系统必须符合监管要求。参见姚宜兵：《穿透式监管合规整改最后期限延至3月1日》，载《期货日报》2020年1月16日，第001版。

性衍生产品功能，明确单一或共同监管主体并落实监管责任）。

第四，遵循"协调性"监管理念。任何新兴金融发展均应体现监管适度与风险可控，在稳定发展阶段允许创新纠偏（纠错）[1]，通过"边发展边规范"推动跨境交易创新，以实现监管和创新之平衡，构建双边（多边）监管者与主体间的立法磋商、信息共享和交流协作机制，有效提升跨境衍生品市场监管能力与监管空间。

二、确立跨境期货交易监管的内容体系

期货国际化是具有动态竞争的新金融开放进程，面对域外复杂交易市场、产品结构、风险生成以及监管冲突，对跨境交易探究的边界与重点会因衍生品交易结构特征变化而更新。从跨境交易行为及发展趋势看，目标型金融监管已成为国际主流模式[2]，因而基于监管目标设计监管体制，必然以实现风险控制、投资者保护、合规交易、增强市场透明度等核心监管指标为旨归，应包括但不限于以下主要内容。

第一，市场准入。对参与境外期货交易主体实施准入控制是跨境交易风险监管的重要前提，其主要包括场外交易商准入、场内中介机构准入、投资者准入三方面监管。从美国对金融衍生品交易主体资格相关豁免规定到扩大为"合格的互换参与者"[3]、"合格的合同参与者"[4]以及《多德-弗兰克法案》确立的新金融衍生品准入条件，域外立法及监管规则对市场准入标准

---

〔1〕 石光乾：《我国众筹融资行业发展及监管启示：基于新金融业态视角》，载《北京科技大学学报（社会科学版）》2020年第3期。

〔2〕 根据各国金融监管体制的主要差异和不同的标准，现有文献大多将金融监管体制分为三种理论模式：基于金融机构观点的机构型监管、基于金融功能观点的功能型监管和基于金融监管目标的目标型监管。目标型金融监管则基于金融监管目标来设计监管体制，具体分为两种：一是泰勒（Taylor）提出的双峰式（twin peaks）金融监管体制，其主要目标是对系统性风险进行审慎监管、对金融机构机会主义行为进行合规性监管；二是古德哈特（Goodhart）提出的矩阵式（matrix）金融监管体制，该体制主要包括六个监管部门，本质上考虑了不同金融机构之间的差异。参见陈雨露、汪昌云：《金融学文献通论·宏观金融卷》，中国人民大学出版社2006年版，第594~598页。

〔3〕 美国《CFTC互换豁免规则》扩大了场外衍生交易主体范围，该法使用"合格的互换参与者"这一特定名称规制场外衍生交易主体资格，包括银行、信托公司、保险公司、投资公司以及交易商、期货经纪商和自然人等。

〔4〕 美国《2000年商品期货交易现代化法》将场外衍生交易主体范围确定为"合格的合同参与者"，包括保险公司、投资公司、金融机构、总资产超过1000万美元的公司、合伙人或期货实体。

和资格条件均有不同约束，各国对交易主体资格的监管，主要是通过对其资产、人员素质等方面的能力进行规则制定。[1]中国实施境外期货业务准入许可制度，对跨境交易主体资格准入规定相对单一。例如，持证央企申请跨境套保资格需经各层级审批，申报条件、申请程序和材料提交等过程周期相对较长，对于实体经济激增的套保需求与准入资格获取而言缺乏便利性。可通过高位阶立法规制场外交易商注册登记标准（如统一注册登记方式和标准）、构建场内中介机构多层次准入制度（如分类设定资金门槛、股东资格、内部控制及其业务准入标准等）、规范场外（内）投资主体准入标准（如审批业务资格、规范准入范围、制定准入标准、强化准入注册登记等）、明确个人和非金融机构准入规范（如规定参与交易的净资产额和收入标准），健全违规参与跨境交易处罚机制，以顺应跨境期货交易发展新需求。

第二，信息披露。基于契约关系的金融衍生品交易普遍存在信息不对称问题，这不仅会遮蔽市场透明度并影响投资决策，更是引发期货衍生品市场风险的重要原因。跨境投资面临的交易、管制、汇率等风险，皆因私下交易受政府管制、跨国交易汇率波动、境外交易商选择代理机构，以及跨境交易信息获取仅依赖代理商提示或网络等信息不对称原因所产生，投资者和监管者很难通过一般信息披露了解交易规模以及蕴含的风险[2]，因而将信息披露纳入监管是加强跨境投资者保护的重要措施。从法制意义上讲，衍生品市场较全面的信息披露应由多方主体共同的披露行为所构成[3]，由于域外市场交易主体的准入限制，一般只有市场上的交易商才是信息披露制度的监管对象[4]，因而对跨境交易主体的信息披露监管应以交易商信息披露规制为主。

---

[1]　马其家主编：《我国场外金融衍生品交易风险监管制度的构建》，知识产权出版社 2016 年版，第 145~154 页。

[2]　熊玉莲：《金融衍生产品投资风险控制法律制度研究》，复旦大学出版社 2018 年版，第 92 页。

[3]　中国金融期货交易所负责人李明良认为，信息披露是一个资本市场全方位的信息披露，应由公司（笔者注：在期货市场领域实质是指为套保或投机进行衍生品交易的当事方，在本书中即指"交易商"）、投资者、中介机构和交易所四大类主体所作的信息披露共同组成。参见郭锋主编：《全球金融危机下的中国证券市场法治——"中国法学会证券法学研究会成立大会暨改革开放 30 年与中国证券市场法治建设论坛（2008）"文荟》，知识产权出版社 2009 年版，第 26 页。

[4]　马其家主编：《我国场外金融衍生品交易风险监管制度的构建》，知识产权出版社 2016 年版，第 170 页。

主要内容诸如：对监管机构进行包括价格、数量等交易信息的登记和披露；向监管机构报告参与衍生品交易的风险；向对手方披露产品风险、收益计算等与交易有关的重要信息；在交易前中后各阶段向对手方履行风险揭示义务等。同时，交易所应对日常交易及财务数据进行公开信息披露，交易所、经纪商也应对交易品种风险向特定参与者履行信息披露义务。中国现有信息披露制度和体系，在相关制度、整体立法阶位、统一规范性、披露标准、特定信息披露内容等方面仍有可规范和提升的空间，尤其对境外期货、非标准化合约、交易商制度等是否可纳入立法范畴亦无商酌。质言之，即使《期货和衍生品法》专章规定境外期货业务，也会因立法资源与技术所限短期内较难完成具体条款的优化设计。当前亟须提升跨境交易信息披露立法层级，采取"立法原则规定+规章补充"的形式或是单独制定金融衍生品交易法来完善信息披露规则体系，为监管者掌控跨境期货运行、信息数据和交易风险建构安全屏障。

第三，集中清算。期货交易清算与期货合约的履约保证、风险控制效率和结果、市场运作质量等密切相关，为应对交易中巨额资金往来需求，构建以中央对手方为核心的集中清算机制是重要的制度安排。该制度能通过净额结算与提升担保，重新分配并减少标准化衍生品交易信用风险，具有提高市场透明度、降低并弱化对手风险传播放大的抑制作用，已成为国际衍生品市场最核心的结算模式。目前中国集中清算制度的设计主要出于提升境内期货交易结算效率的目的，整体上忽略了境外法律环境及跨境风险监管建设作用。例如，上海清算所提供境内银行间债券、外汇和场外衍生品结算服务，其履行作为中央对手方风控职责的前提，须建立结算会员、合约更替（novation）、净额清算（netting）、保证金、清算基金、风险处置等一系列完整的制度体系，但因其结算规则缺乏专门性法律指引，导致其较难全面发挥规范作用。[1]从完善中央对手方结算机制角度看，短期内较难实现跨境交易结算规则的超越。相应而言，应基于跨境交易集中清算监管目标，做好清算体系的整体设计和结

---

〔1〕 上海清算所确立了中国场外衍生品唯一中央对手方结算机构地位，主要为银行间市场提供以中央对手净额结算为主的直接或间接的本外币结算服务，其场外衍生品结算规则长期以《期货交易管理条例》《期货交易所管理办法》以及国内期货交易所内部结算规则为基础。参见唐波等：《金融衍生品市场监管的法律规制——以场外交易为研究重点》，北京大学出版社 2013 年版，第 88 页。

构优化[1]，通过立法磋商、协同规制共建相应管辖机制，包括境外衍生品合约受所在国（地区）中央对手方结算机构清算，强化衍生品交易商接受严格监管措施，规范多边轧差、保证金及提高风险管理制度，健全对手风险敞口识别机制，以完善衍生品交易效率及提高市场透明度。

第四，交易控制。交易控制本质上属于跨境交易过程性监管范畴，笔者认为，主要体现在交易许可、经纪商选择、外汇资金监控等方面。其一，从交易许可看，长期以来对从事境外业务类型、交易品种、具体操作的管制，使品种功能单一、市场准入受限、套保预期丧失等问题时有发生。当前应着眼于期货交易功能的利用与发挥，健全跨期（跨市）套利、投机及套保的完整交易体系和手段，拓展境外期货交易主体类型，弱化套保头寸时间、持仓限额、套期计划和品种数量，应在对市场价格波动、动态变化、操作可及性的理性判断基础上，重新设计服务于多元跨境投资与利益保护的交易规则。其二，从经纪商选择看，中国施行持证企业对境外经纪商、交易所的备案核准制度，具有原则性、预期性和形式规范的特殊性；而境外主流交易商依股东背景可分为全能型、专业型和服务型，从经营方式及投资者适用类型又可区分为工具型、服务型与交易型。[2]对于上述复杂标准，仅通过确立报备机制掌控交易商信用风险是不可行的，应借助立法规范和技术标准，健全境外交易机构风险分析系统；建立以"区域市场、产品类型、业务模式、交易商背景"为区分的遴选机制；完善投资者对"资信良好""管理规范、交易活跃、品种具有代表性"交易商（所）选择的规制要件；通过开发一整套完备的中介信息系统，构建以实时需求为标准的选择机制。例如，可按照投资需求（比如经纪、交易建议、代理交易等）、中介类别以及可提供服务、可提供交易品种、技术支持条件等进行区分选择，以实现扬长避短和增强竞争力的交易目标。其三，就跨境资金监控而言，则应创新传统外汇供给体系，确立现实推动和有效服务跨境交易的管制理路，简化跨境交易外汇管理额度、程序和手续，构建跨境交易与外汇管理相统合的本外币一体化"微观监管+宏观

---

〔1〕　安毅、王军：《与〈期货法〉立法相关的若干重要问题探讨》，载《证券市场导报》2015年第1期。

〔2〕　傅小燕：《境外期货经纪机构跨境交易发展带给中国的启示》，载《中国期货》2019年第5期。

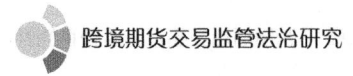

审慎"立法体系。

第五，数据报备。集中清算是交易信息数据库（trade information warehouse）对数据汇总统计的分析过程，此过程以对分散交易数据、操作数据的收集与报备为前提，这可以使监管者掌控交易实体的总敞口和净敞口，利于识别单个机构（或累积市场）风险和评估潜在系统风险，因而该制度已成为推进国际期货监管改革的重要内容。[1]中国目前对于境外期货交易数据处理使用的相关立法规制并不周全，在跨境交易数据报备监管模式上，应完善与国际市场法律法规及交易所制度的对接机制，建立境外衍生品交易数据传输服务体系，并考虑达成境外交易信息数据库共享机制，尽可能提升数据共享范围、速度和质量。同时，依据效率与执行原则，建立数据报备义务主体协同监管机制，精准规范市场交易平台或交易参与者的报备内容。

第六，风险管控。抑制并防控风险是金融监管的终极目标，与境内期货交易相比，跨境交易对风险存在环节、来源及其原因的识别更具复杂性。当前应从风控制度、合规管理、内控机制、监测预警和主体责任等方面，规范构建与跨境交易相适应的风险控制体系，限于篇幅此处不再详述。

三、优化跨境期货交易监管的规则体系

资本市场改革要坚持市场化、法治化、国际化取向，其中，法治化必然要求一套以基本法为核心的法制体系。[2]面对新型跨境交易特殊样态及发展趋势，基础金融工具与金融衍生品、场内（外）业务、境内（外）业务相结合的"跨界"期货交易新业态已形成，而现有法律体系仍有不匹配之处。"立法或者法的制定可以认为包括了法的创制、认可、修改和废止"[3]，基于跨境监管任务及目标省思，监管部门应全面施策，通过修立并举与整合更新，尽快建立适应性、调整性与灵活性相协同的境外期货交易监管规则体系。

第一，创设制定新法。针对全新的跨境交易行为模式，创新立法模式、

---

〔1〕 熊玉莲：《金融衍生产品投资风险控制法律制度研究》，复旦大学出版社 2018 年版，第 130～131 页。

〔2〕 刘道云：《关于完善期货法立法的导向性建议》，载《证券市场导报》2017 年第 11 期。

〔3〕 沈宗灵主编：《法理学》，北京大学出版社 2000 年版，第 271 页。

技术和条件，可在现有《期货和衍生品法》的基础上，修订完善为金融衍生品交易法以突出期货交易规范的立法属性，或是以"《期货和衍生品法》原则性规定+规章补充"的形式，系统设计跨境交易监管制度或跨境交易配套措施。

第二，修订完善现有法律规范。法的修改是对法律或法律规范的一种变动，是使已经失衡的法律关系重新达到一种合理的边际均衡状态。[1]因现有期货法律体系并未细化关照期货市场"走出去"跨境监管问题，随着跨境市场和交易行为日趋多元，现有法规体系直接规范或涉及跨境监管的可操作性条款并不多，即现有期货法规已不能满足规范跨境交易行为的立法本质，使得原有确定的边际均衡点逐渐偏离最佳均衡位置，合理的法边际均衡就必然指向法的修改，就必须进行法的修正[2]。加之跨境期货交易亦可适用金融法、民商法、经济法、行政法、国际法等多个领域中的一般法律规则，为避免跨境监管规则在法律适用上的重复，应在现有《期货和衍生品法》以及原"一条例+八办法"的框架内修订既有规范，从境外分支机构、国际合作、跨境经纪业务、跨境服务机构等领域入手，通过修订原有法规内容完善规则设计，以适应立法对于跨境期货交易的监管新需求。

第三，整合行政法规、部委规章等规范性文件。"任何规则如长期无实效即不再被视为这一制度的一个规则，这种条款有时被称为废弃规则"[3]，因期货立法耗时长，在此期间颁行的原有期货法规、规范性文件配套因应性不足，占用现有立法资源和完善空间。现在应一体统合国务院、证监会及原各部委行所颁规范性文件中涉及境外期货交易的内容条款，力争从规范调整和制度效能上实现统一赋权，为打破机构监管、分块监管和重叠监管厘清职责规范并构建制度体系。

第四，补充优化国际监管协作制度体系和基础法律文本。补充国际监管协作规则是通过对原有存在的内容进行增补的方式弥补漏洞，优化国际监管协作规则是推进跨境监管协作的原则性制度。国际监管协作规则主要以合作备忘录、国际监管组织以及与境外监管机构合作的基础文件为主，因这些文

---

〔1〕 刘少军：《法边际均衡论——经济法哲学》，中国政法大学出版社 2007 年版，第 88~89 页。

〔2〕 刘少军：《法边际均衡论——经济法哲学》，中国政法大学出版社 2007 年版，第 89 页。

〔3〕 〔英〕哈特：《法律的概念》，张文显等译，中国大百科全书出版社 1996 年版，第 104 页。

本跨期长、调整多，继而应健全基础规则（10 项原则规范内容）、新增规则（5 项跨境执法权）的补充优化机制，按计划逐步修订并进行更新签署[1]，最终使跨境衍生品、投资主体、期货交易商、从业人员、信息交流、执法合作等方面的协作更加规范，从而更具监管权威和国际影响力。

第五，健全跨境监管权责配置体系。在赋予跨境监管权的基础上，应明确监管原则、法律边界及其权责配置，同时应设定监管范畴、互助期限、合作条件和协作程序条款，构建起"协调同步+信息共享+立法衔接"的"纵横矩阵式"跨境监管体系。

第六，建构期货法的域外管辖权体系。立法域外适用效力是监管者行使跨境管辖权的法律依据，可效仿境外国家"域外管辖"立法惯例，在《期货和衍生品法》中增加域外效力条款，明确设定对危害中国期货市场秩序和投资者权益等适用管辖条件的境外交易行为，适用中国《期货和衍生品法》或未来的金融衍生品交易法，通过期货法域外适用条款推进并完善跨境期货管辖权。

本章小结

随着"一带一路"建设的全面实施，金融期货市场开放创新已成为经济一体化发展的新模式。从境外衍生品市场开放及交易经验看，无论西方发达国家抑或新兴市场国家（地区）参与或实施跨境监管，均面临金融一体化的市场风险与国别化监管风险立法识别问题。跨境期货交易催生的市场新主体、交易新模式、服务新内容以及监管新业态，必然会涉及跨境期货监管理念、监管模式和监管路径等一系列体系构建问题。当前，中国推进期货市场"走出去"战略的根本困扰在于，跨境期货立法监管何以因应"走出去"的战略需求。通过对跨境期货交易行为正当性、监管正当性进行分析，可进一步厘清监管目标、重塑监管理念和明确监管方式，通过促动跨境期货交易监管范式的转换，为最终确立跨境期货交易监管标准和监管理路奠定法理基础。

---

[1] 例如：2017 年 12 月 29 日中国证监会与香港证监会（SFC）修订签署《有关期货事宜的监管及执法合作备忘录》以取代 1995 年签订的备忘录；2019 年 1 月 18 日中国证监会与德国联邦金融监管局更新签署《证券期货监管合作谅解备忘录》等。

第七章

跨境期货交易监管立法规制

第一节　跨境期货交易立法规制困境

中国自 20 世纪 90 年代初诞生期货市场以来，在较长时期内都以低阶位的"一条例+八办法"的法规体系作为监管规范依据。实质上，在《期货和衍生品法》历经"千回百转、筚路蓝缕"的 30 余年制定期间，中国期货基础性立法制度供给相对滞后于期货机构和期货创新产生的结构性变化。而在开放型市场体系构建的背景下，"扩大期货市场对外开放"国际化进程方得提速，并对重塑期货立法理念、立法结构及立法规则形成倒逼补正态势，《期货和衍生品法》虽对"走出去"开放监管进行了立法回应，但最终规定并未实现对跨境期货交易及其监管问题的"一体囊括"。上位立法监管规制不足可能会影响跨境业务规则、境外市场、机构经营、投资者结构等国际化对接，其中市场内生需求驱动与政策推动不足是重要原因。

事实上，从 2016 年至 2019 年中国（郑州）国际期货论坛的关注主题看，各界多从"境外机构或个人从事国内期货交易"维度来驱动"国际化"进程，而对涉外期货交易即境内机构（或个人）参与境外期货交易问题鲜有关注。虽然近年来有学者亦讨论过"设立'涉外期货业务'专章、规定涉外交易内容、将国际化发展需求内置于期货法"等诸多建议，并呼吁立法作出"涉外交易准入准出规则、跨境监管权、双向投资准入与管辖权限、跨境交易纠纷权益保护"等制度安排[1]，但讨论的实质并未触及跨境期货监管这一核心的基本法律问题。因跨境期货在法律适用上具有交易行为"结构性"规范与

---

[1] 参见唐波：《〈期货法〉应对涉外交易作出规定》，载《期货日报》2014 年 8 月 6 日，第 003 版；姜哲：《境内期货市场双向开放问题探讨》，载《证券市场导报》2019 年第 4 期。

平衡之特殊性，现行立法监管态度和能力滞后于跨境期货交易特殊样态，加之境内对跨境交易主要法律问题付诸阙如亦缺乏完整性认识，在实践中很难具备并形成完善跨境期货交易规范标准之共识，这无疑会对以风险防控为前瞻的跨境期货交易立法监管构成挑战和困境，这些问题不解决不能说完成了最终立法任务，亦难以构建与跨境期货交易相适应的监管法制体系。鉴于此，应具体厘定跨境期货交易关涉的主要法律问题，在此理论认识和实践基础上，方可对跨境期货交易及其监管需求作出立法回应和完善。

第二节　跨境期货交易外汇管制问题

外汇管制是市场经济国家为保护本国金融市场稳定实施的一系列政策，当前世界主要国家和地区均已出台不同的外汇监管制度。相较而言，中国、印度以及部分拉美国家外汇政策更为严格，这些复杂的外汇管制措施不仅对国际期货市场资金流动产生直接影响，亦成为影响跨境期货交易的重要因素。因外汇管制问题与跨境期货交易直接相关而且无法回避，它涉及《期货和衍生品法》与外汇法关系、监管部门权力配置与责任划分、行政许可核准与外汇额度管理认定等一系列复杂法律问题，实质上反映的是跨境期货交易与外汇管制的立法冲突与适法协调问题。

其一，就《期货和衍生品法》与外汇法关系看，无论以往法律法规抑或现行《期货和衍生品法》均对境内单位和个人从事境外期货交易持谨慎态度[1]，目前除个人无法通过正规路径参与跨境交易外，持证企业[2]交易亦面临"从事期货套期保值业务进行审批和监管""资本项下外汇流出流进管制"等方面的严格管控，并要求"境外期货项下购汇、结汇以及外汇收支，应当符合国

---

〔1〕《期货交易管理条例》第42条第2款规定："境内单位或者个人从事境外期货交易的办法，由国务院期货监督管理机构会同国务院商务主管部门、国有资产监督管理机构、银行业监督管理机构、外汇管理部门等有关部门制订，报国务院批准后施行。"但至今仍未见相关办法出台。《期货和衍生品法》第120条第1款规定："境内单位或者个人从事境外期货交易，应当委托具有境外期货经纪业务资格的境内期货经营机构进行，国务院另有规定的除外。"

〔2〕中国对从事境外期货业务的企业实行许可证制度，持证企业在境外期货市场只能从事套期保值交易，不得进行投机交易。自2001年5月《国有企业境外期货套期保值业务管理办法》发布以来，目前仅有31家国有大型企业获准参与境外期货套期保值业务。

家外汇管理有关规定"[1]；而在外汇管制前提下，《外汇管理条例》对境内机构和个人从事境外期货交易的登记、批准和备案手续实行严格管制[2]。尽管现行期货立法与外汇法规及其未来立法会各自成章，但现行法规对境外期货交易人民币自由兑换的管制，已经影响外盘期货和外汇保证金交易需求。况且境外期货外汇交易的基础性法规是未来立法基础，其后可能会产生《期货和衍生品法》与外汇法等基础法律体系的规范协调问题。

其二，就监管部门权力配置与责任划分看，现行法律法规对境外期货交易涉及外汇管理的权限和职责，目前呈现非集中化赋权特征。例如，国务院商务部门核准并报备持证企业境外期货交易品种；证监会监管认定涉外期货风险敞口及外汇额度；外汇管理机关管理涉外期货投资的购汇、结汇及外汇收支；外汇管理机关或银监管理机构监管审批金融机构开展结汇、售汇及其他外汇业务[3]，等等。赋权多头使权责分置体制下较难统合监管意志及集约管理效能，无利于消除涉外期货资本项下外汇管制壁垒，并可能对未来跨境外汇购汇、结汇及收支路径的畅通产生现实阻碍。

其三，就行政许可核准与外汇额度管理看，近年来为抵御外汇储备下降风险，加之未打通资本项下人民币自由兑换机制，参与涉外期货业务必然受限于外汇兑换的行政许可限制，而无论是因人民币汇率基本面结构性贬值压力强化管制措施，抑或为疏通境外交易正规途径解除跨境限制，都应在期货立法中对涉外业务项下购汇、结汇及外汇收支等问题留有与外汇法相契合的统合空间。此外，涉外期货年度风险敞口与外汇额度由证监会监管，并经外汇管理局登记确认、抄送银行及汇出核对等一系列烦琐程序，已难以适应和体现国际市场交易规则需求，且不论汇兑额度能否敞开，仅跨境转移流程如此耗时费力，就已与涉外交易逐日盯市结算、追加保证金或强制平仓等风险产生冲突。而中国自 2018 年解除 QFII、RQFII 投资额度汇兑限制并取消 RQFII

---

[1]　参见《期货交易管理条例》第 42 条第 1 款规定。

[2]　参见《外汇管理条例》第 17 条规定："境内机构、境内个人向境外直接投资或者从事境外有价证券、衍生产品发行、交易，应当按照国务院外汇管理部门的规定办理登记。国家规定需要事先经有关主管部门批准或者备案的，应当在外汇登记前办理批准或者备案手续。"

[3]　参见《外汇管理条例》第 17 条、第 24 条。

试点后，已催生境外投资者及入境资金大幅提升，因而放松涉外投融资汇兑管制，亦是因应外汇流入流出均衡管理和国际收支平衡的根本体现。同时，资金利润汇出和外汇支付自由是实现投资、资金流动自由的前提和基础，过度的外汇管制亦会引发市场失灵。

总而言之，虽然《期货和衍生品法》与未来外汇法分立已无可改变，但在适法可操作空间内必须注意相互之间的联系，前瞻且合理处理与外汇管制直接相关的问题。以跨境交易为基础的外汇管理、额度控制必然受到期货法与外汇法的双重规范，不能忽视其制度构建的内在联系，也不能简单地各自分割，更不能因外汇管制政策短板对跨境期货交易产生障碍。

第三节　跨境期货交易监管体系问题

金融跨境投资激增是经济全球化的主要表现，金融跨境监管问题日益被各国监管当局和国际组织所重视[1]，目前西方期货市场发达国家都已制定期货基本法，而知悉、掌握并借鉴域外投资者参与境外期货交易监管制度，已成为维护和构建中国交易者跨境投资保护机制的重要基础。

从世界立法经验看，期货市场监管体系主要分为两大模式：一是以"政府监管部门+期货交易所"为主的二级监管模式，二是以"政府监管部门+期货行业协会+期货交易所"为统合的三级监管模式。在全球金融体系和期货市场国际化的背景下，西方发达经济体在期货（衍生品）跨境交易、监管模式、风险治理、交易保护等领域更凸显多元化立法特征，尤其是域外主要期货市场监管规则和立法制度差异明显。而中国投资机构介入（或委托）域外交易机构（或代理机构）实施跨境期货交易，均需接受域外期货监管机构审查、准入、交易和结算等一系列法律规制，此间必然会存在中国交易者对域外期货基础立法和监管制度的理解分歧。例如，共建"一带一路"国家，因隶属于大陆法系、英美法系以及伊斯兰法系的立法交汇线，存在法律制度和分类、法律术语和形式、法律适用规则等各法系间的宏观性差异，如果交易者对域

---

〔1〕　贾宏伟：《金融跨境监管问题探析》，载《华北金融》2011年第2期。

外期货立法共性优势和个体缺陷无法准确辨识，那么将不利于精准识别域外跨境期货交易立法模式、监管规则和风险控制，客观上会增加跨境开展自营投资、期货经纪、资产管理等综合业务的难度和风险。

从域外投资者参与境外期货交易立法规制看，不同国家和地区基本对跨境交易投资主体未作限制，虽均持谨慎保留态度，但都将维护投资者利益和维持金融稳定奉为至上监管目标。例如，美国 CEA、CFTC 和 SEC 规章专门对境外期货交易监管途径作出规定：（1）境内投资者如参与在本国境内提供的期货（期权）产品须经过管辖机构强制认证。（2）境外经纪机构代理本国投资者参与境外交易的前提是必须注册取得 FCM、IB、CPO 或 CTA 资格。[1]当然，在外国经纪机构可被视为国内已注册中介机构的二级代理商时，可提出"豁免请求"免于注册。（3）对境外交易系统直接市场接入进行立法限制，任何未取得 CFTC 有效注册令的外国交易所都无法获得美国交易系统的直接接入。再如，德国《证券交易法》在第 10 章"欧盟以外的有组织市场"中即对境外交易直接接入作出授权规定：国外组织或经营机构为境内交易者提供利用电子系统直接接入国外市场的路径，须通过联邦金融监管局（BaFin）审查并予以书面确认，同时也规定了欧盟以外市场无法得到授权的法定情形。

由此可见，域外关涉境外期货交易的立法监管措施，突出体现为对跨境交易路径、境外代理注册、直接市场接入等方面的监管规制，更多强化的是注册、审批、确认及接入审查等程序规范。同时境外的法制体系，对相关交易的界定、违规处罚、投资者保护偿付等都有严格的依据[2]，整体上可为参与境外期货市场套期保值需求和功能确立监管规范。而中国目前立法现状尚不具备完全竞争条件，尤其在投资者参与境外期货交易方面仍存在监管不足等问题。为此，中国《期货和衍生品法》的未来修订，应在涉外期货交易主

---

　　[1]　FCM 类似于中国的期货公司，是美国期货市场最主要的经纪中介机构，其既可接受期货交易指令并向客户收取保证金，也可为其他中介机构提供下单通道和结算服务；IB 一般以机构形式存在，可开发客户和接受交易指令但不能接受客户资金，且须通过 FCM 结算；CPO 是指向个人筹集资金组成期货基金，通过管理基金在期货市场上从事投机以图获利的个人或组织；CTA 可提供期货交易建议（如管理和指导账户、发表评论、热线咨询、提供交易系统等），但不可接受客户资金且须通过 FCM 结算。

　　[2]　姜哲：《境内期货市场双向开放问题探讨》，载《证券市场导报》2019 年第 4 期。

体规范上予以突破，否则就不具有顺应跨境交易和完善金融投资者保护的立法意义。对此建议如下：

第一，亟须创建支撑境外期货交易的公法规范体系。例如，境外期货衍生品准入认证、境外委托代理机构注册认定、电子交易通道准入标准、跨境投资准入等基本规范。

第二，健全并完善境外期货监管相关配套法规体系。目前境外期货交易法律规范仍有需要完善的空间，例如，境外机构代理跨境期货业务法律适用规则、境内其他企业（持证企业除外）及个人从事跨境交易管理规则、国内外机构从事跨境交易代理违约责任及清算办法、跨境交易保证金限制法律规定，等等。

第三，完善跨境期货交易本国投资者保护立法机制。可借鉴"域外管辖"立法概念，规定域外适用条款以明确跨境交易管辖权限、投资者权益保护等域外效力。基于此，本可选择的便捷立法路径即通过《期货和衍生品法》设立"涉外期货交易"专章来解决。目前该法已颁布施行，只望期待条件成熟时专行制定涉外期货交易法或相关跨境期货交易实施细则加以规范，以此完善并发挥基础性立法功能和监管保障作用。

第四节　跨境期货交易主体适当问题

适当性管理[1]本质上可以视为一种对交易者市场准入资格的管理制度[2]，其核心是将适当的产品推荐给适当的投资者。期货交易行为作为一种区别于传统商品交易关系的独特社会关系，必须将其归入专门的金融法律体系并予以适当性调整。从跨境期货交易主体法律关系看，其本质表现为期货经营机构、期货公司以及投资者（客户）等各主体间的权利义务关系，而各主体权责归属则取决于其所获主体适当性。境外期货交易机构因其职能特殊性，各国对其设立主体均通过实质性和程序性条件进行严格规定。期货经纪商（公

---

〔1〕　适当性管理（investors' suability 或 appropriateness profiling）是国际金融机构通行的一种监管要求和行业惯例，主要指国际性金融机构对所提供的金融衍生品确立风险等级，并对各类客户进行风险承受能力评估审核，目的在于将不同风险等级金融衍生品与相应风险承受能力客户匹配销售。

〔2〕　葛永波、曹婷婷：《我国衍生品市场投资者适当性管理制度体系解读及评价》，载《武汉金融》2019 年第 5 期。

司）作为投资者与期货交易机构的交易中介，因代理或自营关系而使被代理人与经纪商的利益冲突无法消除；立法同样赋予其严格准入条件，域外各国更是对合格期货投资者的主体资质许可存在不同的立法限制；而对期货主体的适当性准入抑或适当的期货产品设计，必然存在监管机构依此设定差异化保护之可能。

换言之，主体适当性问题必然引发销售机构、期货产品、监管制度的适当性责任以及纠纷解决问题。例如，政府在期货服务领域对期货机构行为是否进行干预、期货经纪商对投资者是否进行适当性引导和风险教育、投资者对经纪商是否进行主体评估，等等。如果交易者无法完整和准确地识别境外期货主体准入适当性，则必会对跨境期货投资利益产生重大影响。例如，共建"一带一路"国家期货市场交易结构差异较大，加之跨境交易将面对诸多金融创新产品，亟须对主要国家期货交易参与主体以及境外期货交易主体类型、主体资质（注册、经营、技术等要求）、主体信息披露要求、主体本国保护、违法惩处等相关法律规则进行系统认知，以利于跨境投资者金融交易利益的保障。

诚然，适当性管理制度一般是作为对本国境内交易者市场准入和风险匹配的制度安排。例如，中国证监会即对普通投资者享有适当性匹配、信息告知、风险警示等特别保护权进行了明确规定[1]，同时美国、欧盟等关于适当性管理制度的定位、适用、义务等主体规定也概莫能外。但从此制度适应性分析，因各国界定投资者分类维度指标存在差异，境内特定投资者参与境外交易能否享有法定保护，是与域外分类标准、期货经营生态、投资者结构、机构销售套利等涉众因素的影响分不开的，甚至存在诱导交易的不匹配投资风险。例如，"中行原油宝"穿仓风险即是因未尽评级审核而使"平衡型"投资者参与高风险产品（R3级）而引发的。因而跨境交易投资主体适当性管理保护应仅以域外立法为限。同时应强调的是，适当性管理体系虽有国别差异，但应遵循以投资者保护为导向的原则，而基于跨境套期保值或套利交易的风险程度限制，除了立法引导交易主体准确识别境外衍生品交易风险外，仍可通过建构境外投资风险评级机制以补充、完善适当性管理之不足。

---

〔1〕　参见《证券期货投资者适当性管理办法》第12条、第20条、第21条、第23条、第29条。

第五节　跨境期货交易业务规范问题

从境内期货机构业务范围看，因存在金融立法监管和分业经营壁垒，即使同为金融交易类型的证券公司均不得直接或授权代理机构从事期货经纪业务，而与金融期货业务相关的证券类公司仅可以有限从事中间业务，因此国内期货公司所从事的期货经营、管理投资、经纪服务等业务具有专属性。而与之前期货经营业务封闭和制度创新力不足相比，2019 年《证券法》修订后证券公司业务范围则更为全面。从国际期货市场发展看，西方发达国家期货公司可从事除期货经纪业务之外的期货自营投资、做市商、期货基金管理、期货代理结算等其他综合性业务，其利润来源主要是资产管理和投资业务。[1]

相较而言，西方发达国家期货交易业务比中国目前期货业务更具复杂性，与国内期货交易具有不同质的不可控风险。那么，域外期货市场尤其是共建"一带一路"国家的金融机构业务界限如何？在世界金融体系结构创新以及混业经营业态下，面对各国金融机构业务跨界、混同或重叠等经营模式，境内投资者传统期货交易行为如不能适应跨境交易混业界限，以及识别金融机构内部业务准入标准和风险隔离设置规范，不仅难以突破域外期货交易多类业务壁垒，亦会对期货跨境交易业务竞争和经营公平产生障碍。

同样，对于金融经济欠发达国家（地区）期货市场，仍然存在期货经营机构业务准入标准、期货公司主（兼）营业务风险隔离及标准，以及是否开放期货自营、投资咨询、期货资产管理等与期货交易相关业务的一系列风险识别问题。这些业务规范和标准设置的规范程度如何，将实质影响金融行业内部竞争和不当交易风险，因此须全面把握域外不同金融市场国家（地区）期货业务风险配置和隔离标准，避免境内投资者因业务标准和识别能力问题诱发欺诈交易行为。对此建议如下：

第一，汲取域外立法经验，以期货立法为制度核心确立"所有利用合约期限进行风险分配的交易行为"合法性。例如，保证金合约、期权合约、非

---

〔1〕 胡天存：《论期货公司业务创新空间》，载《南方金融》2009 年第 9 期。

标准化合约和其他套利合约等交易行为，通过创新国际化上市品种和业务交易范围，提升深度参与跨境衍生品交易竞争和风控能力。

第二，《期货和衍生品法》应在明确业务边界及权责配置的基础上，完善推动跨境金融衍生合约互挂机制，放宽并逐步解除对境内做市商/经纪业务机构参与跨境期货服务的限制，以期探索跨境衍生品交易行业标准和风险隔离的规制路径。[1]

第三，建立与境外期货经营特点和业务类型相适应的监测体系，重点强化对非传统经纪业务的资产管理、期货基金、投资咨询等金融服务的掌握和管理，为符合风控要求的机构或个人提供境外期货市场交易品种的同质化服务。

第四，建立适应跨境交易实时需求的业务识别系统，跨境期货交易是检验业务开拓和创新的帕累托优化（Pareto Improvement）过程，因境内传统市场单一化特征减少了期货业务与品种交易空间，当前引入业务识别机制则是优化上市品种、交易和风险监管的必经之路，可以有效降低综合业务交易的纠错、试错成本。

第六节 跨境期货交易监管协作问题

从境外监管普遍性立法看，不同国家（地区）对期货市场的监管适用不同的法律，监管法律冲突问题是期货市场跨境监管面临的主要问题[2]，亟须各国监管机构共建国际协作联动监管机制予以解决。有些单方面看似合理的制度安排，放在更广的思考框架中则可能发生矛盾和冲突。[3]尤其在期货国际化背景下，跨境期货金融活动所面对的监管权限划分及其冲突问题日趋严重，中国跨境监管的核心问题是有权监管机构何以应对境外监管主体对境内公民或机构的交易监管，即本国监管机构如何对参与境外投资所产生的利益实施保护性法定监管。传统国际法理认为一国公法不具有域外效力，一国的

---

[1] 姜哲：《境内期货市场双向开放问题探讨》，载《证券市场导报》2019 年第 4 期。

[2] 陈建平、卢庆杰：《美国期货市场跨境监管实践及启示》，载《期货日报》2013 年 6 月 3 日，第 004 版。

[3] 綦相：《国际金融监管改革启示》，载《金融研究》2015 年第 2 期。

金融监管机构无法在他国领土上行使职权。[1]就此而论，即使中国《期货和衍生品法》对跨境期货监管正式授权，仍须通过签署双边条约予以法效确认。加之期货市场不仅涉及金融交易行为、交易结果以及现货贸易交割问题，还涉及国际司法互助、跨境监管协作以及"长臂管辖"等主要司法实践问题，因此中国跨境执法合法性与执行力仍存在程序性障碍，因而在期货交易市场结构复杂的情势下如何消除跨境监管障碍尤显重要。域外主要期货市场及共建"一带一路"国家具有多样态的监管体制和规则，跨境投资所在国是否签署（或落实）MLATS[2]、MOU 和 IOSCO 框架下的 MMOU，已对中国跨境监管信息支持、调查条件或协助路径构成直接影响。当前中国仍未签署关于承认和执行外国法院判决的国际公约，多边性司法协助的实现途径主要依赖司法协助条约。截至目前，中国已与 86 个国家缔结双边司法协助类条约[3]，中国证监会也与近 70 个国家或地区的证券（期货）监管机构通过签署备忘录强化跨境监管及执法合作机制[4]，这些都是中国创立跨境期货交易"双向协同监管"合作机制的基础文件和法律机制，也构成了中国跨境执法协查监管合作的基本立法思路和依据。

然而，跨境证券国际化双边监管实践并非坦途，无论是《海牙取证公约》域外取证方式或是美瑞《刑事事件互助条约》[5]实施效果，尤其在事项种类、请求必备要素、请求执行途径、所获信息许可使用范围、请求被拒绝情形等方面执行的可操作性[6]，突出了刑事司法互助协定对优化国际证券监管

---

〔1〕 陆丰、顾元媚、黄思远：《中国期货市场国际化的现状及路径研究》，载《开发性金融研究》2017 年第 2 期。

〔2〕 司法协助是不同国家之间根据共同缔结或所参加国际条约及国与国之间的互惠实践，相互协助代为履行一定的诉讼行为。司法协助一般可分为刑事司法协助和民事司法协助两类。在国际证券监管实践领域，刑事司法协助已成为双边证券监管司法协助的主要形式。

〔3〕 参见《司法部：我国已与 86 个国家签署双边司法协助条约》，载人民网，http://society. people. com. cn/gb/n1/2023/1123/c1008-40124496. html，最后访问时间：2025 年 3 月 10 日。

〔4〕 参见《中国证监会与境外证券（期货）监管机构签署的备忘录一览表（截至 2023 年 12 月）》，载中国证监会官网，http://www. csrc. gov. cn/csrc/c105940/c7528050/content. shtml，最后访问时间：2025 年 3 月 10 日。

〔5〕 刑事司法互助条约是世界各国或地区间为有效制裁国际犯罪行为，通过外交途径签订的具有法律效力的双边协议。《刑事事件互助条约》是美国和瑞士于 1973 年 5 月 25 日签署的世界上首个有关证券双边刑事司法互助条约。

〔6〕 邱永红：《国际证券双边监管合作与协调研究》，载《经济法论丛》2005 年第 2 期。

协作模式的重要作用。但事实上，该类协助条约最初并不是基于国际证券监管合作与协调而制定，而是为刑事司法互助而设，因而本质上存在获批途径程序复杂、针对刑事犯罪设计而对非罪证券行为适用不足、条款笼统协助执行力不够等自然缺陷。为打破上述国际证券合作领域中的现实障碍和壁垒，IOSCO 推动谅解（合作）备忘录成为国际证券监管机构合作与协调的最有效方式。因 MOU、MMOU 并非由国际条约主体签订，在缔结者之间并没有创设法律上的权利和义务，在被请求一方未依请求方的要求提供谅解备忘录所规定的协助时，请求方无法获得法律上的救助[1]，且其内容多为程序性规定，属于位阶较低的双边协调途径，欲使其发挥全球性、区域性多边监管合作协调作用仍存在现实差距。同时因政治制度、法律制度、法治环境的差异及不可预知的国别风险，所预想或前瞻的跨境监管协作会因法律基础薄弱等问题陷入复杂困境。例如，因法律制度、监管体制机制和本国法律域外适用的国别差异，国际跨境监管协作存在法律理解适用差异、执法措施手段不同、监管执法合作管辖权冲突等问题；还存在因维护合法权益授权确立期货监督机构跨境监管权和执法权、与域外监管机构存在的利益博弈较难消解、信息共享机制和渠道难以有效建立、因金融安全问题跨境处罚（或投资保护）难以有效实施等一系列复杂状况，这些都是需要从法律制度上予以协调解决的问题。因此，在跨境期货交易背景下，除准入境外合格机构和投资者参与外，仍需寻求和构建多元化、高层次的国际期货监管合作协调机制，以完善证券期货及衍生品领域内外双向跨境监管执法合作体系。对此建议如下：

第一，完善跨境监管国际协作的法律依据体系。因过去"一条例+八办法"的期货法规体系法效层次低且对跨境监管无明确规定，现行《期货和衍生品法》亦未突出相关具体规范，使得跨境监管执法及效力问题无法可依，亟须从实体法和冲突法两方面完善跨境交易监管国际协作法律依据。首先，通过清理修订、废旧立新，在《期货和衍生品法》中统筹设计跨境期货交易国际化监管规则及制度体系，设列跨境交易监管合作原则目标、监管合作机构权限、监管合作模式内容、监管合作程序事项等规范性条文，整体提升立

---

〔1〕　邱永红：《国际证券双边监管合作与协调研究》，载《经济法论丛》2005 年第 2 期。

法层级与效力，为有效服务跨境交易行为的国际监管协调确立并补正法律依据。其次，根据域外立法经验及国际冲突规范规制传统，仿效已颁行的《海商法》《票据法》等，在《期货和衍生品法》中增设关于涉外期货监管法律适用冲突规范条款，尤其对涉外期货交易法律适用的主要方面予以详列。[1] 例如，境外交易所、会员、客户之间的法律关系及法律适用，中国交易所对境外客户具有监管权[2]以及域外适用效力的具体事项等。

第二，健全跨境监管谅解合作备忘录内容优化的更新机制。从跨境执法合作法律基础看，谅解合作备忘录已成为提高全球证券期货跨境执法水平的基础文件，而自 IOSCO 颁布《谅解备忘录的准则》10 项原则[3]蓝本至今，中国证监会与香港证券及期货事务监察委员会签署首个《监管合作备忘录》已历 30 余年，除今后新签署的备忘文本应囊括 10 项原则内容外[4]，亟须在优化现有双边《证券期货监管合作谅解备忘录》内容、增加跨境期货经营机构监管合作与协调内容的基础上，更新签署已有备忘录文本，切实完善政府机构间信息共享、跨境调查、执法合作、监管协作的途径和内容，夯实全方位、立体化跨境监管合作与协调的法律基础。

第三，规范建立证券期货监管机构跨境执法权力体系。跨境执法效力不对等是制约国际监管互认的根本障碍，就本质而论，赋予执法等效的监管权限是推进期货监管国际协作的前提，在此方面，域外监管立法可资借鉴。例如，美国 CEA 确立场外期货管辖权，CFTC 被赋予境外期货管理机构调查权、境外货币期货或期权合约（非国内交易合约）管辖权及全面监管期货市场权力等；新加坡《商品交易法》则规定国际企业委员会具有商品期货市场、结

---

〔1〕 邱永红：《我国证券监管国际合作与协调的不足与完善对策》，载《社会科学战线》2006 年第 4 期。

〔2〕 高承志、兰晓为：《境外期货市场跨境监管比较研究》，载中国期货业协会官网，http://www.cfachina.org//servicesupport/researchandpublishin/publication/chinafutures/2018/zgqh2018_3_63/2018 07/P020210303370350535563.pdf，最后访问时间：2025 年 3 月 10 日。

〔3〕 See Marc I Steinberg, "International Securities Law: A Contemporary and Comparative Analysis", *Kluwer Law International*, 1999, pp. 205~210.

〔4〕 IOSCO1991 年 9 月颁布《谅解备忘录的准则》，规定了主题事项、保密责任、执行程序、被调查者的权利、磋商、公共秩序保留、协助种类、信息的使用、请求机构的参与、费用的承担等 10 项原则内容，为证券监管机构之间签订谅解备忘录提供了规范蓝本。

算所成立、许可证颁发或豁免、紧急情况处理等监管权，同时《证券和期货法》确立 MAS 具有规章制定、命令发布和调查、特定事项审理等不同类型的行政权力。[1]更需明确的是，《国际证监会组织证券监管目标和原则》规定证券监管机构应当具备全面的检查、调查和监察的权力，并具备全面的执法权。[2]2017 年 IOSCO 又对获取审计底稿、强制问询、冻结资产、获取互联网服务提供商记录、获取电话记录等 5 项跨境执法权限予以新增。应该说，域外立法指引已为拓宽跨境执法权限提供了标准，为打破跨境监管规则垄断，充分体现国际经济立法主权原则和中国立场，应明确赋予中国证监会强制问询、获取互联网服务记录、调取电话记录等执法权，强化拓展备忘录签署权力界限，且亟须规定强制约束权、申请搜查（令）权、取证权、调取信息权、起诉权、移送权、惩罚权等一系列准司法权，突破监管机构执法权力小、种类少、操作弱的非等效执法困境，唯此才能对接域外监管机构协助请求，并达成跨境监管国际协作的效果和作用。

第四，构建多方位、多层次国际监管协作机制。期货国际化发展必然使跨境、跨区域交易行为多样态增长，各国法律架构、监管规则及市场发育的多元化差异，会形成对国际监管协作路径的多样性需求，因而须重塑跨境期货监管全方位合作理念及协作模式，构筑"双边+多边"监管协作为核心框架，展开全球性监管（IOSCO）与区域性监管合作路径、优化司法互助协定与谅解备忘录的规则基础，逐步实现"立法技术障碍"向国际监管法价值均衡转化，通过深化跨境监管需求推动双边（多边）协作机制完善。具体而言，可通过构建监管合作、跨境调查、信息共享、协作程序、风险防控等多元机制，提升国际监管协作水平与标准，消弭跨境执法法律适用冲突及不确定性风险。除政府监管协作外，还应健全交易所、行业协会、其他团体（如注册会计师协会、信贷评级机构）等非官方组织的自律监管职能，扩展非政府性质监管协作的空间及路径，发挥对跨境交易行为主体执业与监督作用，进而完

---

〔1〕　上海期货交易所"境外期货法制研究"课题组编著：《新加坡期货市场法律规范研究》，中国金融出版社 2007 年版，第 8 页。

〔2〕　韩洪灵等：《瑞幸事件与中美跨境证券监管合作：回顾与展望》，载《会计之友》2020 年第9 期。

善多层次国际监管合作的途径。例如，美国《萨班斯-奥克斯利法案》（SOX）即授予美国公众公司会计监督委员会（PCAOB）[1]注册、检查、调查和处罚的权限；中国也与PCAOB签署主要涉及"信息交流、证据协助、审计底稿'出境'、观察检查"内容的执法合作备忘录，开始实施跨境审计监管合作。[2]

第五，尽快建立跨境执法双边（多边）监管互认机制。通过以备忘录、缔结条约、法案等形式，确立"相互承认"原则及协作互认的措施和方案，为跨境交易监管合作机制建设发挥主导作用，着力推进各成员国对于互认制度的落实工作，建立并强化专门的监督机构。[3]例如，欧盟即通过指令措施推动成员国之间法律制度互认，并按照Lamfalussy计划建立了欧盟金融监管体系，但单纯的相互承认并不能够消除各成员国监管规则和监管实践的差异[4]，因而双边互认条约或法令应认可相互之间具有自由裁量空间，使监管互认机制体现共同尊重价值与域内法监管标准和谐共存的双重特征。

第七节　跨境期货交易风险防控问题

金融业区别于其他行业最显著的特征当属其潜在的系统性风险。[5]期货国际化发展态势催生了金融衍生品全球投资业态，面对欧盟、美国、日本或中国香港等成熟市场以及金融衍生品、债券等丰富投资品种，境内规模性投资人（央企）进行外盘操作（即跨境买卖期货）须经国家批准且仅限于生产经营所需的期货品种。目前因授权开放外盘操作资格力度有限，市场管制产生无法比较择优的交易风险，且市场过度追逐远比期货投机风险小的期货套

---

〔1〕 PCAOB是会计行业的自律性组织，属于私营的非营利机构，根据《萨班斯-奥克斯利法案》（2002年）创立，目的是监督公众公司的审计师编制信息、出具公允和独立的审计报告，以保护投资者利益并增进公众利益。

〔2〕 韩洪灵等：《瑞幸事件与中美跨境证券监管合作：回顾与展望》，载《会计之友》2020年第9期。

〔3〕 See European Commission, *White Paper on Financial Services Polity 2005-2010*, at 3, COM（2005）629 final（Dec. 2005）, available at http://ec. europa. eu/internal market/finances/docs/white-paper/white-paper. en. pdf.

〔4〕 孙秀娟：《欧盟金融监管改革中的Lamfalussy程序》，载《内蒙古财经学院学报》2010年第5期。

〔5〕 吴英霞：《金融监管政策作为司法案件裁判依据的争议与方法论回应》，载《南方金融》2019年第11期。

利，因此可能衍生出期货交易灰色"跨境"套利通道，而从表现形式来看，"跨境套利"实质是跨市套利方式之一[1]。此类跨境业务平台其实对分散投资人交易风险作用很有限，反而会因处于无法可依状态而引发更大跨境套利风险。如若跨境平台为吸纳跨境套利投资者，以可获得性、排除风险性、利润承诺或分担亏损、虚假或隐瞒事项等方式实施隐秘形态的主体或交易欺诈，则会对期货投资人风险防控和能力措施要求甚高。

从跨境期货交易行为看，其风险本质缘于内控机制不健全导致的操作代理博弈存在选择高风险或违规操作的最优决策均衡，即委托人在有利情势下可获得高风险的高收益，而情势不利时则会承担高风险、高损失。该均衡不可替代的交易风险是零和博弈和投机交易性质在行为过程中的具体体现，欲打破此均衡，除加强内控机制外则需通过国家立法施以宏观监管和调控。跨市场交易风险对整体金融市场稳定的冲击需要强有力的风险回应型的宏观审慎监管予以应对。[2]但从境外期货交易实践看，域外或"一带一路"沿线主要期货市场风险控制体系互有差异。例如，在实际控制关系账户、交易限制、强行平仓、异常交易等行为规制方面，跨境交易者必须面对域外交易制度的融合与渗透问题，因此跨境期货监管的核心是实现"交易+运行"的双重风险防控目标，但无论对境外套保或套利交易施以何策，其监管旨归并非是限制交易而是限制交易操作的风险程度。

因此，解决跨境期货交易风险防控监管问题的前提，须从风险来源、风险承受主体两个维度[3]识别各类风险存在，从源头上完善本国（地区）法

---

〔1〕 期货套利是相较期货投机风险较小的投资方法。其主要原理在于：两种相关联期货品种在价格比、价格差处于过低或过高时同时做反向操作，并在价格比、价格差回归正常时同时平仓以此获益的投资方法。现有套利方式一般分为跨品种套利、跨期套利和跨市套利，但因前两种套利方法收益率较低及受国内期货上市品种所限，目前跨市套利实质表现为"跨境套利"，即通过对同一品种同一时期的期货在国内国外期货市场同时进行反向操作的一种套利方法。例如，DCE 与 CBOT 的大豆套利，以及 SHFE 与 LME 的铜套利。

〔2〕 刘辉：《股指期货与股票现货跨市场交易宏观审慎监管论——以国务院金融稳定发展委员会的设立为背景》，载《江西财经大学学报》2020 年第 1 期。

〔3〕 一是从风险来源维度看，国际清算银行监督管理委员会——巴塞尔银行监督管理委员会1994 年发表衍生工具风险管理指引文件，将境外期货交易风险分为：市场风险、信用风险、流动性风险、营运风险和法律风险；二是从风险承受主体维度看，境外期货交易风险可分为：国家的风险、经纪公司及经纪人的风险、投资者的风险。

律规划以适用境外风控规范标准，健全境外期货交易风险管理评估机制，完善期货跨境投资风控化解应对措施，维护和保障跨境投资者金融利益不受损害。对此建议如下：

第一，健全完备的境外期货交易风险管控体系。国家期货风险管理体系是指引境外期货交易主体（持证企业或期货公司）风控措施完备的基础，可根据上位法设立专门的期货交易风险控制机构，通过立法授权成立独立于交易运营主体的风险管控架构（即各专门委员会体系），并赋予各委员会风控管理职权。例如，跨境交易客户（机构、企业）开发、跨境交易资格审批、境外产品和业务评估、境外代理商资格审定以及投资原则、交易限额等，并从主体、资金、交易、监管等多方位业务活动实施全程风险监督，筑牢跨境交易风控首道"防火墙"。

第二，构建专业的期货交易主体内部风险防控体系。前文已述及，强化内控制度建设是防范跨境交易主体运作风险体系的重要基础。应从立法和行业规范角度指引跨境交易企业（机构）建立内控机制，健全套保（套利）管理组织内部及成员间相互制约关系，规范跨境交易运作与风险防范的业务程序的操作办法，减少因防控机制失灵或制度缺乏所诱发的交易风险。例如，江西铜业"期货管理小组"统筹财务、营销（采购）、进出口、期货等各部门关系，保证期货与现货协调运作，利于从全局制订保值资管策略，并从整体上控制套保风险。

第三，健全严格的境外交易主体风险评级制度。将境外交易获批主体纳入风评体系，建立专业的境外期货市场及产品风险动态分析系统，搭建测评主体对应动态产品的风险管理构架，实现依主体行业特性、业务需求、交易信用等要素评级与跨境交易工具、方式的适配对接，通过强化主体与交易的完全适当性管理体系机制，实时管控过度杠杆风险。

第八节　跨境期货交易解纷机制问题

一般而言，期货交易市场因主体适当性、期货机构作用、交易业务规则、交易风险、系统故障等原因会在主体间滋生各类纠纷。期货交易风险是产生期货纠纷的最直接原因，而将资本市场风险划分为交易风险和运行风险两大类，对资本市场民事侵权纠纷事实和法律关系的认定、司法裁判有着重大意义。[1]但国内法学体系所设置的解决纠纷机制对境外期货交易解纷无可参照，尤其是域外和共建"一带一路"国家立法例各有不同。例如，实践中对期货参与主体之间的纠纷是适用民事纠纷规则，还是直接受监管机构执法处罚，或因行政查处而适用行政纠纷处理机制，以及能否实现公正裁决权利主张等问题，其处理机制、方式和标准不一而足，规则甚众。

实际上，无论是以民事、行政还是以处罚方式所达成之解纷目的，从其效率成本或司法成本考虑均非最公平和最经济之方式，同时还直接关系到涉外期货交易监管处罚和司法监督问题。此外，在投资领域关于 ISDS 机制改革的呼声越来越高，中国可借这一东风创建新的投资争端解决机制[2]，因而面对跨境期货交易解纷的多类型需求，应以体现"公平有效解决纠纷、维护投资者金融利益"为至上原则，突破并革新传统法学体系下的司法解决模式；应在未来期货法完善进程中，设立专章并构建适用域外期货纠纷的非诉讼、多元化、多渠道纠纷解决机制。

本章小结

综合上述对跨境期货监管主要法律问题的讨论，整体来看，可得出应有共识是，有效的制度建设以及体制创新是规避风险、修复金融经济发展的根本基础。[3]中国期货市场已成为世界资本市场的重要组成部分，在 20 多年金融法律体系的嬗变过程中，金融（商品）衍生品立法规制已由《证券法》"未覆盖"实现了向《期货和衍生品法》"可期待"的优化转进。从金融（商品）衍生品国际开放经验看，期货立法完善要搭建好跨境期货交易监管规则体系，必须厘清跨境期货交易立法状态及其主要法律问题，如缺乏统一性认

---

〔1〕　贾纬：《期货交易风险和运行风险及其相关损失的司法认定》，载《人民司法》2014 年第 14 期。

〔2〕　刘敬东、王路路：《"一带一路"倡议创制国际法的路径研究》，载《学术论坛》2018 年第 6 期。

〔3〕　石光乾：《我国跨境期货交易法制体系研究论纲》，载《海峡法学》2021 年第 3 期。

识很难具备规范跨境期货交易立法的完整条件。

省察跨境期货交易面临的法律困境以及立法应对问题，是建构本国（地区）跨境交易立法监管规则的重要前提。从跨境期货交易监管法律问题分析看，跨境期货交易外汇管理应统一《期货和衍生品法》与外汇法立法旨归；监管体系应完善并发挥基础性立法功能和保障监管作用；主体适当性管理应遵循以投资者保护为导向的原则，建构境外投资风险评级机制；跨境期货业务规范须全面把握域外不同金融市场国家（地区）期货业务风险配置和隔离标准，避免因业务标准和识别能力问题诱发欺诈交易行为；跨境监管协作应寻求并构建多元化、高层次的国际期货监管合作协调机制，以完善期货双向跨境监管执法体系；交易解纷机制应以"公平有效解决纠纷、维护投资者金融利益"为至上原则，构建适应域外期货纠纷的非诉讼、多元化、多渠道纠纷解决机制，继而提出与国际化路径相适配的法治化监管理路，这些对于维护跨境期货交易运行及交易者保护机制具有重要的金融法治意义。

第八章

跨境期货交易监管维度及标准

第一节　跨境期货交易监管维度：促动制度型
开放模式下规则变革

一国金融市场的开放需要更加有效的金融监管，金融领域只有强化监管才能提升交易效率和保障交易安全。当前，随着金融领域制度型开放向更高水平迈进，推动跨境期货交易已成为提升期货市场核心竞争力和国际影响力的必由之路，强化跨境期货监管亦是中国期货市场监管的一项重要内容。

习近平法治思想、《法治中国建设规划（2020-2025 年）》明确阐述了健全法规标准体系、创新防范化解金融风险的监管方式、完善涉外法律和规则体系的立法建设总思路。本次《期货和衍生品法》颁设专章对"跨境交易与监管协作"作出立法安排，并从"引进来""走出去"两方面对境外期货交易场所、境外期货经营机构等向境内提供服务，境内外交易者跨境交易应遵循的行为规范，以及与境外监管机构建立跨境监管合作机制进行了原则性规范，为期货市场跨境互联互通提供了法律依据和保障。应该说，该法对于跨境期货交易监管制度的完善十分及时且必要，但在跨境监管与调查取证、跨境交易许可合规审查、跨境营销合规形式等方面，并未进行具体规定或出台其他配套办法。目前学界对上述原则性规范条款仍处于立法诠解阶段，尤其对跨境期货交易监管的实践解读尚未形成整体的战略论断。

从跨境期货行业监管的视角看，境内期货市场虽历经了监管防范与风险化解的制度转进，但当前整个行业存在跨境监管规范尚不健全、跨境市场尚不成熟、跨境监管能力和协同机制尚不完善、跨境交易者识别风险能力尚为有限等现实困境，使得跨境交付金融服务的运作模式、监管机制与境外相关国家法律法规及交易制度契合不够。特别是中美近年在资本市场跨境监管协作时存在博弈的情况，使得未来谋求跨境监管的突破难度更大〔1〕。

从跨境期货交易监管必要性看，跨境期货交易行为特征、交易机制及其营运风险，势必催生跨境交易需求偏好与风险控制博弈模式和结构的新变化、新问题，尤其在境外期货交易所遵循国际惯例及相关法律法规、健全内部管理制度对交易会员资格审查监管、强化信息披露保障交易者知情选择权、制定合理交易规则和风控措施防范化解风险、防控违规操纵市场和诱导交易、建立监管合作机制和完善信息报送调查等方面，存在诸多无法忽视的监管难点和困境。

从国际化背景下的主要期货市场国家（地区）监管模式看，跨境期货监管面临的最大问题是国别化的监管规范、碎片化的协作机制和确定化的冲突博弈，当前国际期货市场监管体制面临重大变革，其与新兴国家（地区）金融监管体制的趋同化为全球通用监管标准与准则的出现提供了可能。

《中共中央、国务院关于构建开放型经济新体制的若干意见》将"扩大期货市场对外开放"提升为战略任务，党的十九大即已绘就中国由经济大国迈向经济强国的战略蓝图，并为加快期货市场国际化进程通关架桥，因此"走出去"的跨境期货交易已成必然趋势。党的二十大报告和中央经济工作会议重申要稳步扩大规则、规制、管理、标准等制度型开放，阐明了跨境监管制度型开放对于推进跨境交易高质量发展的重要意义。〔2〕从跨境监管协同实践看，因对跨境期货交易本质及其行为标准付之阙如，客观上亦会对跨境期货衍生风险、监管边界以及域外监管标准缺乏整体性认识，国际跨境监管合作仍掣肘颇多。正因如此，为构建市场透明、竞争稳健的跨境期货交易监管新业态，对于跨境交易立法监管、政策体系、规范机制应立于风险可控范围以及"预应性"变革进程中，在初始发展阶段及政策支持范围内允许其创新纠错，但深层次监管理路及体系建构，则有赖于市场发育程度、实体经济发展

---

〔1〕 罗剑：《原油期货跨境监管的重点、难点与路径研究》，载《新金融》2014年第1期。

〔2〕 乔林生：《方星海：期货市场全面开放格局基本形成》，载《期货日报》2023年1月13日，第001版。

现实需求、投资者教育和保护等各方面的和谐共进，如此则有利于构建适应性监管与动态监管相协调的跨境监管标准体系。

金融监管法制是时代发展的产物，市场环境、科技发展水平、国家政策等均影响金融监管法律制度的变迁。[1]在推进期货市场"走出去"战略背景下，中国跨境期货交易立法监管及其规则适用均面临外部性风险和差异性风险的挑战，在监管标准和准则等方面与国际市场相比还存在一定差距，需要从中国期货市场实际出发，研究制定统一的期货监管标准与准则，为未来中国期货市场的对外开放以及开展期货监管的国际合作奠定良好基础。[2]当前亟须在确保立法技术与监管思路成熟的前提下，基于逻辑基础、理念革新、前提界定、协作规范、执法边界、风险防控、路径优化等多个方面，创新构建制度型开放条件下的跨境期货交易监管准则和监管标准，建构与国际化路径相适配的、系统的、双边认可的跨境监管标准与规范体系，以实现跨境交易有效运行及投资利益安全的司法保障，为提升"走出去"监管治理效能和完善期货法域外适用机制赢得战略主动。

第二节 跨境监管逻辑基础标准：维护跨境
期货交易整体金融安全

期货衍生品跨境交易体系或金融技术革新程度越高所产生的风险系数越高，而在信息不对称基础上获得的交易安全更依赖于行业稳定发展的结果。在期货市场国际化趋势下双向交易、套期保值、高杠杆、风险套利投资等风险对金融安全及运行稳定产生的负面效应无法避免；而作为衍生品期货金融领域，对于完善经济社会基础性金融监管制度重要性不言而喻，不仅是防控期货双向开放不发生系统性金融风险的根本保障，更体现为近年来党和国家

〔1〕 张永亮：《中国金融科技监管之法制体系构建》，载《江海学刊》2019年第3期。
〔2〕 姜洋主编：《国际期货监管经验与借鉴：境外期货监管研讨会演讲集》，中国财政经济出版社2011年版，序二第7页。

对维护金融安全和强化金融监管的整体部署和要求〔1〕。

对于中国期货市场双向交易而言：其一，《境外交易者和境外经纪机构从事境内特定品种期货交易管理暂行办法》虽对境外投资主体跨境开展境内期货交易特定品种、交易范围等进行严格限定与规范〔2〕，但境外投资者（机构）具有在多样化品种体系、市场化运作机制、稳健性风控体系的国际化市场交易经验，其风险对冲能力和交易技术手段在平等竞争场域下定然超过境内投资者，因跨境资金流出（入）具有强顺周期性，增加了外资依靠资金优势操纵个别品种的可能，可能会对境内期货和现货市场带来巨大冲击。〔3〕其二，境内投资者（机构）参与外盘操作存在域外市场衍生品种多元、跨期（跨市、跨品种）套利规则、外汇流出（流进）管制限制、跨境交易高杠杆等敞口风险，而对国际市场衍生产品的认识判断能力缺乏，所诱发的交易风险极易产生溢出效应转化为境内主体承兑风险。其三，目前存在的 QDII 平台、期货代理、分散购汇、风险公司以及 EUREX 等灰色跨境交易平台，实质能起到分散投资人交易风险的作用很有限，反而处于"新法初步阐释"状态会引发跨境套利等更大风险。上述两种跨境交易形式均可能会传导应激性跨境风险，如规模性投资机构损失严重继而会因风险传染引发系统性金融风险，而造成国内投资失利和资产巨额损失案件并不少见，期货立法中将更加重视场内场外

---

〔1〕　这些部署和要求按时间顺序体现为：2017 年 4 月习近平总书记主持中共中央政治局第四十次集体学习时强调，金融安全是国家安全的重要组成部分，要把防控金融风险放到更加重要的位置，防范和化解金融风险，维护金融安全和稳定；2017 年 7 月习近平总书记在全国金融工作会议上指出，完善金融市场体系，推进构建现代金融监管框架，健全金融法治，保障国家金融安全；2017 年 10 月党的十九大报告指出："深化金融体制改革……健全金融监管体系，守住不发生系统性金融风险的底线"；2018 年 3 月《政府工作报告》指出："深化多层次资本市场改革，推动债券、期货市场发展。……强化金融监管统筹协调……进一步完善金融监管"；2022 年 10 月党的二十大报告强调："加强和完善现代金融监管，强化金融稳定保障体系，依法将各类金融活动全部纳入监管，守住不发生系统性风险底线。……稳步扩大规则、规制、管理、标准等制度型开放。"

〔2〕　参见《境外交易者和境外经纪机构从事境内特定品种期货交易管理暂行办法》第 5 条规定，境外交易者可以委托境内期货公司或者境外经纪机构参与境内特定品种期货交易，经期货交易所批准，符合条件的境外交易者可以直接在期货交易所从事境内特定品种期货交易；第 6 条规定，境外经纪机构在接受境外交易者委托后，可以委托期货公司进行境内特定品种期货交易。

〔3〕　姜哲：《境内期货市场双向开放问题探讨》，载《证券市场导报》2019 年第 4 期。

期货市场，重视防范期货市场的系统性风险，维护国家金融安全。[1]

在本轮国际化发展进程中，期货交易必将按照双向开放体系推进全球化、专业化和技术化路径，其创新模式与外源影响无疑会对国内较单一的传统期货交易结构产生冲击。因此期货交易体系、结构及技术创新程度必然与新增风险并向联动，虽不能以主观摒弃风险的思维来开拓客观交易创新，但应正确认识的是，在双向跨境交易监管创新更迭的同时，不可忽视影响整体金融安全的任何投机性因素。一成不变的监管体制和监管工具已经无法有效解决金融创新中面临的安全与效率问题[2]，反之会对期货金融监管构成新挑战并形成新业态。如果因为守住不发生系统性风险底线而与健全多元化资本市场发生冲突，政府短期内承受市场异化风险或确定性损失并无不可，主要目的在于汲取跨境交易目标的安全标准和效率规范，使跨境交易转化为行业监管与金融安全的一种最佳边际均衡，并通过不断调适的双向动态监管平衡实现维护整体金融安全之目标。

第三节　跨境监管理念革新标准：实现准入监管向全覆盖监管转进

长期以来，国际发达期货市场（主要指美、英等国）涵盖原油、外汇、贵金属、股票指数等多品种期货合约助推跨境外盘交易需求，在外汇管制、有限性开放和严格监管的背景下，互联网跨境期货突破传统模式促动了不受地域与时限的跨境交易。然而近 20 年来，境内仅 30 余家国企经赋权可从事场外期权及金融衍生品交易，虽在《期货和衍生品法》起效前，上述持证央企仍按《期货交易管理条例》第 41 条规定可采取套期保值交易方式参与境外期货市场，但交易工具仅限为场内标准化期货合约产品。[3]其后虽对

---

[1]　高国华：《新期货法修订将更重视国家金融安全》，载《金融时报》2015 年 12 月 5 日，第 007 版。

[2]　赵吟：《金融安全视域下互联网股权众筹监管法律体系构建》，载《江西社会科学》2019 年第 3 期。

[3]　参见《国有企业境外期货套期保值业务管理办法》第 9 条规定，获得境外期货业务许可证的企业（以下简称持证企业）在境外期货市场只能从事套期保值交易，不得进行投机交易。前款所称套期保值是为冲抵现货价格风险而买卖期货合约的行为。

境外期货机构选择、交易品种、交易计划等事项核资报备的政策有所松动，但始终未在监管法规体系中得到正式确认。在此立法思想指导下，中国期货监管长久以来被界定为机构职能监管，即期货监管机构只负责对其批准设立的期货市场和期货经营机构进行监督管理[1]，这种"准入式"监管模式已不适应期货双向开放背景下的市场监管需求。至少存在以下几方面的局限性：

首先，难以应对基础资产关系和交易目的下的非标准化合约监管。目前中国将境外期货交易限定为"套期保值"，根本上是为了避免高杠杆风险敞口下的任何"投机博利"行为，而对投资者交易目的认定最终应以交易本身和基础资产对应关系综合界定，未来跨境交易须面对权益类、利率类、汇率类、大宗商品类和信用类等多种资产关系类型，且存在不限于套期保值的期权、远期、互换、期货等合约以及互换期权等多类型合约组合。如果对期货衍生品工具识别和选择不当，那么将无法达成对冲基础资产风险目的还易放大交易损失，目前的监管定位实难应对非标准化衍生品工具滥用的投机风险。

其次，无法覆及多层次交易场所和交易对手方的监管需求。事实上除了国家批准设立的标准化期货交易场所外，各种非标准化合约交易需求催生的场外交易无法禁止，亦会因难以监管而对期货市场秩序造成扰乱。尤其场外非标准化合约交割结算会因中央对手方选择不同而徒增履约风险，如果未来监管不涉入场外 OTC 金融衍生品合约交易范围和空间，则既不符合期货交易双向开放思路也不利于多层次市场体系构建。

再次，事实上存在期货套利行为合法监管的职责缺位。因受国家严控外盘操作准入和多类型投资主体影响，客观上存在市场过度追逐风险小的跨市套利需求，而国内期货上市品种有限，目前跨市套利需求实质上是通过特殊渠道进行的"跨境套利"，对这种未经批准自发形成的套利交易如因监管缺位而"无法可依"，必然产生监管职能和体系设置的空白，无利于期货投资者的权益保护。

---

〔1〕刘少军：《我国"期货法"制定中的主要问题研究》，载《南昌大学学报（人文社会科学版）》2017 年第 6 期。

最后，从期货金融发展及国际化特征来看，现行期货监管体制最主要的问题是，不仅没有放松对市场交易和市场创新的过多管制，反而在监管体系的层级架构中引入了行政因素。[1]无论何以界定期货机构（业务）的监管原则和边界，监管体系终应建立在"所有具有系统性风险的期货交易行为上"，而非固步于"监管机构批准设立的期货机构和业务上"，否则无法从根本上改变经营方空间受压、投资者利益受损的矛盾局面，此种变革对于期货金融治理和监管体制改革迫在眉睫。

综合期货国际化特征分析，现行期货立法监管设计的具体确定性、滞后性和不完善性，难以适应跨境期货交易行为创新与跨境监管需求。"礼、法以时而定"，随着跨境期货交易模式不断创新，事实上的跨行业、跨市场期货机构、交易工具、业务行为难以统归为传统分业监管范畴，必然会出现监管漏洞、空白、重叠、套利、规避以及协调困难等问题。为适应未来期货市场化、法治化和国际化目标需求，革新和重塑跨境期货监管理念势所必然。对此建议如下：

第一，当前须从跨境交易行为样态、市场需求、立法变量的合法性权利应用中创新监管思维，实现对跨境期货交易的主体参与机构、客体期货市场和交易工具、行为跨境业务活动等方面监管的全面覆盖，切实落实《党和国家机构改革方案》中提出的"组建国家金融监督管理总局"和"强化机构监管、行为监管、功能监管、穿透式监管、持续监管"的全覆盖监管目标。

第二，在期货市场双向开放和国际化背景下，应重塑跨境期货交易"加强功能监管、更加重视行为监管"的理念[2]，优化以跨境交易行为性质为判断的"功能监管"和"行为监管"路径，以突出对按行业主体类型划分监管机构和权限的突破和修正，一揽子解决好行为监管职责定位和体系设置问题，从而有效维护跨境交易与业务监管的统筹协调。

第三，在以跨境交易行为性质为核心的行为监管实践中，应重新界定行

---

[1] 安毅、常清：《我国期货市场监管改革与结构调整》，载《经济纵横》2013年第10期。

[2] 2017年7月全国金融工作会议强调，强化监管是金融工作要把握好的重要原则之一，要加强功能监管，更加重视行为监管；2023年10月中央金融工作会议强调："依法将所有金融活动全部纳入监管，全面强化机构监管、行为监管、功能监管、穿透式监管、持续监管，消除监管空白和盲区"。

为监管职责标准，以利于对境内外期货市场关涉的分业或混业、单一或跨域等多元类型交易行为实施区隔化、差异化监管。此外，还应突出激励相容的行为监管效率，构建"走出去"期货交易品种范围、业务经营和监管模式等成熟市场机制，鼓励不同参与主体、衍生品种和交易行为的场内外良性竞争和跨境流动，从而实现期货跨境交易可持续发展。

第四节　跨境监管前提界定标准：厘清跨境交易主体行为权属关系

金融衍生工具的复杂性决定了期货法律关系是在投资者和中介机构以及期货交易所等主体之间形成的多种法律关系的集合[1]，明晰主体权属关系是适当性监管的前提和基础。尽管学界对期货立法结构的认识存有不同观点，但"期货市场主体及其相互关系"内容必定成为监管逻辑的应然构成。从跨境期货交易主体结构看，期货交易所、跨境投资者、期货经纪公司会在期货组织、交易和中介等环节产生特定法行为，而交易主体的法行为是构成法主体关系的特殊表现，因而期货交易主体行为会产生特定权利义务关系[2]，此权利义务关系与主体其他权利义务关系以及附随主体（如投资咨询机构、投资基管机构、行业协会、监管机构等）权利义务关系之间既存在关联亦相对独立，因此对期货金融主体行为的认定须纳入整体法律关系进行概括，唯此才能准确界定期货交易行为风险的法律边界，这也是衡平交易主体行为权利义务及责任标准的法理基础。

其一，期货交易所是为投资者提供信息技术和交割结算的合约交易组织者，与其他互联网技术机构（平台）不同，其不仅是标准化合约订立撮合交易之"场所"，更是条件创造者、规则制定者、行为参与者和市场管理者，正因主体身份与职责赋权的多元化，其所产生的法律关系具有纵向性和不平等特征，但在权能突出情势下所产生的风险责任并不一定都归其所有。例如，

---

〔1〕　罗维鹏：《新论期货法律关系及构成》，载《沈阳大学学报（社会科学版）》2013年第3期。

〔2〕　一般认为，期货法律关系应是期货交易关系、期货业务关系、期货服务关系及期货监管关系等期货市场所有法律关系的总和。本书所论"特定权利义务关系"仅指在期货交易环节中所形成的主体法律关系，并不含括期货市场其他各类法律关系。

所制定的规则对其他主体具有约束力并须概括遵守、所提供的标准合约具有格式合同属性并享有解释权等。然而，对于如何确立期货交易所法律地位和权属关系，理论上还存在不同划分标准：一是其非营利性法人组织属性，决定了不能实施并产生与财产、经济相关的民事法律关系。例如，绝大多数国家以公共利益为目的设立的会员制期货交易所，无须承担因交易所产生的任何经济赔偿责任。二是其法人属性所具有的民事权利和行为能力，本质上必会与其他主体产生平等的民事法律关系。例如，以英国为代表的公司制期货交易所，除了以出资额承担有限责任外，仍须对场内交易、交易方违约行为损失承担担保责任及赔偿责任。三是其因立法授权负有对会员从事期货交易的组织管理职能，这种"准管理权"可对违规交易行为实施"准行政处罚权"。针对上述截然迥异的观点，笔者认为，期货交易所主体权属关系实质上体现为与授权职能相匹配的动态平衡结构关系，从提供服务、制定规则、设计合约、组织交易、结算交割、风险管理、监督检查、违规处罚等一系列授权职责看，其与各交易主体产生的法律关系并非定向的和单一的。尤其在司法实践中，因期货品种和衍生品工具多样化而频发的不同主体权责关系纠纷，最为聚焦的主要表现在交易合同纠纷、交易侵权责任纠纷、违反交易规则纠纷等方面，这些典型纠纷均涉及期货交易行为法主体间不特定的法律关系冲突，它是一种集"权利、责任、义务、拘束"为一体的多样态权责结构和法律关系，且是与其多元化主体职责定位相契合的权属状态。换言之，期货交易所权能配置是确立其成为期货交易多元法律关系主体的基础，其优势主体所形成的权利义务关系具有多样性和法定性。例如，"准管理权""准行政处罚权"源于立法授权，与期货公司之间存在行业内部管理关系、提供服务和履约担保等源于民事法律行为，而对期货交易侵权（如误导下单）、未履行通知义务、违规强行平仓、透支交易的处置则适用过错与责任相一致的民事赔偿原则。在互联网信息数据时代，期货交易组织者所提供的服务、交易规则、内部管理状态等均会对不同参与主体的不同主体权利产生直接影响，因而准确厘定其权属关系对于维护期货交易秩序和安全至关重要，须合理审慎地分配主体权利并实现法定化保障，防止因国别化配置差异堵塞跨境交易和安全流通渠道。

其二，跨境投资者是境内参与境外期货衍生品交易的资金提供者[1]，因其以获取投资收益为目的并以满足相应资格为准入条件，一般均获授权并具有独立的市场交易法律地位。境外期货投资者结构复杂化、主体多样化、目的多元化，其特定市场行为取决于投资目的并由投资者自身驱使，会对市场监管及交易风险产生诸多不确定性，境内外多以市场准入标准对投资者进行分类。例如，美国要求"合格的合约参与人"[2]"合格的合约当事人"[3]两类主体，其义务是必须拥有法律规定的最低总资产、净资产，或是贸易实体[4]；新加坡对合格投资者主要根据其资产来界定[5]；中国香港地区对专业投资者分类之一即以高资产净值为标准[6]；而境内确立法人（或其他组织）、自然

---

[1] 从广义及跨境期货业务维度区分，跨境投资者应包括两大类：一是参与境内期货市场交易的境外投资者（包括个人、机构）；二是参与境外期货市场交易的境内投资者（包括个人、机构）。本书所称"跨境投资者"仅指第二类。

[2] 根据美国《2000年商品期货交易现代化法》第1章a第11条（B）款之（i）、（ii）的定义：合格的合约参与人主要指自然人或州的机构、部门或代理或地方政府实体以外的——经常订立买卖期货商品或商品衍生交易的协议、合约或交易人；或者——其他合格主体、投资者、购买商、其他成员等。但认定其主体资格均以拥有总资产或资产控制为条件。

[3] 根据美国《2000年商品期货交易现代化法》第1章a第12条（A）款之（i）、（ii）……的定义：合格的合约当事人主要包括符合资产、法律规定条件或资质认定的金融机构、保险公司、期货基金等18类期货交易主体。

[4] 上海期货交易所"境外期货法制研究"课题组编著：《美国期货市场法律规范研究》，中国金融出版社2007年版，第93页。

[5] 根据新加坡《证券和期货法》，合格投资者是与机构投资者（institutional investor）、专家投资者（expert investor）相并列的概念。在2018年10月8日之前，合格投资者主要包括以下主体：一是对于自然人，净资产（net assets）需超过200万新加坡元（约合1000万元人民币），或过去12个月的收入不少于30万新加坡元（约合150万元人民币）。二是对于法人，净资产需超过1000万新加坡元（约合5000万元人民币）。但如果法人的唯一业务是持有投资品，即使其净资产没有超过1000万新加坡元，如果其股东均为合格投资者，仍然可以被认为是合格投资者。此后，新加坡发布《证券和期货法》2017年修订稿，对合格投资者制度进行了调整。参见兰晓为：《新加坡合格投资者制度发展路径分析》，载《期货日报》2019年11月19日，第003版。

[6] 香港中介机构按照香港证监会《证券及期货事务监察委员会持牌人或注册人操守准则》将专业投资者分为两类：一是市场专业人士（包括交易所、投资银行、经纪公司、财务机构、保险公司、理财计划、中央银行等）；二是高资产净值投资者，包括：（a）总资产不少于4000万港元或等值外币的信托；（b）投资组合不少于800万港元（或等值外币）的个人；（c）投资组合不少于800万港元（或等值外币），或总资产不少于4000万港元（或等值外币）的公司或合伙制实体；（d）唯一业务是持有投资项目并由个人全资拥有的公司，而该个人应拥有不少于800万港元（或等值外币）的投资组合。参见中国期货业协会编：《中国期货业发展创新与风险管理研究（6）》，中国金融出版社2014年版，第45页。

人等专业投资者同样以净资产、金融资产或投资能力等条件为标准[1]。

笔者认为，投资者分类持何标准会对其法律地位、权利义务保障产生法定影响，上述以资产标准界定投资者的立法惯例，忽视了资产条件准入的市场弹性与潜在违约性。因投资者身份具有事前隐蔽性（按资产标准自动获取），且交易资格一般也是事后知晓（以遭受损失为主张要件），尤其普遍存在净资产计算标准与方式的差异，资产多寡并非确定投资资格与判断投资适当的唯一标准，亦不能成为降低产品（或服务）交易风险和损失的必然担保，或可能因"虚假合格或专业"丧失特殊保护权利，因而投资者分类应是以资产能力、产品认知、交易水平及风险承担为条件标准的均衡状态。

事实上，因不同市场、不同投资者权利义务关系的区分性，对专业（或机构）投资者的严格准入门槛及其义务虽与其可享豁免注册、交易特权等权利相适应，但并不等同于其与普通（一般）投资者享有同等保护权利，这主要表现在适当性规则对投资者与交易商（或经纪商）权利义务关系的调整上。一是交易商（或经纪商）在投资者分类基础上对投资者履行不同保护义务。例如，新加坡对零售投资者（retail investor）实施最高级别的立法保护，而合格（机构、专家）投资者保护级别较低；欧盟则对零售客户保护程度最高、专业客户次之、合格对手方（主要是机构）不予保护[2]。二是强化交易商（或经纪商）适当性义务规范及其主体责任，对违反风险等级适配规范义务后果须一体承担侵权或缔约过失责任。例如，金融主体须规范履行充分揭示产品风险、产品适当性匹配、信息如实告知、书面风险警示等全过程义务，如经营机构无法举证其履行相应义务所造成的损失，其应承担赔偿及相应法律责任。三是适当性规则主体保护程度与其享有的衍生品可投资范围、种类等权利相适应，即保护程度越高其投资权利越受限，投资者保护级别较低其可享有的衍生品种交易权利越多。

其三，境外期货经纪公司是期货及衍生品市场交易的重要服务中介和金融机构，广义上包括从事 IB 业务的期货公司。从市场差异化发展看，境外期

---

〔1〕 参见《证券期货投资者适当性管理办法》第 8 条、第 9 条。

〔2〕 熊玉莲：《金融衍生产品投资风险控制法律制度研究》，复旦大学出版社 2018 年版，第 90 页。

货业务类型已呈现多元化、综合化、跨界化特征，但期货经纪与投资者的权利义务关系仍是跨境期货交易最重要的法律关系，对期货经纪性质准确认定是规范跨境监管的关键所在。从交易行为本质看，投资者（客户）通过会员（期货经纪公司）借助交易所平台进行期货买卖属于委托关系，民法传统理论对其基本定性为行纪法律关系。此观点认为：期货经纪公司接受投资者委托以自己名义买卖期货，并承担由此产生的权利义务，期货经纪公司须代客起诉（或应诉）、承担因怠于履职或违反合同义务造成投资人损失的损害赔偿责任，此时双方权责关系符合行纪活动特征，此种代客交易关系为行纪法律关系。[1]

笔者认为，此观点本质上混淆了期货主体与交易行为的法律边界，不符合现代民法、合同法对期货交易关系的创新判断，更不利于跨境交易投资者权利保护。行纪关系主要确立了经纪公司与第三人（如交易所、结算所）权利义务关系，限制了投资者因第三人侵权或过错引发损失的诉讼权利。在跨境期货产生经纪纠纷时，以代理人（经纪公司）"替代"当事人（投资者）行使权利，要么投资者无法直接起诉，要么经纪公司拒绝代客起诉交易所，最终都因诉讼障碍造成投资者利益受损，这与跨境交易监管理念和目标是背离的。鉴于代理、行纪与居间在法理和交易规则上的交叉重叠，应从构建各方主体协同、权责边界明确的均衡法律关系出发，结合代理人、代客交易及穿透式监管的合同本质，确立期货经纪居间人主体资格及法律地位[2]，突出投资人与作为中央对手方的交易所的实质交易关系，为交易所透过经纪公司直接监管至投资人理顺逻辑。同时，经纪居间人地位可重新建构交易行为与投资人、交易所的直接法律关系，突破投资人直接诉讼的维权障碍，确保境外投资主体最大程度的利益保障。例如，对于期货经纪公司或第三人误导客户下单、私下对冲、擅自交易、挪用或违规划转保证金等造成投资者经济损失的行为，投资者可通过行使诉权并追加第三人相应赔偿责任，从而消弭跨境交易中投资者与期货经纪公司的利益冲突。

---

〔1〕 潘毅华：《期货交易基本法律关系之创新》，载《中山大学学报论丛》2005年第1期。

〔2〕 吴庆宝：《解读最高人民法院〈关于审理期货纠纷案件若干问题的规定〉》，载《法律适用》2003年第8期。

第五节　跨境监管协作规范标准：健全多双边互认的监管规则体系

无论优化金融市场体系结构抑或拓展"双向"期货交易体制，期货市场国际化战略应以遵循金融市场规律和域外经验为根本体现，虽然西方发达国家跨境期货监管抑或新兴市场国家（地区）参与跨境监管，均面临全球金融一体化风险与国别化监管风险的系统识别和协调问题。但中国资本市场对外开放已是推动经济全球化和完善金融法律体系的基本理路，当前国内引入和培育"双向"投资主体立法机制付诸阙如，防范系统性金融风险"关键一环"并未落地，跨境期货监管困境主要源于立法操作性不强，而跨境交易内外部风险防控仅仅依赖单一完善立法也是难以有效解决的。

另外，域外重要期货市场国家（地区）分属大陆、英美、伊斯兰等各法系立法交汇线，因法律适用和监管体制规则差异冲突，存在期货市场外部控制、政治及法律风险等。境外期货产生的交易行为和风险是实施跨境监管的根本前提，而具体的金融监管和跨境个案调查，需要准确充分地评估风险，跨境期货交易监管效果则受到政府掌握交易风险和行为数量的直接影响。在此基础上，金融监管部门才能准确评估监管对象、设定监管标准、发现违法行为并启动监管程序。[1]因受各自社会、政治、法律及监管制度的差异化影响，亦出于国家利益和本国投资者保护的原因，国际跨境期货监管合作仍掣肘颇多。对此建议如下：

第一，以国内法和域外法协同推进为基础，健全应对境外复杂的市场、信用、流动性、营运和法律等风险防控机制。同时，基于国际法法理和各国司法机关的理解与认同，健全跨境监管域外机构协助机制。

第二，健全穿透式监管及域外协同监管路径，尤其对涉及跨境套保、场外交易、期货投机、套利交易、外盘交易等具有系统性风险的资金和行为实施全程穿透式监管，构建既监管会员亦监管到客户的协同路径。

第三，为推进跨境监管达成多双边协作互认机制，须尝试构建系统的、双

---

〔1〕　宋亚辉：《网络市场规制的三种模式及其适用原理》，载《法学》2018 年第 10 期。

边认可的监管规范，为防控期货市场"内部运行+涉外交易"双重风险确立监管标准体系；并在法律规范层面统一监管标准，在金融监管层面完善"弹性"规则，在技术层面提升"标准化能力"[1]，通过发挥跨境交易信息共享与职能统合作用，确立并完善跨境监管协调联动长效机制。

第六节　跨境监管执法边界标准：完善跨境交易监管域外权责配置

期货市场国际化以及"双向"开放必将使国际协作监管成为主要模式。当前，中国期货法规赋权建立的多头多级业务管理体系，主要是对期货监管权外部关系（业务边界）的划分，并未触及对期货监管权内部关系即监管权责配置、监管权责分级、混业（分业）监管权责标准等立法规范问题。而当一国法律被赋予域外管辖效力时，本质上母国与东道国均可依照本国法律对跨境主体实施监管，但实践中因忽视国际监管原则和司法服务成本，使境内法域外适用、执法裁量权及监管边界正呈逐步扩张之势，导致监管重叠及执法冲突案件此消彼长。[2] 欲厘清跨境监管执法边界，根本之策在于均衡配置域外管辖权责，实现域外监管权力、执法权限与执法标准的互为适配。对此建议如下：

第一，强监管时代域外管辖条款运用并不鲜见，因证券、期货、衍生品等金融工具具有监管思路共通点，可借鉴域外法及适用中国《证券法》《期货和衍生品法》等立法规定[3]，进一步优化跨境交易域外管辖条款适用逻辑及立法措辞表述，打破属地管辖立法限缩，增加、完善域外管辖具体内容、标

---

〔1〕　王妍、赵杰：《"金融的法律理论"视域下的"穿透式"监管研究》，载《南方金融》2019年第5期。

〔2〕　2012年12月SEC以"拒交审计工作底稿"为由起诉安永、普华永道、毕马威、德勤、德豪五家会计师事务所中国分支机构；2014年1月SEC以"拒绝向美国监管机构提交中国公司审计底稿、违反美国联邦证券法"为由，决定暂停普华永道、毕马威、安永、德勤四大国际会计师事务所中国分所审计资格6个月；2020年4月瑞幸咖啡财务造假行为，引发我国《证券法》域外管辖权冲突问题，暴露了中美证券监管合作程序化、标准化问题及潜在难点。

〔3〕　中国《证券法》第2条第4款规定："在中华人民共和国境外的证券发行和交易活动，扰乱中华人民共和国境内市场秩序，损害境内投资者合法权益的，依照本法有关规定处理并追究法律责任。"该条款被确认中国证券执法拥有域外管辖权。同时新颁布或新修订的《期货和衍生品法》《数据安全法》《个人信息保护法》《反垄断法》等重要法律法规均包含域外管辖条款。

准范围等细化条款，为跨境交易监管执法确立可操作的具体依据。例如，按照《期货和衍生品法》第 2 条第 2 款规定即可推定：境外主体在境外做出了违反《期货和衍生品法》具体要求的行为将被追究法律责任。那么此境外主体的规范标准如何确定？境外行为涵盖范围如何界定？对境外主体或境外行为应作限缩解释或扩大解释？扰乱境内市场秩序、损害境内交易者合法权益确认标准为何？对此可借鉴案例，如：瑞幸咖啡财务造假，因其注册地和上市地原因，较难确认其市场欺诈行为扰乱了"境内市场秩序"，且合法权益受损主体多为美股投资者而非境内投资者（境内投资者仅可能是通过 QDII 投资的专业机构）。"域外管辖"不仅仅是单纯法律介入问题，何以启动还取决于监管部门价值判断及政策选择。[1]因而为避免在原则笼统的立法框架下适用和启动"域外管辖权"，应明确规定在中国境外进行期货交易行为产生"扰乱境内期货市场秩序、损害境内投资者合法权益"的后果须具备"实质性、直接性和可预见性"，通过细化规定明确适用标准及适用范围，以排除具体行使中对非实质性关联案件的管辖，避免引发域外管辖权的过度扩张。[2]

　　第二，强化期货监管机构执法权限是确保跨境合作监管之前提，中国证监会可基于国际监管合作协议基础履行调查职责，亦可协助外方监管部门开展域外（中国境内）调查。因而为衡平扩大开放、跨境监管合作和保障国家社会公共利益关系，在跨境监管与调查取证赋权配置上应体现"对等互惠原则"，可借鉴国际惯例[3]并适度突破监管权限制，立法赋予监管部门执法权限及合作权力，明确监管执法权与合作权力的种类、范围、行使方式及其程序。尤其要建立信息调取、传唤问讯、搜查冻结、证据材料、证人作证、移

〔1〕　参见黄思瑜：《瑞幸事件或难启动"长臂管辖"，A 股的做空机制还有多远》，载东方财富网，https://finance.eastmoney.com/a/202004061444605948.html，最后访问时间：2024 年 12 月 1 日。

〔2〕　张迈：《瑞幸咖啡财务造假，中国证监会可否进行处罚？——且看〈证券法〉域外管辖条款的适用限度》，载北京大学金融法研究中心公众号，https://mp.weixin.qq.com/s/QB-26N7enTsE4zLLoOx5Pg，最后访问时间：2020 年 8 月 10 日。

〔3〕　例如：美国 CEA 确立场外期货管辖权，CFTC 被赋予境外期货管理机构调查权、境外货币期货或期权合约（非国内交易合约）管辖权及全面监管期货市场等权力；德国《证券交易法》规定 BaFin 具有发布指令、中止交易、提供信息资料、传唤问讯、调查取证、调阅资料等执法权；IOSCO 于 2017 年新增获取审计底稿、强制问询、冻结资产、获取互联网服务商记录、获取电话记录等跨境执法权限。

送起诉等强制性立法规范，全面提升并增强域外执法效能。

第三，遵行国际礼让与成本限缩执法标准，确立等效监管双向认可机制。为避免因多国并行管辖引发司法及执法边界冲突，回避涉外调查所涉及的隐私、财产及知识产权等法律管制内容，遵循国际惯例礼让东道国介入管辖，不仅缩减了跨境执法成本，也利于实现阻断式、穿透式监管下双边协作及证据获取。但应明确，该原则的适用应以有效避免监管冲突、依赖合作为基础，通过双边互认或决议形式确立等效监管认可机制。

第四，专设跨境期货监管分机构，建立跨境监管执法队伍专业化标准和建设体系，提升执法主体综合履职能力和水平。以期货跨境监管合作工作为主线，按照整体效率标准分离整合监管机构业务部门，归集配置所涉政策法规、业务指导与跨境监管等全项职责，根据业务独立设置监管机构并统配涉外执法力量，依照跨境化、协作化、保障化标准强化专业建设，充分发挥跨境监管职权综合效率及运用能力，以应对日益激增的境外执法协助及中国跨境执法需求。

第七节　跨境监管风险防控标准：建立跨境交易风险监测预警机制

跨境期货监管核心是为实现"交易+运行"的双重风险防控目标，但对境外无论是套保还是套利交易施以何策，其监管旨归趋向并非是限制交易而是降低交易操作风险程度，除需通过国家立法施以宏观监管与调控外，根本之策在于健全境外期货交易风险防控标准，通过构建跨境交易风险动态化解机制，维护并保障跨境投资者金融利益不受损害。对此建议如下：

第一，创设境外市场交易主体风险评级制度。将境外交易获批主体整体纳入风评体系，专门建立境外期货市场及产品风险动态分析系统，动态评估境外市场交易品种风险等级，强化主体与交易的完全适当性管理体系机制，搭建测评主体对应动态产品的风险管理架构，以实现主体行业特性、业务需求、交易信用等要素评级与交易工具、交易策略的匹配对接，实时管控过度杠杆风险。

第二，规范开展境外期货市场常态化大数据靶向监测。境内监管机构或授权行业协会实施包括但不限于期货合约、信息数据、交易清算、信息披露、连续保值以及特殊事项的全程监控。例如，在合约设计的行为、产品发行、保证金比例、头寸额度、交割移仓、交易信息等方面涉嫌违规，及时纳入跨境监管信息系统和征信体系，通过合规审查向市场披露并限制境内投资者准入或交易。

第三，健全境外期货交易市场风险监测预警机制。除对企业、机构和个人等交易主体强化风险教育管理外，应通过国际监管协作实现境外市场信息共享，专业设计和开发集交易参数、动态评测、风险数据于一体的综合量化系统以实现预警监控。同时，分类建立差别化风险识别与评估机制，制定完善的预警执行及斩仓制度。例如，交易者保证金充足率低于50%会引发预警并提示追加保证金、保证金低于20%会引发强制平仓并予以提示等。

第四，完善境外期货交易风险基金保障体系。组建成立由政府主导、期货监管机构主管的"跨境期货交易风险基金会"，专门设立境外期货交易风险防范基金账户，将境内合法准入的跨境交易主体因重大事件、不可抗力或不可预见的风险损失纳入保障范畴，按照其自身风险评级和比例原则、投资者适当性原则给予应急保障，避免在特殊状况下陷入偿付危机，以确保跨境期货领域不发生系统性风险。

第八节　跨境监管路径优化标准：契合跨境交易规范动态调适要求

跨境期货交易正成为国际化背景下创新中国期货市场发展的典范模式。虽然域外跨境监管立法与监管模式、监管措施各有差异，但总体来看，西方主要期货市场发达国家无论是立法设计还是监管理念，均在不同程度上体现出维护整体金融秩序、服务实体经济需求以及保障投资金融利益等多重价值目标，这为中国期货行业及跨境交易发展提供了借鉴启示。从监管者角度看，必须把保护措施做到位才能确保期货市场是干净、有序、透明的[1]，要维护健康、可持续的跨境交易市场业态，须建构并优化行业规范、调整与立法动

---

〔1〕 ［英］尼克·韦瑞伯：《从 LIFFE 视角看英国金融期货的监管与规范》，载姜洋主编：《国际期货监管经验与借鉴：境外期货监管研讨会演讲集》，中国财政经济出版社 2011 年版，第 39 页。

态适应的新监管路径。对此建议如下：

第一，尽快完善境外期货交易公法法规体系。除完成期货立法、整合修订法规任务外，面对境内开放跨境期货交易仍需新设和订立一系列法律规章，例如境外期货投资准入、境外期货衍生品准入认证、境外期货委托代理机构注册认定、境外期货代理资格适用、境外期货代理交易合同确认、境外期货代理清算违约、境外期货保证金及风险管理、电子交易通道准入标准等，以确立并实现宏观监管职权的有效发挥。

第二，创新期货自律组织赋权体系与多元补充监管路径。期货业协会、交易所自律性监管本质上属于私权规范，但因处于行业一线和市场最前沿，易于接触、洞察并掌握交易信息及限制性行为，可从发挥补充、协助监管职能出发，进一步规范并赋予其规则制定、交易规范、市场管理等主要权限[1]，发挥其在国际协作中的监管调查、数据调取、信息提供、会员（客户）处罚等有效补充功能。另外，期货交易所也可借助场内清算会员实现事前（监控、管理并通知交易风险）、事中（核查、报备交易信息及记录）和事后（处罚或暂停清算）监管功能。

第三，提升监管部门、监管程序和监管工具的效率路径。要强化政府机构职责框架内公权性质的监管权限，发挥行政监管职责强制性与执行力，以规则体系建立以风险防控为基础的管理方式，通过实时监管确保落实合约诚信、每日清算价格适当、大头寸持有报告等监管工具和措施，避免监管活动无效重复。[2]

第四，待条件成熟时共建跨境期货执法联盟以搭建无障碍监管路径。期货国际化战略不同于简单的市场开放，"走出去"与"引进来"是双向并行的发展模式，面对全球多层次、多结构行业风险挑战，一国加强与境外期货监管合作方式必是扩展的，参与跨境期货监管治理途径更是多元的。当前在国

---

〔1〕 孙秋鹏：《期货交易所自律监管的有效性研究》，载《首都经济贸易大学学报》2017 年第 3 期。

〔2〕 ［英］尼克·韦瑞伯：《从 LIFFE 视角看英国金融期货的监管与规范》，载姜洋主编：《国际期货监管经验与借鉴：境外期货监管研讨会演讲集》，中国财政经济出版社 2011 年版，第 44～45 页。

际监管合作基础上可适时共建跨境期货执法联盟[1]，为协同打击违法违规行为和实现无障碍监管创新司法路径。

第五，完善境外期货交易纠纷与事故危机处理机制。对跨境交易风险监管不止于"机制构建"，更应倾向于"纠纷化解疏导"，而跨境风险应对与协作处理机制则是跨境交易综合法制体系建设的重要组成。诸如对联合石化原油巨亏、中行原油宝穿仓、瑞幸咖啡财务造假等危机事件处理，更须从政治性、专业性、权威性等多重因素考量，并确保即时启动损失评估、限时止损、信息交换和国际协作的处理方案，如无一整套系统的专门机构和专家队伍综合施策并应对危机，则无利于实现及时降损与风险保护的根本目标。

本章小结

期货是一把"双刃剑"，即使是管理风险的工具，使用不当也会成为风险的源头。[2]无论是优化金融市场体系结构抑或拓展"双向"期货交易体制，期货市场国际化战略应以遵循金融规律和域外经验为根本体现，中国资本市场对外开放已是推动经济全球化和完善金融法律体系的基本理路。从期货市场跨境交易行为、境内投资者参与境外期货现状看，中国境内期货市场历经了监管、防范与风险化解的制度转进。正因如此，跨境交易立法体系、政策供给体系、市场规范体系等均需要建构于风险可控范围内与"预应性"变革进程中，尤其在跨境期货交易初始发展阶段和政策可支持范围内，应允许纠错与创新，以便较从容地推进跨境监管机制和立法体系的"预应性"变革。涉外期货产生的交易行为和风险是实施跨境监管的根本前提，期货监管部门在识别这些交易行为和风险的基础上，才能准确评估监管对象、设定监管标准、发现违法行为并启动监管程序。

诚然，跨境期货交易监管困境已随《期货和衍生品法》起效后得以改善，

〔1〕 程丹：《易会满：建立打击跨境证券违法违规行为的执法联盟》，载证券时报网，https://kuaixun.stcn.com/cj/202006/t20200618_2049036.html，最后访问时间：2024年8月18日。
〔2〕 姜洋主编：《国际期货监管经验与借鉴：境外期货监管研讨会演讲集》，中国财政经济出版社2011年版，第3页。

但具体的金融监管和跨境个案调查，例如：不以成交为目的的报撤单、违反持仓限额规定、预先约定等非竞争性交易，违规使用他人账户、洗售、未合理监督员工及代理人、未获授权披露客户身份信息、利用客户订单信息进行自营交易、违反市场准入规定等违规行为，则需要准确充分地评估风险，必要时需咨询取得中国法律意见或主管部门意见，且确保不违反《保守国家秘密法》《数据安全法》《个人信息保护法》等境内法律法规。[1]跨境交易监管效果则受到政府掌握交易风险和行为数量的直接影响，国内引入和培育"双向"投资主体立法保障机制付诸阙如，防范系统性金融风险"关键一环"并未落地，且仍存在跨境交易内部运行等法律风险。因而，为创新完善市场透明、竞争稳健的涉外期货交易新业态，亟须在跨境监管原则性条款的基础上，尝试构建系统的、双边认可的监管标准体系，为防控期货市场"内部运行+涉外交易"双重风险确立监管规范，以实现适应性监管与动态调适监管相契合的跨境监管法治目标。

---

〔1〕　高俊、周杨洁：《快评〈期货和衍生品法〉——从合规与跨境监管视角》，载中伦律师事务所官网，https://www.zhonglun.com/research/articles/9046.html，最后访问时间：2025年3月5日。

第九章

跨境期货交易监管法治体系构建理路

第一节　建构制度型开放的跨境交易研究体系

　　在现代经济波澜壮阔的发展进程中，中国期货市场历经了试点、整顿、规范和发展的不同时期和阶段，为发挥服务实体经济风险管理功能筚路蓝缕。虽然在兼顾"服务+创新+开放"关系领域面临诸多瓶颈，但在参与全球金融市场竞争中发挥日趋重要的作用。纵观境内跨境期货交易稳步推进情况，无论是运用"稳中求进"系统思维从宏观到中微观进行跨学科研究，抑或在促动跨境期货历史沿革、战略定位、市场现状、交易结构、风险冲突、法域规范、监管体系、协同发展等制度重塑方面，都与中国制度型开放战略新目标和营造跨境投资良好制度环境存在较大差异。"法学无法摒弃体系思想，此体系应是具有理据上内在关联。体系之伦理预设似应更为宽广，视野应超越国别。体系若完备，所生情事应作何种裁判，即得预期，故法之安定性有所保障。"[1]鉴于此，以"稳步扩大规则、规制、管理、标准等制度型开放"参与跨境期货监管立法制度创新，亟须加快构建跨境期货监管系统集成的制度型开放研究与制度体系。

一、建立整体性跨境期货监管研究体系是根本上促动跨境期货开放发展的现实要求

　　中国期货市场秉承"走出去""引进来"国际化战略已是金融领域制度型开放的基本经验和启示，"走出去"是打通境内投资者跨境期货交易的重要

---

　　[1]　[德]海尔默特·科殷：《法学中的体系思想：历史及其意义》，金可可译，载王洪亮等主编：《中德私法研究（19）：民法体系的融贯性》，北京大学出版社 2021 年版，第 140 页。

前提，作为新兴期货交易业态和模式，学界对其内在关联的法学探求尚处于起步阶段，当前对跨境期货监管研究主要以《期货和衍生品法》专章学理解释和理论释义为主，且主要停留在"引进来"交易业态上，此单一研究方式不仅与推动跨境期货发展阶段有关，更与对未建立有机协同的法理论研究体系加以支撑保障有关，使得其涉及法学、国际金融法、比较法学、经济学、信息科学等多学科系统，但学科视野局限性限制了研究系统性和完整性，因而无法产生最理想的智识效应，亦会导致加力推进政策效应和监管立法不足。

纵观境外跨境期货监管立法案例可见，发达期货市场国家的期货市场成熟度是推动立法理论发展的根本基础，必然会催生较前沿、较集中的监管理论体系，尤其在立法定位、监管模式、运行监控、评估机制和政策保障等方面，形成了紧密相扣的跨学科研究开放系统。众多共建"一带一路"国家拥有丰富大宗商品资源，中国期货市场"对外开放"目标半径要辐射这些国家的不均衡市场，无论从"走出去"法理依据抑或解决跨境交易域外监管问题的角度看，都需要加快建立和创新多模态跨境监管理论研究体系，通过跨学科协同研究破解跨境期货监管重大理论和现实局限问题，继而完善境内跨境期货监管系统和运行机制，努力推进跨境期货贸易投资开放和行业高质量发展。

二、完善制度型开放的跨境监管研究体系可为跨境监管提增智识支撑和制度保障

破除不适应金融领域制度型开放的体制机制障碍，是科学预防跨境风险、统筹期货市场开放安全的目标要求，更是对跨境期货交易监管体系的规则构建。因为对其监管既包括期货监管机关立法授权的法定监管，也包括期货行业机构的自律监管，亦包括跨境期货机构建立业务内控机制的自我监督，还包括域外监管机构实施协同监管等。在扩大金融领域制度型开放中，要科学合理地规范跨境期货新业态监管，必须要以系统的理论为指导才能取得预期监管效能；而要对标国际高标准金融开放规则、规制、管理和标准，开展境内跨境期货监管实践探讨，必然要求建构深层次的、规范的法理论研究体系。

当前学界面临跨境期货学科研究问题千头万绪，要对域外跨境监管规则进行分类比较和分析整理，以辨识相关研究存在的局限性，尤其要解决跨境期货业务实践的主要法律问题，亟须加力开展涉外期货领域的前瞻性、针对性、储备性法律政策研究，加强跨境期货交易新业态、新技术领域监管制度供给研究[1]，推动跨境期货监管规则和制度体系更加成熟、更加定型，构建与国际化规则相衔接的跨境期货开放制度体系，为完善跨境期货立法监管提供智识支撑和制度保障。

三、深化跨境期货监管法制体系是统筹推进国内法治与涉外法治建设的重要保障

资本市场改革要坚持市场化、法治化、国际化取向，其中，法治化必然要求一套以基本法为核心的法制体系。[2]众所周知，当前全球对中国“一带一路”倡议表达支持参与、协作愿望的国家和国际组织甚众，中国期货市场“走出去”目标半径已辐射到共建“一带一路”国家，要奠定“一带一路”跨境交易域外监管法理依据，客观上的困难之处在于，在官方定义上“一带一路”包括了亚洲、欧洲、非洲及拉美在内的广阔地区，法域上不仅有中国法的考虑，更涉及伊斯兰法、大陆法系、英美法系对跨境期货交易的不同态度和立法规定。因而，系统化开展区域国别法治研究是加强“一带一路”金融法治保障的重要内容，也是中国实行跨境期货高水平开放战略的重要保障。概言之，系统研究、理解共建“一带一路”国家的法律，有利于增强海外贸易与投资的合法性与合规性，有助于以法治方式共建“一带一路”，有助于统筹推进国内法治与涉外法治建设。[3]

---

〔1〕　付子堂等：《优化法学学科体系 创新发展法学理论研究体系》，载《西南政法大学学报》2023 年第 2 期。

〔2〕　刘道云：《关于完善期货立法的导向性建议》，载《证券市场导报》2017 年第 11 期。

〔3〕　张晓君：《切实加强新时代区域国别法治人才的培养》，载《西南政法大学学报》2023 年第 2 期。

四、加强系统性域外跨境交易司法判例研究是拓展涉外期货投资保护的重要前提

当前美国、英国、德国、日本和新加坡等国家的成熟期货市场实行双向敞口机制，经济实体对多元化金融服务需求日益提增，受套期保值需求红利和交易偏好影响，现实存在的境外衍生品交易必然涉及多模态监管规制问题，而作为参与跨境期货交易的重要主体，不同国家期货交易所对吸引跨境投资者的规范和保护有所不同。此外，境外经纪机构、实体企业与金融机构的参与态度亦值得规范考察。观照域外主要国家的期货市场跨境交易发展态势和司法判例，是推进跨境期货交易投资者保护研究的基础，应基于考察与评析、比较与借鉴、立法与构建的基本思路，甄别和汲取合适于中国跨境期货交易立法理念与监管规则；通过省思跨境期货监管目标和任务，对域外跨境期货交易立法、司法判例展开系统研究，建立与期货国际化监管路径相匹配的跨境交易法律体系，是境内投资者确定专业交易机构、契合套保交易需求的前提和基础，对于拓展境外期货市场投资者保护机制具有重要法治意义。

第二节　厘定域外跨境期货法律监管规则体系

推进期货市场高水平对外开放是融入全球金融体系、提高期货资产配置效能的必要举措。跨境期货服务实体经济的内在逻辑是由实体经济催生期货交易需求决定的，因而完善期货开放新业态监管要紧跟市场创新发展步伐，要对市场功能及其变化保持了解，要不断改善监管方式、提高监管效率、完善法规体系。[1]

---

[1] 姜洋主编：《国际期货监管经验与借鉴：境外期货监管研讨会演讲集》，中国财政经济出版社2011年版，序一第4页。

一、全面厘清域外跨境期货交易制度规则是因应中国跨境期货监管目标的应然要求

一方面，当前通过创新驱动是提振全球经济复苏与中国经济高质量发展的根本方式，尤其是"一带一路"建设为中国在共建"一带一路"国家开展产能合作提供了契机，中国企业亟须通过境外期货业务工具规避风险，这为融入国际期货市场竞争、开展跨境期货合作和域外治理开创了新机遇，可通过促动沿线期货市场业务创新更加聚焦服务实体经济需求。另一方面，推进域外发达期货市场及共建"一带一路"国家跨境交易更注重发挥期货交易所主体规范作用，域外不同期货交易所在包括市场准入、账户编码、保证金制度、资金存管与清算、组合套利、每日结算制度、持仓配额制、实物交割制度、强制平仓系统、交易时间方式、异常交易处理、跨境纠纷解决等制度方面仍存在较大规则差异。而要基于上述前提，加快推进国际化跨境市场交易，且处理好境内外期货交易所制度规则融合和对接不充分问题，根本上要解决好跨境准入、交易、交割、清算、技术等多方面的监管立法对接问题，本质上亦为平衡跨境期货业务创新与风险管理关系明确监管目标。

二、充分研究共建"一带一路"国家跨境监管规则是健全跨境期货监管体系的必要手段

推进期货市场双向开放是服务实体经济发展的重要途径。一方面，在当前期货市场"走出去"初始阶段，期货交易产业客户、机构投资者参与跨境交易程度有限且不充分，致使跨境期货投资者交易结构零散化，不仅影响跨境期货市场运行质效且迟滞了监管立法动能。另一方面，域外及共建"一带一路"国家针对外国直接投资（FDI）政策呈复杂多元性，在国家安全、反垄断、环境保护、劳工、税务以及行业限制等方面的规定完全迥异，且相关政策与法律还经常因外部经济、政治环境的变化而不断调整。[1]此间的不确定风

---

〔1〕　国家开发银行编著：《"一带一路"国家法律风险报告（上）》，法律出版社2016年版，序言第2页。

险更对充分研究当地法律制度并健全跨境期货管理体系提出新要求。鉴于此，通过省察共建"一带一路"国家金融衍生品市场发展态势，分类梳理域外期货交易法律监管和规则体系，整合分析三级分管自律模式抑或二级监管模式的不同立法例国家（地区）期货交易立法结构以及规则差异性，切合需求，吸纳并自我完善域外风险合规标准、交易服务管理规程、违规交易边界、投资风险补偿等一系列投资保护机制，为优化中国跨境期货交易投资保护制度创新提供理论依据。

三、分析衡平域外期货监管制度差异化风险是防避跨境交易成本持续增加的有效举措

国际重要期货市场国家（地区）分属大陆、英美、伊斯兰等各法系立法交汇线，前已述及，上述国家（地区）法律适用和监管体制规则差异明显，加之受共建"一带一路"国家期货市场发展、资本管制、政治局势等差异的影响，不仅存在域外地缘政治、社会经济、期货市场外部控制、法律规制等不稳定因素，亦会产生原材料等大宗商品价格波动、投资收益和环境安全等诸多不可控风险，而各自所在国的社会、政治、法律及监管制度差异化影响，则会制约跨境清算和支付系统。跨境交易者何以面对国际化期货品种、业务流程、市场规则等现实挑战，尽力避免跨境交易的合规成本、交易成本、时间成本甚至风险成本持续增加，已成为跨境市场开放的关键制约。而衡平和解决这一障碍，则需要在巩固现行监管政策框架的基础上，统一协调各期货交易所的技术设施和制度规则[1]，这是由满足跨境期货市场交易者需求、增强交易吸引力以及明确跨境市场监管关系决定的。鉴于此，通过整合跨境监管规则可加强与域外国家（地区）的立法沟通，积极布局潜在跨境国家（地区）的监管协同和审核，以解决域外和共建"一带一路"国家跨境交易进程中面临的法律问题。

---

〔1〕 参见姜洋等：《期货市场国际化》，中信出版集团股份有限公司 2020 年版，第 126 页。

第三节　统合跨境期货交易整体立法保护机制

习近平总书记在全国金融工作会议上指出，金融制度是经济社会发展中重要的基础性制度，并明确强调要加快建立完善有利于保护金融消费者权益、有利于增强金融有序竞争、有利于防范金融风险的机制。当前，从跨境期货监管理论和业务实践探赜立法困境及其来源，是厘定跨境监管逻辑与保护路径的重要途径。近些年来，境内企业参与境外期货交易持续发生一系列重大亏损，例如中航油事件、联合石化事件和中行原油宝事件等，通过对这些代表性案例进行研究，笔者认为，境内中资企业跨境投资亏损究其归因，既有深层次体制问题，也包括投资决策原因，还涉及法律保障和维权应用不畅等问题，更体现为主客观投资保护理念和机制缺失等，实际表征为当前跨境期货交易立法保护及其应对困境，这些问题短期内仅通过完善立法较难有效解决。

一、转换创新跨境期货交易投资者立法保护理念

从境外规定和案例看，IOSCO、FESCO 最早均明确了"保护投资者"的监管目标以及核心商业行为准则，实践中主要运用行政手段（或期货业协会准行政手段），如提升信息披露监管效能、建立期货投资者保护基金实施兜底保护、期货金融机构破产（并购）时保护投资者利益等，这些保护措施凸显了期货交易投资的基础保护理念。从境内投资亏损或穿仓事件看，通过监管规范和金融机构内部管理规范来保护投资者合法权益的方式被弱化了[1]，不少央国企参与境外套保时习惯将现货端与衍生品端割裂开来考虑，无论是在对跨境金融衍生品整体经营和保护理念上，抑或具体到对跨境套保（投机）定性、盈亏测算考核、产品管理规范性、风险管理缺陷、内控合规检查、套保操作原则、营销推介合规性等方面均存在相应误区，致使在深层认知上忽略了对金融衍生工具杠杆性、复杂性和风险性的管控，如此缺失安全保障的贸然交易或侥幸投机，会极大提增因风险失控严重危及金融资产安全和交易

---

〔1〕　参见董彪：《金融衍生品风险与责任配置的法律分析——以"原油宝"事件为例》，载《南方金融》2020 年第 9 期。

者投资权益的可能性。有学者亦认为，现行的《期货和衍生品法》仍存在投资人和交易人保护机制亟待加强等问题。[1]

综观相关事件处置脉络，投资风险配置与损失承担正当性依据还未完全实现向制度规则公平性转进，即是说，现有处置规则还未从根本上恢复和确立投资者立法保护理念。值得注意的是，2023 年组建"一行一总局一会一局"新金融监管架构，明确由"一总局"统筹金融消费者权益保护职能，并通过权责配置将央行、中国证监会有关金融消费者权益保护职责统归到国家金融监督管理总局。这一顶层监管设计，已全面集聚了金融投资权益保护职能，寄希望于能在统合金融消费保护权责的基础上，有效提升金融投资权益保护层次及标准。在制度型开放背景下，维护境外金融投资交易安全则是表征跨境期货监管能力建设的重要目标，确立金融投资监管目标首先要甄别跨境交易风险，构建投资风险监管体系的基本逻辑在于转变和创新投资保护理念，更应该成为健全跨境交易事前、事中和事后等关键环节操作规范的规范指引。

二、统合健全跨境交易整体性立法合作保护体系

习近平总书记在全国金融工作会议上强调要形成融资功能完备、基础制度扎实、市场监管有效、投资者合法权益得到有效保护的多层次资本市场体系。这是基于金融市场双向开放取得新进展提出的新要求，也为加快涉外期货投资保护法治建设明确了新目标。由于跨境金融衍生品本身的特性，将会涉及到国内外不同的交易所、不同的监管法律法规、交易政策、交易管理方式、资金结算等问题，导致跨境金融衍生品监管目前还没有统一的专项法律法规予以规定[2]，而总结域外司法规则和裁判标准是深化跨境投资保护监管的实践依据。"知己知彼，胜乃不殆"，当前应全面吸纳多模态跨境交易投资保护国际惯例及其经验，尤其是境内期货监管机构应理性对待 QDII 跨境平台、风险管理公司以及 EUREX 跨境交易的现实存在，以充分掌握全球宏观对冲、跨

---

〔1〕参见刘少军：《金融法制定中的基本范畴与体系结构研究》，载《新疆师范大学学报（哲学社会科学版）》2025 年第 2 期。

〔2〕白默、牛越、王栋：《基于风险管理视角对中行"原油宝"事件的分析》，载《天津大学学报（社会科学版）》2021 年第 4 期。

期（跨市、跨品种）套利、高频（夜盘）交易、单边投机等多类型、多品种的交易模式。境内投资主体亦应在把握跨境交易品种与主业相关、交易时间、头寸规模与现货匹配等要求的基础上，观照跨境套保业务监管品种创新、优化渠道、完善交易、有序松绑的国际化趋势，继而明确涉外期货交易的准入与准出规则[1]，尽快健全与"走出去"需求相适应的跨境交易立法合作保护体系。

三、严格规范跨境金融衍生品业务操作程序和保护机制

境内渐次开放央国企金融衍生业务[2]，使得对金融工具创新、央国企资本流动、跨境交易扩展等监管难度亦相应增加，尤其是监管机构对其内部管控、业务审批、操作程序、激励趋向投机等问题也未达到完善，例如对零成本期权（zero collar）策略能否发挥衍生工具功能始终褒贬不一。此间需重点审视的实例和问题表现，诸如：现货端与衍生品端头寸规模不匹配、易由套期保值"偏向"投机交易、保证金合同条款不明确、不开展产品压力测试、市场风险限额调整设置缺陷、"亏损+盈利"双向考核机制不规范、营销推广不合规侵犯投资者权益、对投资主体交易保护力度不足，等等。上述违规操作背离了交易工具结构简单、流动性强、风险可认知、安全边界清晰的跨境套保实质原则，所引发的诉讼纠纷屡见不鲜。在金融市场国际化和跨境投资"走出去"过程中，须重点关注跨境市场风险和规则变化的投资保护需求，例如平衡流动性风险与盈利能力、提升投资者风险信息沟通对称性、强化产品压力评估等，尤其在具体跨境业务管控措施上，应紧切提升授权审批、合规审核、头寸规模、交易操作、资金结算、动态监测、定期报告等关键环节的保护管理，规范健全跨境业务动态操作关键节点保护机制。

第四节　重塑服务跨境交易外汇供给制度体系

在全球化市场的背景下，境内企业赴外投资以及频繁参与全球转口贸易

---

[1]　唐波：《〈期货法〉应对涉外交易作出规定》，载《期货日报》2014年8月6日，第003版。
[2]　主要包括中央企业在境内外从事的商品类衍生业务（以商品为标的资产的金融衍生业务，包括大宗商品期货、期权等），以及货币类衍生业务（以货币或利率为标的资产的金融衍生业务，包括远期合约、期货、期权、掉期等）。参见《国资委关于切实加强金融衍生业务管理有关事项的通知》。

业务，跨境期货业务正成为实体企业分散风险的重要手段。伴随着跨境市场竞争加剧及交易业务高速增长，境内投资主体在跨境业务中涉及不同国家和地区的货币转换，因受国际宏观经济和外汇管制及汇率波动影响，会使投资主体承受国际国内汇率风险双重压力。投资者虽可通过期货、期权和结构性产品等不同衍生品对冲汇率风险，但如此一来，投资者需具备对国际货币市场的领悟力及熟练应用衍生品工具的能力，不仅要应对涉外支付、折算风险、账务风险等所有资金结转风险，更要对跨境投资流程及汇率走势进行系统化监测和评估，从而会加重投资者外汇管理成本并面临较大风险敞口。本书第七章已有论述，确立与跨境期货交易相适应的外汇管理法律制度，已成为跨境期货交易立法首要因应和关照的问题。当前，必须突破传统外汇供给制度体系，重塑有效服务跨境期货交易的外汇供给体系。

一、重塑跨境期货交易资本汇兑便利化理念

根据国家外汇管理局公布的数据，截至 2023 年 8 月 31 日，全国共有银行、证券（含基金公司）、保险和信托四大类 186 家金融机构投资者获批 QDII 业务资格，累计批准投资额度已达 1655.19 亿美元。[1] 为因应期货市场双向开放的外汇供给规则需求，应简化跨境交易外汇管理程序和手续，实现传统外汇事权相关环节，由前置核批管理向事中、事后报备监管转进，对潜在的外汇风险实施严格的等级评定和合规审查管控措施，从而打通资金跨境过度管制引致投资风险加剧的立法限度。事实上，对此可借鉴的域内外经验不乏其例。例如，纽约、新加坡区内外汇兑换自由；尼日利亚区内资本利润可自由汇出；韩国区内个人经常项下外付额度、资本项下外汇交易不受限制；斯里兰卡外汇限制将逐步取消等。

二、通盘考虑外汇法等基础性法规修订与衔接问题

在期货国际化和制度型开放的背景下，为规范境外期货交易立法调适需

---

〔1〕 参见《合格境内机构投资者（QDII）投资额度审批情况表（截至 2023 年 8 月 31 日）》，载国家外汇管理局官网，http://www.safe.gov.cn/safe/2018/0425/16849.html？eqid=c2abd1000003de7a00 000006645366c9，最后访问时间：2025 年 4 月 15 日。

求，应统合跨境期货交易所涉购汇结汇、交易额度、汇兑管理的许可、核准、认定、审批、监管等所有事权，由分散式赋权转向一体化立法集中，统一外汇法与《期货和衍生品法》立法旨归，确保上位法与特别法在程序、技术和规制上的有序衔接。同时，外汇立法或修订应呈现开放资本项下外汇交易和金融管制之趋势。例如，免除法定准备金、对符合资质的投资者经登记可自主汇出资金、在宏观经济稳定运行和国际收支平衡保障前提下解除总配额限制等。

三、在资本账户可兑换条件下设定年度风险敞口标准

在经常账户可兑换向资本账户可兑换转变的新常态下，立法授权由期货管理机构实施跨境交易真实性和风险敞口监管，以 QDII 规模为限度设定年度风险敞口标准，并由外汇管理机构核拨外付额度。例如，QDII 在批准额度内可直接购汇无需申请审批、明确 QDII 投资额度无需备案和审批等。

四、优化跨境交易与外汇管理相统合的监管体系

在强调立法放松外汇管制的同时，优化跨境交易与外汇管理相统合的本外币一体化"微观监管+宏观审慎"监管体系，按照"真实性至上原则"开展合规审查，强化跨境交易用汇"进出平衡"监管措施，通过交易者有效保护机制提升跨境期货交易能力，为保障跨境交易外汇流动的平稳运行奠定基础。

五、健全更加积极有为的外汇管理政策体系

应建立健全"便利、开放、安全"的外汇管理体制机制，结合 2025 年全国外汇管理工作会议重点工作部署[1]，将"有序支持境内机构开展跨境证券投资"全面扩展到支持境内机构开展跨境期货投资，通过实施更加积极有为

---

〔1〕　2025 年全国外汇管理工作会议于 2025 年 1 月 3 日至 4 日在京召开，会议研究部署的 2025 年重点工作主要包括：加力推进外汇便利化改革、加力推进外汇领域制度型开放、加力构建完备有效的外汇监管体系、加力推进外汇储备经营管理高质量发展等。参见国家外汇管理局：《2025 年全国外汇管理工作会议在京召开》，载国家外汇管理局官网，http://www.safe.gov.cn/safe/2025/0104/25618.html，最后访问时间：2025 年 3 月 5 日。

的外汇管理政策，加力推进外汇领域制度型开放和便利化改革，推动跨境期货新业态、外汇业务政策优化扩围。

第五节　健全跨境期货交易投资权益保护机制

随着经济全球化进程日益深化，金融领域风险隐患及矛盾问题相互交织，虽然影响并增加了跨国金融监管难度，但所衍生的跨境期货交易新业态，因具备提供广阔市场、丰富投资品种、灵活便利性及更多交易机会等优势，以及满足跨境投资者套保和交易偏好需求，同时可为本国（地区）跨境市场发展积累技术经验，现已成为实现期货市场融合及风险管理的重要典范。与此同时，国际期货市场提供的衍生产品具有较强专业性、复杂性和风险性，而境内投资主体、交易者普遍存在信息不对称和认知偏差，跨境衍生品交易风险传导性与投资者承载（隔离）能力的显著冲突，尤其凸显了跨境交易立法监管及投资者保护的重要性。

一、境外国家（地区）跨境期货及衍生品交易投资者保护经验

纵观国际跨境期货交易发展历史，境外主要期货市场国家（地区）均已出台跨境监管立法，但应承认的是，不同时期、不同立法例国家（地区）对跨境监管表现出不同利益需求，其监管平衡重心会随市场发展阶段和需求有所不同。若期货市场处于发展上升期，立法监管以"经营者主权"为中心，为满足跨境投融资需求和交易便利化会较为宽松；而开放成熟的期货市场体系，监管会由"经营者主权"实现向"消费者主权"转进，立法监管则体现为严格规范和保护投资者原则。其一，从跨境期货（衍生品）交易监管和对投资者保护规定看，国际组织及境外主要期货市场国家（地区）相关规定与案例，对跨境期货（衍生品）交易投资者保护规定得较为全面，并通过强化投资者保护的帝王条款作用，作为完善金融法域立法的目标和任务。例如，欧盟FSAP、IOSCO、FESCO、《多德-弗兰克法案》等组织及法案，对跨境投资或提供投资服务、确立"保护投资者"监管目标、投资者商业行为准则、对在本国（地区）境内进行跨境衍生品交易投资者权益保护等问题进行了具

体规范。其二，从域外构建金融消费者法律保护制度体系看，巴西、俄罗斯、韩国等国的银行法和其他法律重点将保护金融消费者权益纳入其中；澳大利亚证券投资委员会和其他监管机构、加拿大金融消费权益保护局分别通过建立自我管理超级基金、提供金融知识和信息支持以及制定《老年人银行服务行为准则》等方式加强金融消费权益保护工作；美国《得克萨斯州金融法典》（Texas Finance Code）第 5 部分也对"金融服务消费者保护"进行专门规定。2008 年金融危机后，美英等发达国家金融体系遭受重创且金融投资者损失惨重，倒逼世界各国纷纷探求维护金融安全的方法，英国《金融服务法》、美国《金融消费者保护法》、日本《金融商品交易法》、韩国《金融消费者保护法》等金融法规相继出台或修订。世界各国在金融领域中特别突出对金融消费者权益的保护，表明各国开始关注金融消费领域的消费者安全保障问题。〔1〕其三，从境外金融投资者保护组织责任及纠纷处理机制看，秘鲁银行监管署、匈牙利金融监管局则有权制定、执行以及通过其他监管法令或提案，对金融消费者保护和金融市场运营环境进行立法规范。菲律宾全国消费者事务委员会、巴西消费者保护和防卫部、波兰竞争与消费者保护办公室、印度尼西亚消费者保护基金会等，可向金融投资者提供法律咨询服务以及监督处理金融服务问题。这些国家（地区）基于本国（地区）实际明确金融消费者保护工作责任以及履行保护职责，促动落实了金融消费者权益法律保护。〔2〕

综观国际监管及投资者保护实践，境外的期货监管法制体系，对相关交易的界定、违规处罚、投资者保护偿付等都有严格的依据。〔3〕跨境期货交易投资者保护基本途径，主要包括或不限于以下方面：通过国际协约实现投资者跨境交易保护、运用行政或准行政手段执行财务信息披露监管、明确跨境交易各主体间法律关系、建立证券期货投资者保护基金、强化期货公司（或中介机构）退出市场时中小投资者保护、非诉解纷及司法救济等方式。总体看，各国在制定和修正跨境金融投资者（消费者）保护规范上，基本坚持了

---

〔1〕 钱玉文：《金融消费者保护法的立法逻辑及规范表达》，载《现代法学》2024 年第 3 期。

〔2〕 参见沈道萍：《域外金融消费者法律保护概览》，载云南网，https://fazhi.yunnan.cn/system/2024/03/15/032975699.shtml，最后访问时间：2025 年 4 月 15 日。

〔3〕 姜哲：《境内期货市场双向开放问题探讨》，载《证券市场导报》2019 年第 4 期。

适度倾斜及合理保护理念，完善和强化了金融投资者保护的功能性立法规制。

二、保障跨境期货投资主体权益是期货监管立法的核心目标

健全期货监管法治体系是推进和防控期货风险治理的必然要求，而跨境期货行为监管核心目标是保护跨境投资者合法权益不受损害。目前中国在颁行《中国人民银行法》《银行业监督管理法》《商业银行法》《证券法》《期货和衍生品法》《证券投资基金法》《保险法》《信托法》《票据法》《反洗钱法》等单行法，以及复经审议的《金融稳定法（草案）》和党的二十届三中全会提出"制定金融法"的框架下，有近20部行政法规及众多部门规章和规范性文件，已经形成了以"N+X+……"为基本格局的金融法律法规体系[1]。经以上列举可见，金融领域长期因分业经营、分业监管形成的行业分散立法结构明显，而按照金融行政监管权限界分的行业监管呈现独立、分散又联系的公法规范形态，这种高度行业化、分散化、碎片化的监管特征，导致各单行法之间始终缺乏总则性、共通性、共联性的监管规范构建基础，使得通过金融监管公法规范维护交易创新、保护投资者权益的使命力有不逮。因金融私法规范应当主要在公法（特别法）层面上进行构建，由此在对各类金融投资交易主体、交易行为监管质效上，难以集聚和发挥民商事自治监管功能。在此监管形态下，对具有高风险性、强专业性、高收益率的金融产品和投资主体，欲通过公私法融合规范实现权益保护则显得力不从心。

综上所述，确立"走出去"的跨境期货交易投资者保护机制，已成为完善跨境监管治理体系的重要领域和制度举措。《期货和衍生品法》确立跨境投资者保护原则的基本依据主要表现在以下方面：其一，跨境投资行为是发挥市场价格和风险管理功能赖以运行的基础，跨境投资者需克服交易时差、语言障碍以及承担汇率波动、交易违约、跨境政策和法律差异等业务风险。投资主体始终处于跨机构、跨行业和跨市场这一特殊定位，决定了跨境交易及跨境监管立法要以投资者权益保护为宗旨和原则。其二，跨境交易和跨境监

---

〔1〕 这里的"N"主要是指以上10部金融法律，"X"主要是指以上近20部金融行政法规，"……"主要是指众多的金融部门规章和规范性文件。参见邢会强：《论金融法的制定》，载《中国法学》2025年第2期。

管因为要遵行本（他）国立法规制和监管要求，使投资者与交易机构相较明显处于弱势地位，且跨境交易新业态、新模式衍生的产品复杂性更易使投资者处于受损害地位，此间跨境风险主要遵循投资者自担原则，而任一立法监管使命都是保护市场参与者在跨境交易中远离欺诈、操纵和交易滥用，其核心即是创建公开透明、竞争安全的交易环境，也应为投资者在遭受权益损害时提供有效赔偿制度供给。其三，建立"以投资者为本的跨境交易市场"也是践行《党和国家机构改革方案》划归投资者保护职责的法定要求。要发挥"一行一总局一会一局"新金融监管执行力和"依法将各类金融活动全部纳入监管"、落实"强监管、严监管和全覆盖监管"的任务之一即是切实保障金融消费者权益。因跨境交易新业态、衍生产品和交易行为集聚交叉传染风险增势明显，投资者可承载的交易风险空间被不断压缩，"算法陷阱""信息茧房"衍生的交易信息权益保障困境，割裂了公私法双重规范下的"监管—市场—法律"框架，并对建立数智化跨境投资保护监管体系提出了迫切需要。因而，将跨境投资者保护进行专门规范并赋能数智化监管，可极大提升投资者跨境交易市场信心，这也是期货监管立法亟须补充和完善的重要制度。

三、持续推进和完善跨境期货交易投资者权益保护体制机制

从根本上解决金融投资者权益保护问题是强化"五大监管"的重要内容，现阶段跨境期货投资者保护应以规则完善为主要目标。2023 年 3 月，中共中央、国务院印发《党和国家机构改革方案》，通过构建"一行一总局一会一局"金融监管新体制，将中国人民银行金融消费者权益保护职责、中国证监会投资者保护职责统归由新组建的国家金融监督管理总局负责，旨在实现金融投资者保护职能集中统一以提升执法质效。可以预见，在未来证券注册制改革完成后，证券业监管的职能应统一于国家金融监督管理总局更为合理，从根本上解决金融监管全面覆盖问题。[1] 与此同时，已在审议（截至 2025 年 5 月）中的《金融稳定法（草案）》与党的二十届三中全会提出"制定金融法"立法规划，可预期的"双法并行"规制框架与《期货和衍生品法》等单

---

〔1〕 刘少军：《"金融监督管理法"核心内容的基本构想》，载《贵州大学学报（社会科学版）》2024 年第 4 期。

行法及期货行政规章和规范性文件，亦将形成协调统一、统筹完备的跨境投资者权益保护制度体系。从境内跨境衍生品交易及跨境监管实践看，当前除进一步完善既有法律法规体系外，亦应基于监管规范性目标建构相应的跨境投资者保护机制。具体而言：

第一，确立公私法二元规范结构的跨境投资者双向保护机制。从跨境交易主客体法律关系及内容看，一方面，围绕跨境期货交易机构、交易行为与投资主体发生的跨境交易或为投资主体提供跨境中介服务均为平等主体之间的交易关系，只能由私法规范加以调整，这是由促进交易自由和维护交易安全的制度保障性决定的；另一方面，由于不同"法域"跨境监管行政主体具有公权力性质，因而调整跨境期货监管主体与跨境交易主体之间监管关系的法律规范属于公法性质范畴，可通过对跨境期货主体及其交易行为施行有效监管实现跨境投资和风险管理保护的目标。概言之，对于跨境期货投资者保护应是体现跨境交易与跨境监管二元规范结构的由私法向公法保护领域扩展的双向互动机制。

第二，完善跨境期货投资主体市场准入与风险匹配适当性机制。期货监管机构应加快研究制定出台跨境交易投资者适当性管理部门规章，科学区隔境内跨境投资者分类标准和准入资格以及投资者性质转变、备案条件和应尽义务，明确专业投资者与非专业投资者参与跨境交易提供接入和交易服务监管要求，推动建立跨境交易主体适当性管理自律规则和操作规则。期货监管机构应结合跨境期货交易主体（持证企业、期货公司及其他企业和个人）的信用度、投资年限、交易经历、盈亏数据等指标，分级分类进行系统性风险承受能力评级，通过调整跨境衍生产品实际风险与投资风险承受匹配性，严格跨境衍生品、交易途径、适配客户"三适当"的执行监督机制。

第三，构建跨境期货及衍生品交易专业性风险监测体系。一方面，建立专业性跨境期货市场风险评估机制，实施统一的跨境市场和衍生品风险大数据评估，不定期进行境外期货机构、期货衍生品工具和交易方式评级，综合域外各交易主体和衍生品风险评级，规范引导不同风险级别投资主体适配相应风险等级的产品和服务。另一方面，完善涉外期货交易市场和产品风险监测机制，定期巡查、核验跨境交易主体操作，以防控不匹配交易"涉众型"

风险，实时监测客户资金隔离比例、投诉率、系统故障频率等并自动触发风险警示，利用 AI 分析内幕交易、操纵市场及跨境洗钱、幌骗行为等异常交易模式，并对超出其风险等级的交易获利设立罚没标准，最终通过预警机制规范达到自律监管之目的。

第四，建立涉外交易投资者权益保护服务查询机制。为实现跨境交易投资便利化和服务便捷化、权益保护高效化、交易风险预警化，应归集国际期货市场资源，系统构建涉外投资主体权益保护服务平台，逐步建设可提供符合监管规范、上市标准、合约规则的境外交易及清算服务机构、标准化衍生品信息平台，便于 QDII、境外经纪商、互联互通等投资交易者，可跨域快捷、一站式查询境外期货交易所上市和销售标准化衍生产品。

第五，优化跨境期货交易投资者权益保护监管评价机制。构建透明化、公平性、多层次的跨境监管评价指标体系和评价机制，持续完善评价流程增强监管评价针对性、精准性和穿透度，切实明晰保护跨境投资者合法权益的主体责任。强化监管科技（RegTech）在跨境数据整合、动态监测系统的应用，推动国际监管"等效性认定"和 MOU/MMOU 监管评价互认，确立 G20、IOSCO 框架下的跨境期货权益保护最低标准。同时，优化《期货和衍生品法》的跨境监管设计，增设投资者权益保护评价结果与跨境业务准入挂钩条款，以标准统一化、监管智能化、协作国际化为核心，通过动态的保护评价推动监管迭代，最终实现跨境投资者权益保护与市场开放创新的双赢。

第六，创建优化跨境投资者投诉平台和救济机制。域外期货市场存在监管规则差异大、投资主体覆盖不全、动态风险预警监测弱、跨境协作执行难、投资者救济成本高等问题，当前应推动建设跨境投资者权益保护工作体系，建立跨境投资者投诉平台，中国证监会应与央行、国家金融监督管理总局、国家外汇管理局等相关部委完善沟通机制，疏通境外证券（期货）监管机构在跨境监管、调查取证等投资者保护方面的协作机制。按照投资者类型（个人/机构）、交易品种（商品/金融期货）设定信息披露、救济效率等差异化权重，设立多语言统一门户（类似美国金融业监管局 FINRA 仲裁机制）以整合解纷资源，通过强化交易违约、穿仓处理、极端行情等应对措施，提升纠纷解决周期、赔偿到位率、跨境法律协助权益保护和救济效率。

第六节　扩张跨境期货交易域外适用监管规则

随着金融全球化进程不断加速，全球期货市场已呈现出高度国际化特征，推动跨境期货交易新业态及其规模不断扩大。因跨境交易涉及不同国家监管及监管体系差异，一国在如何监管规制境外机构或交易行为上均面临着新的挑战。尤其是数字货币期货纠纷案例渐起[1]，因数字货币本身具有去中心化和匿名性，对其合约交易行为属性尚无明确规定，传统手段对虚拟货币期货的跨境交易监管更难有效，使得期货市场监管套利、市场操纵和系统性风险传导等问题愈加突出和复杂。根据传统国际法原则，一国监管机构对外国市场主体发生在该国之外的行为，通常都不具有管辖权[2]，亦即一国只对发生在本国领域内的行为具有约束力，此即属地管辖原则。然而，回溯域外适用规则和监管路径可见，美国CFTC、欧盟《金融工具市场指令II》（MiFID II）则对属地管辖原则扩展至域外适用，使得合规监管成本激增并引发跨境监管冲突。近年发生的中概股审计、跨境交易平台管辖、数据跨境与监管权限、中资机构跨境展业受限以及欧盟对境外交易平台处罚等冲突案例，均表现了全球跨境期货市场监管的结构性矛盾，除需消弭监管体系、法律框架及地缘政治等深层次差异和构建互联互通机制外，如何扩展跨境交易域外监管适用规则，已成为完善域外监管立法、增强等效监管效力的首要问题。

一、跨境期货监管域外适用的法理基础与现实动因

一国法律的域外适用问题由来已久。在金融全球化的背景下，因国家、机构和投资者之间相互依赖使得境外投融资、交易行为在境内产生影响，会促动一国法律向域外适用扩展，其本质上表现为一国法律的域外管辖权及其适用法效。

---

[1]　例如，CFTC指控虚拟币交易所非法经营代币型期货案。2022年10月3日，CFTC向佛罗里达州南区地区法院指控 Adam Todd 创建数字资产衍生品交易平台 Digitex Futures 并非法提供数字资产期货（包括比特币和以太币）。CFTC指控其未能注册为 FCM 和违反《商品交易法》《银行保密法》相关监管规定，并操纵和试图操纵 Digitex Futures 发行的数字资产代币（DGTX）。

[2]　唐波等：《国际化背景下中国衍生品市场法律问题研究》，法律出版社2017年版，第38页。

从域外管辖权理论演进看，传统国际法上的监管是以属地管辖为中心的，但因现代金融市场的跨境性，使得"交易对本国市场有实质影响即可管辖"的"效果原则"（Effects Doctrine）、"国内子公司行为归属于国外母公司即可域外适用本国法"的"行为归属理论"（Conduct and Effects Test）突破了国际法原则地域的限制，以防止域外发生交易行为对本国经济造成危害。例如，美国最高法院审理 Morrison v. National Australia Bank 案中确立的"交易标准"，2010 年经《多德-弗兰克法案》第 722 条修正为"直接且重大联系"原则（Direct and Significant Connection Test），其后美国 CFTC 将"域外管辖"原则不断扩展至金融监管领域，且已经覆盖包括产品责任、诽谤、合同、营业活动、侵权行为、家庭关系等各个方面的案例。[1]

从功能性监管需求驱动看，国际法中的属地原则和保护性原则，对各国法律的域外适用规则制定产生了差异性影响，但都以寻求本国法院对涉外诉讼管辖范围扩张及本国投资者利益保护为目标。根据国际清算银行（BIS）的数据统计，近年全球场外衍生品存续名义本金规模持续增长，且远高于场内衍生品规模。根据国际掉期与衍生工具协会（ISDA）的统计，世界 500 强中有 94%的企业参与以场外期权和互换为主的衍生品市场交易。[2]境内场外衍生品及跨境业务成为期货公司主要营收来源，截至 2023 年 11 月末，券商场外衍生品业务存续规模达 2.38 万亿元，券商跨境业务存续规模达 1.02 万亿元（包括跨境自营业务、跨境场外衍生品业务、跨境收益凭证业务）。[3]如此庞大的跨境衍生品交易规模，亦须构建和扩展与投资者保护、风险隔离相匹配的域外适用监管体系，避免监管漏洞导致系统性跨境风险积聚与传导。

二、现行主要域外监管适用模式及其规则局限性

目前，主要法域和国家域外监管规则及其范式分为以下几种：一是美国

---

[1]　See BetsiBeem, John Mikler, "National Regulations for a Bordeless Industry: US Versus UK Approaches to Online Gambling", *Policy and Society*, 30（2011）.

[2]　王越：《推进期货市场高质量发展 助力金融强国建设》，载中国金融新闻网，https://www.financialnews.com.cn/2024-12/16/content_414574.html，最后访问时间：2025 年 4 月 25 日。

[3]　参见许盈：《借力衍生品业务扩表 券商跨境业务存续规模破万亿》，载《证券时报》2024 年 1 月 30 日，第 A03 版。

"域外管辖"模式。美国通过 CEA 和《多德-弗兰克法案》确立域外管辖权，只要期货交易行为对美国市场产生"直接且重大影响"即可适用美国法律。CFTC 规则 1.49 扩张规定，非美实体若通过"直接接入"（Direct Access）美国交易系统或服务超过 15 名美国客户，即触发注册义务；同时 CFTC 对境外交易所"互换执行设施"（SEF）注册要求亦体现了此原则。[1]例如，CFTC 于2022 年对新加坡 XYZ 公司处罚案，即认定其未注册提供比特币期货合约交易服务而构成管辖违规。而一国如"基于规则的国际秩序"或利用垄断技术、占有市场、金融领域等优势地位恣意伸展长臂，则会导致"域外管辖"走向严重的任意性、单向性标准，从而阻断监管协作互信机制。二是欧盟"等效性监管"模式。欧盟对 MiFID II 第 39（4）条延伸适用并确立"等效性监管"机制，第三国机构若向欧盟专业客户提供衍生品服务，若第三国监管体系与欧盟标准相当，则允许其机构在欧盟市场运营，否则需获得欧盟委员会"等效性认定"并接受直接监管。2023 年欧盟依此新规将场外大宗商品衍生品纳入管辖。同时 MiFID II 将 MiFID II 金融工具、投资服务或交易活动、投资公司等可能影响金融市场稳定的交易行为及参与者均纳入监管范围，监管边界和适用范围较广。三是中国"有限域外管辖"标准。中国《期货和衍生品法》第 2 条明确，境外期货交易和衍生品交易及相关活动，若扰乱境内市场秩序和损害境内交易者合法权益的，可依法处理并追究法律责任。本法通过总则和设立期货交易者专章条款，确立了交易者保护制度体系。2023 年 11月，中国证监会发布的《衍生品交易监督管理办法（二次征求意见稿）》亦明确交易对手方为境内主体即纳入监管，上述法规虽赋予监管机构对影响本国市场和交易者合法权益"管辖权"，在一定程度上扩展了境外/跨境衍生品交易监管范围，依此体现了中国法域外适用效力基本精神，但监管部门可采取的必要措施尚不明确，具体执行条款亦缺乏完善细则，体现出"有限域外管辖"的现实特征及其局限性。

---

〔1〕 参见 CFTC Enforcement Action No. 18-13（2018），https://www.cftc.gov，最后访问时间：2025 年 4 月 26 日。

三、扩张跨境期货交易域外监管适用规则的基本路向

构建我国法域外适用体系一方面旨在妥当拓展我国法律域外适用，另一方面须有效阻断和反制外国法律不当适用于我国。[1]当前应借鉴他国国内法律域外适用司法经验及启示，从立法、执法和司法等多维度，推进中国《期货和衍生品法》域外适用规则体系建设，以契合"走出去"的跨境交易制度型开放和投资安全适用需求。

第一，在《期货和衍生品法》中引入域外适用条款。一方面，明确"实质性联系"标准，借鉴"直接且重大影响"进行测试评估，细化《期货和衍生品法》中境外交易行为管辖门槛。例如，对"境外交易涉及中国实体或影响国内价格形成"即可纳入监管。另一方面，建立"穿透式监管"机制，对境外机构通过 VIE 架构或离岸平台规避监管的行为，应追溯实际控制人并施加合规要求，并以"实质风险敞口"为标准建立负面清单，对汇集系统性风险的跨境头寸实施穿透式监管。另外，引入域外适用条款也要考虑对跨境期货交易双向开放的溢出效应，在立法时对"域外管辖"条款严格限定适用条件，在执法时尽量将此类条款控制在反制的范围内。[2]

第二，扩张《期货和衍生品法》中跨境交易主体域外适用范围。通过立法条款细化管辖适用标准，例如，以境内适格期货公司、境内投资者个人、国内注册各类机构以及海外中资机构等交易机构为设定标准。

第三，建立跨境交易信息监测、共享的域外实施机制。在跨境交易的监督管理中，对境内交易所"走出去"进行监管，按照境外监管机构的要求，需要向境外机构报送与索取相关信息。[3]依据 2022 年《金融市场基础设施原则》（PFMI）新增跨境协作指引，与美国、欧盟、新加坡等主要期货市场签署一揽子信息合作协议，建立全覆盖的信息统计、报送和共享机制。同时，须经《期货和衍生品法》授权并通过穿透式监管，获取境外交易所、期货结

---

〔1〕　霍政欣：《我国法域外适用体系之构建——以统筹推进国内法治和涉外法治为视域》，载《中国法律评论》2022 年第 1 期。

〔2〕　刘旭：《关于完善我国金融法律域外适用体系的思考》，载《中国外汇》2021 年第 Z1 期。

〔3〕　杜涛：《期货市场开放需完善域外监管立法与执法》，载《检察风云》2020 年第 22 期。

算机构终端客户信息，实施对中国跨境交易债权债务关系动态预警监测，以掌握境内机构及其海外中资机构期货交易资产状况。

第四，健全双边/多边跨境监管合作适用体系，寻求并遵循国际多边条约或双边协定法律框架，通过推动 MOU/MMOU 加强与其他国家或地区开展跨境监管合作。例如，在 IOSCO、FSB 等框架下统一协调保证金要求、交易报告标准等跨境监管规则。[1]对尚未纳入多边条约或双边协定但确适用跨境监管的，可通过《期货和衍生品法》合理立法确立中国法律域外适用效力。

第五，确立《期货和衍生品法》域外适用案件集中管辖机制，切实保障涉《期货和衍生品法》域外适用案件独立裁判和公正审理需求，在当前审判机构结构下对案件管辖作出针对性合理调配。在完善期货法域外适用进程中，应通过立法适度扩张一国法律域外适用范围，以起到完善跨境交易域外监管的反制作用，促进中国期货市场良性健康发展和与其他国家（地区）的正常跨境交易。

第七节　优化国际接轨的多模态交互监管路径

在经济全球化的背景下，健全金融市场基础性监管制度是提升监管质效的根本保障。当前涉外期货交易风险诱因及形态更为复杂，开放和创新跨境期货衍生品市场交易，虽可为实体经济风险管理提供更优的选择工具，但规避跨境期货交易风险，更需健全完备的对冲和管理价格波动的监管体系。金融高水平对外开放的重点是规则、规制、管理、标准等制度型开放，这就要求增强金融领域开放政策的透明度、稳定性和可预期性。[2]质言之，开放跨境期货交易要把握处理好工具创新、风险防控与有效监管的关系，构建以制度型开放为特征的跨境期货监管规则和标准体系，为推进跨境交易新发展格局提供监管支撑和制度保障。当前亟须结合域外监管生态、市场结构、境内路径依赖以及监管成本，缜密理解新金融监管架构走向适应性监管的治理逻

---

〔1〕 IOSCO, *Principles for the Regulation of Cross-Border OTC Derivatives Activities*, 2023.

〔2〕 陈洁：《我国金融法的立法逻辑与体系生成》，载《北京大学学报（哲学社会科学版）》2025 年第 2 期。

辑，优化机构监管、功能监管、行为监管、穿透式监管相结合的多模态监管路径，推动跨境监管规则与更高标准的国际监管制度相衔接，提高参与国际期货市场监管治理能力。

一、落实"强监管严监管"任务，渐次由牵头合并机构型监管向功能型监管转进

从法学角度看，跨境期货是以资产（外汇）为核心的期货价值形成、价值转移、差额交换以及包括跨境监管等在内的金融行为。尽管过去几十年中国证券期货市场监管多经变化，但无论从证券市场制度探索到职责分工，抑或从期货市场监管空白到集中监管，至目前形成符合基本国情的证券期货监管机关牵头的监管模式，都是与内外部经济发展水平和金融市场内在业务扩展状况紧密相关的。在分业经营模式下，市场主要监管行为是围绕金融各行业和特定经营业务展开的。与此相应，包括跨境期货行为在内，境内期货政策、监管、稳定等附属金融行为亦是围绕经营期货业务品类以及特定市场展开的。我国现行法律未对金融业进行系统完整的界定，仅在相关法规中对各自规范的金融机构进行列举式规定，体现了我国现行法规的机构规范和机构监管思路。[1]

在此思路下，何以规范特定金融市场行为？除发挥各自行业自律监管功能以及政府监管外，目前也未完全形成专业化的多头监管或是统一监管的固定模式，对于期货市场行为以及跨境交易亦是如此。虽然单一的机构监管设置可有效缓解监管失真等现象，在一定程度上能够解决跨境期货的主要问题，但难以实现跨境交易行业规范和监管的全面覆盖。而新近重建的"一行一总局一会一局"金融监管新架构仍赋予中国证监会证券期货市场监管权，并将"强监管严监管"明确为三大任务之一，其旨在金融监管权力的集中、统一和实现监管全覆盖[2]，这与中央金融工作会议强调"全面强化机构监管、行为

---

〔1〕　刘少军：《金融法制定中的基本范畴与体系结构研究》，载《新疆师范大学学报（哲学社会科学版）》2025 年第 2 期。

〔2〕　石光乾：《金融科技赋能地方金融数智化监管：机制、挑战与对策》，载《湖南社会科学》2023 年第 6 期。

监管、功能监管、穿透式监管、持续监管"的监管目标相一致，本质上表征了强化政府监管能力建设的根本需求。与此同时，境内跨境期货交易样态和国际化水平迅速提升，原有证券期货监管职能划分是为应对传统的典型业务监管而设置的，较难满足跨境期货交易这种新型或典型金融行为的监管需求。这种权责分配并非是固化机构监管、功能监管抑或其他监管的预设安排，而上述所强调的监管分类概念也并非完全绝对。例如，同属多头监管模式的美国和中国香港地区，也不同程度地表现为机构监管与功能监管混合的监管状态。以跨境期货行为功能确立跨境交易监管范围和标准，更能把握跨境期货衍生品特殊交易样态和监管要求，片面实行机构型监管已无法实现全面有效监管之目的。不再单一适用机构型监管或功能型监管，而是二者的结合是监管发展趋势。机构型监管和功能型监管之间不是非此即彼的替代关系，而是相辅相成、交错发展。[1]

概言之，对这一新型跨境金融行为，现阶段宜采取"机构监管+功能监管"协同的监管模式，即根据是否为系统性重要跨境期货交易行为主体机构，由牵头监管机构对证券（期货）业务机构、证券（期货）交易所、证券（期货）投资机构、证券（期货）结算交割机构等系统性重要机构进行审慎监管。在此基础上，亦要基于跨境期货衍生品和交易业务对业务（代理）子公司实施功能型监管，同一衍生品产品类型和交易业务适用同一监管标准和要求。为逐步实现跨境期货交易行为和跨市场业务监管的完整覆盖，应在响应现有机构为主、功能为辅的多头监管基础上，由同步推进机构监管为主渐次实现向强化功能监管为主的转进，从而避免跨境交易行为主体业务模糊、风险隔离失范、监管真空或套利、监管协调困难等问题。

二、在加强功能监管的基础上，应更为明晰并强化以交易行为性质为判断的行为监管

根据《国民经济行业分类》及金融行业实践，现对金融业划分为货币金融业（银行为核心）、资本市场业（资金投资和交易为核心）、保险业（风险

---

〔1〕 鲍晓晔：《场外衍生品市场法律监管制度研究》，法律出版社 2016 年版，第 119 页。

分散功能为核心）以及其他金融业（新兴和特色业态为核心）四大类。现行《证券法》《保险法》则统一列举为银行业、信托业、保险业和证券业。[1]事实上，在每个行业内具体包括金融机构、金融工具、金融市场、金融业务、金融行为等，但在我国现行金融法规中，却没有对这些金融机构、金融工具、金融市场、金融业务、金融行为进行清晰的概念界定。[2]而从金融业务类型来界定，跨境期货交易应隶属于以资金投资与跨境交易为核心的提供资本市场服务的典型金融类型，本质上表现为以期货机构、期货市场、期货工具为核心实施期货及衍生品业务交易的金融行为。应该说，期货立法在配置监管权限时更侧重于期货行业的资本市场服务功能，就跨境期货而言，应针对期货机构不同服务产品或交易行为而不是以期货机构性质进行监管。同样，其他各类金融行为也应基于功能区分并分别实施不同规范和监管。例如，货币融通、投资交易、资金结算、行业中介等金融行为主要面对信用风险、市场风险或差额风险等，如通过模块化、效率化和创新化功能配置进行监管，更有利于发挥风险防控的专业性、一致性功能。

从不同期货机构、衍生金融工具以及跨市场、跨产品交易的行为功能考量，跨境期货交易具有跨期、跨市场、高杠杆、高风险、市场联动和双向交易等特点，是国际游资做空某一类市场或资产的惯用工具[3]，其与传统金融行业的服务功能和市场风险迥异。从增值保值交易行为看，其本来应是为防控管理好其他金融行为风险而生的，但这种典型的跨境交易行为并非普通主体偶然性从事的，而是特殊主体实施的具有需求性、主动性和目的性的交易行为，倘若趋于逐利性目标，在跨境交易链中更易产生高频交易、信息泄露、市场操纵、内幕交易等违法违规行为，因复杂技术进行交易的全球性质，这种违规行为可能更难发现[4]，更可能由溢出效应转化为境内主体承兑风险并传染形成系统性金融风险。

---

〔1〕　参见《证券法》第 6 条、《保险法》第 8 条规定以及相关监管业务规定。

〔2〕　刘少军：《"金融监督管理法"核心内容的基本构想》，载《贵州大学学报（社会科学版）》2024 年第 4 期。

〔3〕　姜哲：《境内期货市场双向开放问题探讨》，载《证券市场导报》2019 年第 4 期。

〔4〕　T. C. Pearson, "When Hedge Funds Betray a Creditor Committee's Fiduciary Role: New Twists on Insider Trading in the International Financial Markets", *Review of Banking and Financial Law*, 28 (2009).

目前全球期货市场立法监管理念已悄然变革，在制度型开放的监管背景下，中国正处于创建跨境期货交易制度规则的最佳时点，在跨境期货监管立法不周全、跨境执法面临不确定、跨境执法效力较低的情势下，为防止跨境交易行为与监管规范割裂，应赋能和强化"加强功能监管、更加重视行为监管"理念[1]，由"对依法准入的主体和业务进行监管"向更强化"对可能存在系统性风险的市场交易行为进行监管"转变。同时，要健全跨境交易行为风险管理标准机制和约束机制，加快建立跨境期货交易行为监管制度体系、约束体系、控制体系和惩处体系，从而提升期现联动制度供给和监管效能。此外，要提升对新型交易行为、异常交易行为的风险监测、分析以及合规预判能力，尤其要将跨境套保、高频交易、场外交易、期货投机、套利交易、外盘交易等具有系统性风险的期货交易资金和行为纳入严格的监管体系，织密新型、异常、违法等各类跨境交易行为事前、事中和事后全过程监管网，实现整体跨境交易效率、交易结构、交易秩序和交易安全的最佳边际均衡。

三、严肃跨境期货交易监管氛围，逐步推进由"会员监管为中心"的隔断式监管迈向"客户监管为主"的穿透式目标导向型监管

在国际金融监管实践及期货领域，采取政府机构、行业协会和清算（交易）所三级监管体系已有成例，其可鉴之处在于，清算（交易）所、行业协会等自律组织更贴近一线，具有应对市场敏感性、变化快和复杂性的监管优势。然而，要掌握交易所如何实现跨境监管，前提是要明确其监管范畴和监管层级。而从境外交易市场自律监管架构看，一般采用当事人模式的欧盟、新加坡等多数国家或地区交易所只能监管到会员，而采用代理人模式的美国 CME、ICE 交易所则可穿透会员直接监管到客户。[2] 换言之，前一种模式，

---

[1] 2017 年 7 月 14 日至 15 日全国金融工作会议强调，强化监管是金融工作要把握好的重要原则之一，要加强功能监管，更加重视行为监管；2023 年中央金融工作会议强调："依法将所有金融活动全部纳入监管，全面强化机构监管、行为监管、功能监管、穿透式监管、持续监管，消除监管空白和盲区"。

[2] 参见高承志、兰晓为：《境外期货市场跨境监管比较研究》，载中国期货业协会官网，http://www.cfachina.org//servicesupport/researchandpublishin/publication/chinafutures/2018/zgqh2018_3_63/201807/P020210303370350535563.pdf，最后访问时间：2025 年 3 月 10 日。

交易所只能通过会员有限地收集境外客户交易信息而无权直接对客户展开日常核查，监管规则因对客户缺乏直接约束力，对其违法交易行为只能交由政府监管机构处罚，因此只监管到会员其实呈现出隔断式特征；而后一种模式，交易所既可要求会员提供境外客户交易信息，亦可对客户直接开展日常核查及违规查处，不会存在境外客户违规而处罚会员的情形，倘若有违规客户逾期未缴清罚款则会禁止其参与交易，这种越过会员可直接监管境外客户并对其进行查处的模式，则具有直接剥开客户违规交易行为"迷雾"的穿透力。这种运用"穿透式监管"，按照"实质重于形式"原则甄别业务性质，力求发现金融活动背后的市场参与者的真实身份和识别金融业务的本质属性，严防交叉性与系统性金融风险的行为，已成为金融监管部门的共识。[1]

　　纵观境内金融监管实践及期货领域，自 2016 年国务院印发《互联网金融风险专项整治工作实施方案》提出"穿透式监管"的政策导向以来，这一新兴监管模式即成为"严肃监管氛围"的具体体现。具体而言，2018 年 4 月央行等 4 部委联合发布《中国人民银行、中国银行保险监督管理委员会、中国证券监督管理委员会、国家外汇管理局关于规范金融机构资产管理业务的指导意见》对包括银行理财产品、信托计划、券商理财产品、保险理财产品等所有资管产品要求按照"穿透原则"合并计算总资产，并遵循和实施"穿透式监管"原则。[2]之后，在各金融监管和行业机构的监管规则和管理制度中则竞相出台"穿透式监管"规范要求。中国证监会于 2023 年 1 月 12 日公布修订的《证券期货经营机构私募资产管理计划运作管理规定》，在其中第 18 条、第 19 条、第 33 条、第 47 条第 5 项，分别作出按照"穿透原则"合并计算所投资管产品总资产，证券期货经营机构"穿透调查"交易对手财务状况、偿付能力及杠杆水平等，"穿透核查"资产管理计划最终投向，"穿透认定"私募资管产品投资者适当性等"穿透式监管"具体规范。同时为落实"一行一总局一会一局"新金融监管体制下"强监管、严监管和全覆盖"目标，

　　　　　　　　　　　　

〔1〕　参见常健：《论"穿透式"监管与我国金融监管的制度变革》，载《华中科技大学学报（社会科学版）》2019 年第 1 期。

〔2〕　参见《中国人民银行、中国银行保险监督管理委员会、中国证券监督管理委员会、国家外汇管理局关于规范金融机构资产管理业务的指导意见》第 20 条、第 27 条第 2 项。

2024年9月中国证监会等7部门发布《关于加强监管防范风险促进期货市场高质量发展的意见》，首先强调了严格监管期货交易行为、加强对各类交易行为的穿透式监管。上述规定的实质在于，一方面，针对防范化解期货交易风险从制度上确立了强监管原则，持续强化了行为监管和机构监管为着力、加强穿透式监管和持续监管为重点、功能监管为补充的立体化期货市场监管布局；另一方面，从监管设计上将强监管全面覆盖到跨境期货经营机构治理、业务经营、交易行为、内控合规以及风险处置等各个环节，为实施跨境交易行为差异化、全过程监管提供了政策路径。虽然已有上述这些强监管、严监管政策加持，但开放跨境期货交易仍须把握调适好工具创新、风险转移与监管范式的关系。稳妥推动期货及其辅助业务"走出去"，既要参与境外期货市场交易，还要投资境外期货公司或在境外设立交割仓库等，风险因素也随之累积和变异，难免出现各种新型的跨境违法行为[1]，在这种风险认知下，对境外期货交易监管适当性、监管形式的逻辑判断因衍生品工具可能被滥用的风险程度大小而存有差异。就跨境期货监管而言，强化期货机构、期货工具、期货市场、期货业务和期货行为的全覆盖监管，既是开放境外期货市场转轨发展期必然的监管趋势，亦是提升跨境监管市场化、法治化和国际化水平的根本要求。

综上可见，采用隔断式抑或穿透式监管模式是与交易所、会员和客户之间的法律关系构造及其交易营运模式紧密相关的。本书第五章已有详细论述，因中国期货交易及其跨境期货交易营运路径，目前采用境内一、二级或境外直接代理模式，且根据中国证监会《期货交易所管理办法》相关规定，期货交易所应当履行自律管理职责；其业务规则、有关决定对各参与主体具有约束力；如交易者有违反期货交易所业务规则的可按规定采取包括但不限于暂停受理或者办理相关业务、限制交易权限、取消会员资格等纪律处分或者其他自律管理措施；可对交易者采取限制或强制临时处置措施等。[2]依此法规，境内期货交易所交易规则亦作出规定，可对客户异常交易行为采取自律监管措施、临时处置措施以及监督、检查涉及期货交易业务行为、内部管理状况、

---

〔1〕 钟维：《期货立法要解决四个瓶颈问题》，载《经济参考报》2020年6月2日，第A08版。
〔2〕 分别参见《期货交易所管理办法》第87条、第89条、第90条、第91条。

财务资信状况及有关业务活动等。可见，上述由交易规则明确赋权的交易所可直接行使客户监管权，在境内亦具有相应立法及规则基础，相对标的亦是穿透式监管模态。对于跨境期货交易监管而言，有学者强调建立"以监管会员为中心"而"不以监管客户为重心"的监管模式。但笔者认为，以前者为中心的监管模式，在交易所实施自律监管权中间要横插一个会员，而让不同会员对跨行业、跨市场、跨地域的资金流动聚合成完整准确的信息流，因在信息统计、数据收集、风险监测等方面没有统一标准，信息登记系统也处于相互分割无法共享的状态[1]，会使监管信息、措施传递的集聚效率降低而徒增"危机救助"成本；同时，客户违规罚会员的模式亦存在对跨境客户处罚较难落实的情况，不仅使期货公司（或清算会员）过度承担风险的成本叠加，亦会导致违规受罚主体的实质偏差。另外，即使从成本和效率考量将客户监管关口前移至会员行使，但会员与交易所行使监管在法定权威、信息监测和技术手段上存有差异，能否对即时跨境交易行为"一看到底"或者说绝对提高监管效率值得商酌。当前重构"一行一总局一会一局"新金融监管格局已明确防控金融风险、服务实体经济、深化金融改革基本任务，对于具有跨市场、跨行业、跨地域、交易链条较长、信息不透明、交易结构复杂的跨境期货业务而言，无论是通过透明化的跨境交易数据收集统计、分析监测防控系统性风险，还是跨地域严格交易链条控制关系、优化境内经营实体风险管理工具，抑或因审查不合规跨境主体控制期货机构会迟滞跨境监管协作机制的完善，其"穿透"的本质应体现为对跨境交易行为"交易主体""衍生品属性""嵌套层级""底层资金""行为责任"等方面呈现出的信息透明度，其"穿透"的核心功能在于"发现事实"，目的是在"发现事实"的基础上根据业务实质认定业务属性、根据业务属性执行相应监管规定、根据业务监管规定明确行为责任、透过业务表面判定遵循何种交易规则，而非基于对所"发现事实"施加可超越任何一种监管模式的新方法或手段。总而言之，对"发现事实"后的监管应在落实防控金融风险、服务实体经济、深化金融改革的监管目标基础上施加具体措施。例如：严格投资者适当性、落实账户实名制

---

[1]　苟文均：《穿透式监管与资产管理》，载《中国金融》2017 年第 8 期。

和管理方式、优化交易控制关系、改进大户报告规则、强化期货机构实控人审查、增强信息披露真实准确即时性、穿透核查交易资产透明性、对跨境交易业务从准入到退出进行全过程监管等。同样，对于违反市场准入规定、未获授权披露客户身份信息、利用客户订单信息进行自营交易、不以成交目的进行报撤单、违反持仓限额规定等违规行为的调查和惩处，不仅可以延续现有的机构监管，还可以采用功能监管、行为监管。[1]质言之，跨境交易"穿透式监管"应作为提升监管效率的识别标准而非前置准入监管新方法，真正要实现对期货交易行为"一看到底"，仍应强化以交易行为为判断的主动监管和功能监管，"穿透式监管"应服务于功能监管、行为监管。

第八节 构建跨境期货交易多维纠纷调处机制

在世界经济一体化的背景下，金融国际化、自由化发展程度日益加深，金融风险传递业已遍及银行、保险、证券、期货、外汇等金融系统各领域。尤其在国际化金融投资竞争领域，域外国家或地区均将衍生品跨境交易视为资本开放的末端供给，亦对利益最大化之需求施以最严格的市场管束，如未准确厘定域外各国"市场、制度、监管"等多重立法基础，本质上将难以调处域外期货交易红利与风险保护的关系。

面对直接从事跨境期货交易、FDI 参与跨境交易、其他主体开展跨境交易等多重结构的交易形式，这些跨境交易特殊样态凸显了跨境监管的现实局限性，一系列跨境交易纠纷案件法律冲突再次表明，推进境内涉外金融衍生品市场交易的首要进路，即健全主体跨境交易风险衡平及纠纷调处机制。无论是在期货法施行还是修法完善中，有关涉跨境期货交易的诸多法律问题仍然需进一步研究。有学者亦指出，其中多元化纠纷解决机制的构建无疑是必须明确的核心问题。因而厘清并完善不限于前文所述法律问题，已成为确立投资者跨境交易法律保障规范及竞争优势的首要路径，以此构建基于期货交易主体、业务规范、风险防控以及纠纷解决等多维纠纷调处机制。对此建议

---

〔1〕 郭艳芳：《论"穿透式"监管原则在私募基金监管中的适用》，载《证券市场导报》2018年第 12 期。

如下：

第一，健全跨境期货交易事故处理工作机制，规范投资者因期货纠纷向境外交易国有权机构（如行业自律组织）的申请调处权，对依合同约定行使或按程序调处结果应承认域外法效，并赋予强制执行权和纠纷管辖权。

第二，具体规定排除仲裁或诉讼管辖之情形，例如调处协议签署、自愿和解等。如适用仲裁方式解决纠纷则应规范约定仲裁机构及解纷规则，并不得违反域外法对交易所、行业协会等设定的强制仲裁管辖规定。同时在投资者诉讼管理权限内，应对滥用诉权行为施以惩罚性后果。

第三，明确境外期货中介机构破产倒闭投资权益保护条款。例如，在破产过程中，可规定自行确定新经纪商、实施移仓权、实施赋权代理、强制平仓并划转资金等主动保护条款。同时规定破产后债权申报、财产分配取回权、客户财产优先受偿权以及有限赔付权等。

第四，建立中国期货监管机关补充执法制度，对于交易者无力解决的境外期货纠纷、或因域外监管职责失当所导致的集体利益受损等行为，期货监管机关可有权补充执法并向管辖法院提起补充诉讼，以最终保障期货法律制度得到正确、适当的执行。[1]

第五，建立域外投资代表人诉讼制度。增列跨境期货交易风险教育和应对说明条款，例如出现群体性、合并性跨境期货交易争议时，可组织并推举代表人向法院提出以全体利益主体为请求的维权诉讼，以有效降低跨境诉讼成本，争取较完善的和解方案以维护金融投资利益。

第六，完善司法与执法域外协调和仲裁机制，应兼顾国内法的完善与国际合作协作，通过国际协调和科技手段提升监管效能。在互惠互认基础上，承认与执行境外监管机构处罚及裁决。亦可参考国际商会（ICC）模式，通过设立跨境争议仲裁机制或建立专门的金融衍生品仲裁庭，推进跨境交易纠纷高效解决。

---

〔1〕 刘少军：《我国"期货法"制定中的主要问题研究》，载《南昌大学学报（人文社会科学版）》2017年第6期。

第九节　完善跨境期货交易基础设施体系建设

当前全球期货交易市场呈现多极化竞争格局，完善与境外期货市场交易相适配的基础设施体系建设，已成为发挥跨境期货风险管理功能、提升跨境交易话语权、服务实体经济国际化需求的关键抓手。根据 BIS 统计，2022 年全球场外衍生品名义本金达 618 万亿美元，其中跨境交易占比超过 65%。[1] 在此背景下，要通过境内终端连接体系提升跨境市场交易竞争力，亟须构建完备的基础设施体系及平台系统，这既是应对全球期货市场交易治理变革的战略选择，亦是防控跨境期货固有风险传导的现实需要。在此过程中，中国要不断建设完善期货市场基础设施体系，除境内期货交易场所和期货结算机构等基础设施平台之外，还包括电子交易平台系统、清算平台系统、跨境资金流动监测系统、期货交易大数据平台等[2]，通过对标国际标准，加快推进跨境期货交易基础设施建设国际化、法治化和数字化。

一、推进跨境期货交易电子交易平台系统建设

设计开发跨境衍生品交易电子盘及其电子交易平台运作系统，要突破跨境市场交易产品、相应市场交易规则以及交易制度配套更新等电子交易市场建设瓶颈。一是构建跨境期货多语言多币种交易界面。开发支持中英双语实时切换的跨境期货交易终端，实现人民币、美元、欧元等主要货币的自动换算功能，并采用 ISO 20022 报文标准，确保与国际主流交易所的技术兼容性，保障不同期货机构间交易信息准确传输与交换。例如，中国香港交易所 Synapse 平台已实现 7 种语言支持，日均处理跨境订单超 50 万笔。[3] 二是建立低时延跨境期货交易通道。可在北京、上海、深圳等金融枢纽中心区域部署跨境期货专用交易节点，通过海底光缆直连 CME、LME 等国际交易所。测试数

---

〔1〕　BIS, *OTC derivatives statistics at end-June 2022*, Basel: Bank for International Settlements, 2022.

〔2〕　刘道云：《境外主要期货市场对外开放的监管沿革、制度路径及借鉴》，载《新金融》2022年第 11 期。

〔3〕　HKEX, *Annual Report 2021-2022*, Hong Kong: Hong Kong Exchanges and Clearing Limited, 2022.

据显示，采用量子通信加密技术的专线可将跨境订单传输时延压缩至 3 毫秒以内，较普通互联网线路提升 90%。[1] 三是优化跨境交易智能订单路由系统。运用机器学习算法构建跨境交易动态路由矩阵，实时分析全球 12 个主要期货市场的流动性、价差及波动率等指标，当境内外价差超过设定阈值时系统即自动执行跨境套利指令，减少因技术差异导致的短频交易盲点。例如，新加坡交易所的 SMART 系统已实现日均自动路由交易量超 30 万手。[2]

二、促进跨境期货交易清算平台系统建设

跨境期货交易清算系统是维护市场稳定、促进跨境交易便利化的核心基础设施，通过集中清算即可有效降低对手方信用风险，促进跨境资本高效配置，增强跨境监管透明度，减少跨境结算中的汇兑与中介成本。一是提升清算系统和技术实现的功能设计。要满足同一清算系统中支持全球各期货市场清算需求，根本是要做到全球交易市场清算规则与计算方式的逻辑定制和操作统一，实现清算会员、清算产品和清算服务等数据"通用"，因而需在清算功能及技术实现上做好系统功能设计。二是建立多边清算互认机制。目前，欧盟 EMIR 框架下的互认机制已覆盖全球 85% 的利率互换清算量。[3] 要推动 CCP 与 BIS 成员机构签订清算互认协议，并采用"清算链接"模式，允许境内机构通过上海清算所直接参与 LCH、JSCC 等国际清算所的保证金冲抵。二是开发跨境交易智能保证金管理系统。构建基于机器学习的动态保证金模型，整合 20 个风险因子实时监测系统。当跨境头寸相关性系数超过 0.8 时，自动触发跨市场保证金折减机制。例如，CME 的 SPAN 系统通过压力测试可将资本效率提升 40%。[4] 三是建立跨境交易纠纷冲突解决机制。集中清算机制可通过多边净额结算、保证金制度和违约处置流程避免合规冲突，但因交易所等期货机构、监管机构在跨境交易中需频繁处理和采集交易主体信息，可能会发生监管国与信息母国信息安全法冲突和调处问题，导致跨境衍生品纠纷

〔1〕　中国人民银行：《金融科技发展规划（2022-2025 年）》，中国人民银行 2021 年发布。

〔2〕　SGX, *Derivatives Market Report Q4 2022*, Singapore：Singapore Exchange, 2023.

〔3〕　ESMA, *EMIR Implementation Report*, Paris：European Securities and Markets Authority, 2022.

〔4〕　CME Group, *Risk Management Handbook*, Chicago：CME Group Inc., 2021.

案件日益多发。据统计，伦敦金融城法律服务中心年均处理跨境衍生品纠纷超 2000 件。[1]因而要制定跨境清算法律适用指引，明确跨境监管和境外延伸监管的法律地位，以及 ISDA 主协议与 NAFMII 协议的衔接规则。同时设立专业仲裁庭处理跨境违约事件，建立包括纽约法、英国法在内的多法域判决互认框架。

三、完善跨境期货交易资金流动监测系统建设

作为跨境期货监管和资金风险管理的重要工具，构建科学、有效的跨境交易资金流动监测系统，可突破跨境资本流动复杂性和隐蔽性，通过实时跟踪、分析跨境期货交易资金流动，防范洗钱、逃税、市场操纵等涉外交易风险，以提升中国境内实体企业跨境期货交易效率。一是构建全口径跨境交易资金监测网络。通过接入 SWIFT、CIPS、CLS 等三大跨境支付系统数据流，适时覆盖 140 余个币种的资金流动监测矩阵，运用自然语言处理技术解析支付报文中的关键字段，实现 T+0 实时头寸监控。二是开发跨境交易资金智能预警模型。通过设置各级监测指标阈值，包括单日净流出规模、货币错配系数、期限错配比率等。当监测指标触及橙色预警线时，自动冻结可疑账户 72 小时，如中国外汇交易中心的监测系统已成功预警 12 起异常跨境资金流动事件。三是建立跨境交易数据协同监管机制。在跨境监管数据实时共享上，欧盟的 ESMA 监管框架已实现 28 个国家的跨境监管数据实时共享。[2]因不同国家监管标准差异以及信息共享障碍，跨境监管更强调国际间的协调合作，尤其是在交易数据跨境传输时更强调国际法中的对等互惠原则。[3]应基于全球性跨境资本流动监管，搭建央行、国家外汇管理局、中国证监会三方数据共享平台，制定跨境期货交易数据报送标准；建立月度资金流动监管联席会议制度，提升跨境交易资金运行监测能力；健全跨境监管数据和执法信息共享机制，完善跨市场交易资金风险预警和处置预案。

---

〔1〕 City of London Law Society, *Cross-border Derivatives Dispute Resolution*, London：CLLS, 2020.

〔2〕 ESMA, *Data Standards for Derivative Reporting*, Paris：ESMA, 2021.

〔3〕 王炜炫：《数据法视角下期货跨境监管的现实困境与制度抉择》，载《金融与经济》2023 年第 7 期。

四、优化跨境期货交易大数据平台系统建设

建设跨境期货交易大数据平台系统，主要是通过集成多源异构数据、实时处理与分析技术提供高效、安全的全球化交易支持系统，解决跨境交易数据割裂、辅助交易决策、优化风险管理等问题以及满足 MiFID II 等国际监管框架下数据报送要求。该系统对增强中国期货市场国际定价权、服务"一带一路"大宗商品贸易具有战略价值。一是构建全球期货交易行情数据中心。通过部署分布式数据采集节点，实时获取全球 50 个主要期货交易所行情数据。建立统一数据清洗转换机制和标准，处理包括时区转换、合约映射、单位换算等十几类数据标准化问题。例如，Refinitiv 的 DataScope 平台可整合超过 400 个交易市场的实时数据流。[1]二是开发智能跨境期货研报生成系统。运用自然语言生成（NLG）技术，基于境外市场数据自动生成中英文分析报告；建立包含 200 个分析模板的规则引擎，实现重大事件 30 分钟内产出深度解读。例如，彭博社的 AI 驱动研报系统日均生成分析报告超 5000 份。[2]三是建立跨境交易监管科技实验室。境内在跨境监管决策方面存在缺乏全面基础信息或有效数据分析，可通过搭建监管沙盒测试环境，开发基于"区块链+期货交易"的智能跨境交易监管合约；也可同步留存境外期货交易数据作为比对参考信息，为后续跨境贸易数据分析、形势预测、查处违法违规行为等提供支持。[3]测试表明：应用 DLT 技术可将跨境交易数据核验时间从 3 天缩短至 2 小时。例如，HKMA 已批准 8 个监管科技项目进入沙盒测试阶段。[4]

总而言之，跨境期货市场交易风险的高度复杂性和连接性，决定了跨境监管与数字信息技术的集成运用息息相关。而跨境期货交易监管成本降低、监管协同实施以及整体跨境监管目标实现，应以推进安全可靠、便利高效、成本可控的跨境交易平台基础设施建设为前提，更要以完善跨境交易电子平台、清算平台、跨境监测平台和大数据平台等系统协同升级为基础，实现向

〔1〕 Refinitiv, *DataScope Product Overview*, London：Refinitiv, 2023.

〔2〕 Bloomberg LP, *AI in Financial Research Report*, New York：Bloomberg, 2022.

〔3〕 盛甫斌、刘晓冰：《区块链技术在跨境贸易场景中的应用》，载《企业管理》2021 年第 1 期。

〔4〕 HKMA, *Fintech Supervisory Sandbox Report*, Hong Kong：HKMA, 2023.

跨境期货信息化和数智化监管转型，以显著增强跨境期货市场定价能力，发挥跨境期货市场价格发现和风险防控作用，促进"双循环"发展格局下资源配置效率提升。毫无疑问，这已成为中国跨境期货乃至金融领域监管改革的重要内容。

第十节　培育和组建跨境期货国际化专业队伍

随着全球期货市场深度融合，跨境期货交易在市场风险管理、价格发现和资产配置中的作用日益凸显。当前中国期货市场国际化进程加速，但专业人才储备不足、国际化经验欠缺等问题制约了跨境期货市场高质量发展。培育和组建一支兼具国际视野、法律素养和实务能力的跨境期货专业队伍，是提升中国在全球大宗商品定价话语权、防范系统性金融风险、完善涉外期货法治体系的战略需求。从期货立法要求视角看，专业化人才队伍建设不仅是市场稳健运行之保障，更是中国期货立法规范与国际规则接轨的重要支撑。

一、加快构建国际化期货法律与合规专业人才培养体系

习近平总书记早在 2019 年 2 月 25 日主持召开中央全面依法治国委员会第二次会议时即强调，要加快推进我国法域外适用的法律体系建设，加强涉外法治专业人才培养。[1]跨境期货交易所涉国别法律环境复杂，涉及国际期货监管协作、跨境结算法律冲突、反洗钱合规等核心法律问题。从境外衍生品业务发展看，境内期货公司境外子公司主要面临国际化人才储备不足、业务竞争力较弱、跨境展业监管等问题。从境外衍生品市场参与情况看，境内具有衍生品套保需求的企业存在专业人才储备不充足等问题，既缺乏选择何种衍生工具、操作交易的专业认识和市场判断，亦未建立专业研发团队，对境外衍生品市场信息及价格变化规律掌握不够。从跨境期货业务国际化竞争力看，专业人才紧缺、跨境业务受限等结构性矛盾突出，导致境外期货子公司

---

〔1〕　新华社：《习近平主持召开中央全面依法治国委员会第二次会议强调 完善法治建设规划提高立法工作质量效率 为推进改革发展稳定工作营造良好法治环境》，载《人民日报》2019 年 2 月 26 日，第 001 版。

业务模式单一，经纪通道业务较难满足客户多维度需求，业务竞争力承压、跨境期货业务整体 ROE 不高。由此可见，加快构建具备国际期货视野、熟悉涉外期货投资规则和域外法律监管体系的复合型涉外法治人才培养体系，已成为制度型开放背景下支撑"走出去"跨境期货交易人才培养的重大任务。

第一，国家教育主管部门应更快响应对标高标准国际贸易和投资通行规则，稳步扩大规则、规制、管理、标准等制度型开放，以及涉外法治专业人才培养的战略布局，瞄准服务国家战略、聚焦市场需求和适应期货发展目标，加大设立并满足国际法学、国际经济法、国际金融法、区域国别法、国际商法、比较法学、数字法学等涉外法治专业和计划。在此专业设置下，重点增强国际商法（侧重国际贸易、投资、金融等实务）、数字法学与跨境数据治理（侧重数据法、网络安全法）、国际争端解决（侧重仲裁与诉讼）等交叉学科与新兴领域专业建设。

第二，国家教育主管部门可通过战略应急专业超常设置机制，联合相关高校和监管机构，即时开启期货相关专业设置"绿色通道"，增设国际期货法、跨境期货法律与合规、跨境数据治理等专业或方向，强化国际期货法律比较研究，重点培养掌握美国 CEA、欧盟 MiFID II 等域外期货法律法规及中国《期货和衍生品法》的复合实践型人才。

第三，中国高校、监管机构、司法机构、期货交易所以及期货培训机构应联合发力，持续设立并满足"涉外律师"项目、"国际法律与政策"项目、法律英语、法律翻译等语言服务专业和项目计划；持续加强与境内各期货交易所及境外子公司实践合作，优化"金融学+统计学"融合培养模式，为金融机构、期货公司培养量化投资分析、交易风险管理等专业人才。亦可借鉴芝加哥大学法学院与 CME 集团合作模式，战略引入国际主要期货市场国家中外合作办学项目，推动境内高校与期货交易所合作，设立"法学+期货交易"双学位或高级别培养项目，通过引入 IOSCO 合规标准作为教学框架，设置 1 至 2 年学制参与境外期货交易所业务实践，培养熟悉跨境交易国际规则、金融科技和专业外语的涉外期货法治人才。

二、持续强化跨境期货业务能力与风险管理专业实操训练

跨境期货交易高杠杆性、跨时区流动性差异及地缘政治风险，要求期货

机构等从业人员具备极强的实务操作与风控能力。建议由中国证监会牵头，联合如 LME、ICE 等国际交易所设计标准化跨境交易模拟系统，开发覆盖外汇对冲、保证金动态管理、跨境违约处置等实务应用场景，并由期货业协会具体实施，对境内期货交易所、期货公司及子公司、符合资质的央国企等机构的参与人员持续性开展实操训练，同时建立与国际投行及对冲基金人才交换机制，选派专业骨干参与境外期货衍生品实盘交易，积累涉外期货交易实战经验，建立具备国际视野和熟悉境内外期货市场的国际化人才队伍。[1]从期货法理论看，上述专业实操训练项目应内嵌入《巴塞尔协议 III》的场外衍生品监管框架，以确保专业人才对国际清算规则（如 CCP 中央对手方机制）深度认知和理解。

三、持续推动业内监管科技与跨境数据合规能力培训

在算法交易、高频交易盛行的背景下，跨境期货市场合规及风险监测，需依托监管科技手段赋能数智化监管，无论期货公司或企业投资专业队伍，均须掌握区块链智能合约在跨境期货结算中的应用、跨境数据流动的法律边界（例如，欧盟《通用数据保护条例》（GDPR）的适用范围及判断标准）以及美国 CFTC 大数据监控工具等。对此在期货市场业内，应持续强化监管科技与跨境数据专业培训，建议在中国证监会期货监管部下设"跨境监管科技实验室"，联合境内一流高校和权威金融科技研究院等科研机构，研发符合中国《数据安全法》规范要求的跨境期货交易数据合规分析及模型。

四、培育组建国际期货交易纠纷仲裁与争议解决专家队伍

跨境期货纠纷常涉及域外管辖权冲突与法律适用等难题，亟须培育和组建精通国际商事仲裁与诉讼的专业人才队伍。境内可参考 LME 仲裁员制度，由上海国际仲裁中心组建跨境期货争议解决专家委员会，遴选熟悉国际期货业务、联合国国际贸易法委员会（UNCITRAL）仲裁规则的涉外律师、专业学者和行业精英参与，组建仲裁与争议解决专家库（名册），通过实施执业经历

---

〔1〕 刘道云：《境外主要期货市场对外开放的监管沿革、制度路径及借鉴》，载《新金融》2022年第 11 期。

全覆盖机制锻炼人才队伍。同时，应增加完善中国《仲裁法（修订草案）》建议条款或制定实施细则，明确国际期货仲裁条款强制执行力，以提升国际竞争力和影响力，并为涉外专业人才提供制度保障。

五、完善跨境期货专业资格认证与职业发展体系

境内目前尚未形成统一的跨境期货从业资格和认证标准，中国人力资源社会保障部和中国证监会可借鉴 FINRA 的 Series 7 考试体系，引入专业资格认证机制并增设"跨境期货交易专业资格认证"。中国期货业协会可联合 SHFF、CZCE、DCE、CFFEX 以及境内专业期货机构，联合建立和施行跨境期货交易分级分类的职业能力评价制度。监管机构亦可协同将具备国际化专业能力纳入期货公司高管任职条件序列，硬性提升从业者职业能力标准及发展空间。从期货法视角看，上述专业认证和发展体系应以《期货和衍生品法》第 85 条（从业人员管理）为法律依据，进而明确跨境业务人员法律责任与职业伦理要求。

本章小结

在全球经济下行压力加大的背景下，制度建设成为各国应对萧条、规避风险和修复经济的良方，有效的制度创新将为接下来的进一步健康发展打下坚实的基础。[1]中国期货市场国际化战略核心是构建"走出去""引进来"的双向发展机制，中国期货市场"走出去"已成为期货国际化的基本经验和启示，亦是打通境内投资者跨境交易的重要前提。中国境内期货市场建设和交易起步较晚，立法监管制度体系尚不完备。当前，完善期货立法与跨境监管理路创新已成为期货市场规避和修复风险的根本遵循。《期货和衍生品法》的颁布施行，能否系统确立跨境期货监管理路以及实践供给跨境监管需求仍需拭目以待。

从境外衍生品市场开放和交易经验来看，中国推进期货交易"走出去"

---

〔1〕　周雪梅：《中国期货市场的路径依赖与轨迹创新》，载《中国证券期货》2019 年第 5 期。

战略必须要完善涉外期货交易监管理路与监管体制，例如，确立跨境期货"双向交易"合法地位法律认同机制、培育提升跨境期货衍生品交易经纪业务能力、逐步扩大衍生品跨境投资（QDII）主体范围、逐步取消 QDII 品种限制，等等，不能在新法颁行后使 QDII、风险公司跨境交易等尝试性开放措施无法可依，更不能因法无明定授权而使跨境期货交易举步维艰。当然，面对跨境期货交易客观存在的运行风险，须借力"弯道超车"更新监管理念、优化监管边界和变革监管模式，从跨境交易主体适当、业务规范、风险防控、协同监管、纠纷解决等方面明确监管理路和标准，最终构建起因应制度型开放规则、与国际化路径相适配的跨境期货交易监管体系与中国方案，以实现维护整体金融秩序、期货交易安全和投资者权益保障的法治目标。

第十章

研究总结及展望

第一节　研究认识与总结

跨境期货交易作为全球化金融市场的核心组成部分，其法律监管问题涉及国际法、国内法、金融学、政治经济学等多学科交叉领域。本书通过系统考察跨境期货交易的学术史、监管理论、历史沿革、行为样态及治理体系，揭示了其立法监管的复杂性与特殊性，并试图构建一整套兼顾"服务+创新+开放+效率+安全"的综合监管法治框架。"监管的科学性依赖于立法实践的总结与反馈机制"[1]，因而总结经验并反思是提升认知的主要关键。行文至此，现对本研究的主要认识从理论和实务两个维度加以总结。

一、跨境期货交易及其监管的理论核心认识

习近平总书记在中央全面依法治国工作会议上强调，要坚持统筹推进国内法治和涉外法治，加快涉外法治工作战略布局，协调推进国内治理和国际治理，更好维护国家主权、安全、发展利益。《法治中国建设规划（2020-2025 年）》也提出，要坚持立改废释并举，加强重点领域、新兴领域、涉外领域立法；推动贯彻新发展理念、构建新发展格局，加快完善深化供给侧结构性改革、促进创新驱动发展、防范化解金融风险等急需的法律法规；健全事前事中事后监管有效衔接、信息互联互通共享、协同配合工作机制；加强和创新事中事后监管，推进"双随机、一公开"跨部门联合监管，强化重点领域重点监管，探索信用监管、大数据监管、包容审慎监管等新型监管方式，努力形成全覆盖、零容忍、更透明、重实效、保安全的事中事后监管体系。

---

[1]　应松年主编：《当代中国行政法》，人民出版社 2018 年版，第 256 页。

要适应高水平对外开放工作需要，完善涉外法律和规则体系，提高涉外工作法治化水平。同时，积极参与国际规则制定，推动形成公正合理的国际规则体系，加快推进中国法域外适用的法律体系建设。

随着中国期货国际化战略推进与深化，期货市场双向开放已成为促进国内国际双循环、构建新发展格局的重要组成部分。在习近平法治思想、中共中央和国务院系列政策意见中，明确提出了统筹推进国内法治和涉外法治建设的总思路，即有序推进期货市场对外开放，完善现代金融监管体系，提高金融监管透明度和法治化水平，创新防范化解金融风险的新型监管方式和体系，积极推进防范风险、涉外法治等重要领域立法。当前期货监管法治研究迟滞于期货交易立法供给需求，回观近年发生的"联合石化""中行原油宝"等穿仓亏损事件，暴露出跨境期货交易在立法、执法和司法领域的监管风险，由此产生的后果，已背离期货市场开放和跨境监管的法治预期。

基于"制度型开放目标+金融重点领域立法"总体布局理论以及监管立法供给需求矛盾，本书研究得出以下方面认识：

一是跨境期货交易监管必要性的双重逻辑。跨境期货交易监管不仅源于市场失灵理论（如信息不对称、负外部性、系统性风险）等，更基于主权国家金融安全与全球金融治理的竞争博弈需求。本书提出"监管正当性与监管共生理论"论述跨境监管权与国际协作的法理关系，明确指出单一主权监管无法覆盖跨境交易的流动性和溢出风险，而过度依赖国际协调亦可能削弱域外监管实效性。

二是跨境期货交易行为样态的特殊性。跨境期货交易的高杠杆性、电子化和跨时区特征，会导致"域外管辖"等域外法律适用冲突、交易者保护中跨境追偿困境等新型监管问题。本书提出"行为属地化+风险全球化"监管理念，可为尝试确立跨境期货交易监管维度及其标准提供理论依据。

三是跨境期货交易监管正当性的法哲学基础。传统"契约自由"原则面临跨境期货交易行为"金融正义"的监管修正。本书借鉴和界定交易者（投资者）适当性标准，主张施行"差别监管原则"并向保护弱势交易者权益倾斜，同时通过"监管沙盒"等监管科技工具平衡金融创新与交易安全。

二、跨境期货交易业务及其监管实践层面认识

中国《期货和衍生品法》对"跨境交易与监管协作"已设专章规范，表明了立法实施监管的前瞻性、迫切性态度，而转承上述金融法治战略思想及期货立法前瞻性，亟须对立法专章或条款的原则性规定展开深入研究和细化，通过配套立法和完善监管适用规则，着力系统构建跨境期货交易行为及其监管内容、协作模式、标准路径的监管法律标准，最终实现跨境期货交易监管的内外法治协同治理。

当前跨境期货交易催生的市场新主体、服务新内容、交易新模式和监管新业态，已对跨境交易模式、立法体系、监管协作构成重大挑战，推进跨境期货交易法律监管体系纵深研究尤为迫切。本书研究成果，既可为监管机构认识、评估和应对投资风险，创新监管理念和监管方式提供参考建议，也可为境内主体、监管机构、经营主体构建"事前事中事后"全链条监管体系提供决策依据。同时，对于防控跨境交易风险传导、提升期货市场监管治理效能以及健全涉外监管法治体系具有实际应用价值。但从跨境交易业务监管实践层面看，仍可以得出以下关键性认识：

一是跨境期货交易监管沿革具有阶段性特征。从 20 世纪 90 年代的盲目扩张到 21 世纪初的强化干预，再到以"ESG 导向"的智能全覆盖、持续性监管，跨境期货监管呈现"螺旋式上升"趋势，正因如此，当前跨境期货监管政策与金融科技驱动呈非线性关系，跨境数据流动、区块链、AI、算法交易等数智技术变量正在重构监管工具，亦使中国跨境期货及金融领域监管改革面临新一轮技术革新。

二是跨境监管法律冲突的实证分析。通过对中国香港地区、中国台湾地区及西方期货市场监管模式进行比较，本书指出跨境监管核心矛盾在于解决不同国家立法"监管竞合"（例如 CFTC 与 ESMA 对衍生品规则冲突），提出健全中国"等效互认"的双边/多边跨境监管合作适用体系。

三是跨境监管治理体系构建理路。本书主张"分层治理"模式，即国内层面推进机构监管、功能监管、行为监管、穿透式监管等多模态交互监管路径，优化完善"穿透式监管"；区域层面推动"中国-东盟"期货市场一体

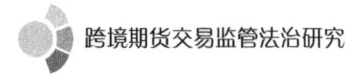

化，共建跨境监管标准及其"等效互认"；国际层面强化 IOSCO 规则软法化功能，形成"微观—中观—宏观"多级联动监管体系，完善司法与执法域外协调及仲裁机制。

第二节 研究不足及展望

本书坚持"考察/评析、比较/借鉴、立法/完善、体系/构建"的研究脉络，通过分析、借鉴域外期货监管经验，推进新型跨境期货监管范式的立法转换，勾勒"走出去"跨境监管理论与实践全貌，力图从理念革新、模式转换、创新规则、完善路径等多领域构建"协作共治"的跨境监管标准，为完善涉外期货法律监管和域外适用规则体系提供立法建议。尽管本研究对跨境期货交易监管进行了系统性探索，但受限于学科边界与跨境业务动态性，实感研究仍存有一定缺憾和不足，亟待各界学仁共同发力与持续深化，具体表现在以下和不限于以下方面：

第一，跨境期货交易尚未有固化的参与模式、成熟的监管模式和有效的规制体系，因而在如何构建跨境交易监管体系及协同机制上，提出的监管举措及立法建议仍有不足。

第二，跨境期货交易在法域上不仅有中国法考虑，也涉及英美法、大陆法、伊斯兰法等法域规定及不同监管态度。现有研究多以欧美立法监管体系为借鉴，但对"全球南方"国家（如非洲大宗商品期货市场）监管诉求关注不足，因而对如何系统建构契合域内外期货市场发展、通用互认的跨境期货监管标准仍显力度不足。

第三，跨境期货监管是立法技术在跨境执法中的域外运用，所涉及立法、司法和执法表现为本国法和域外法协同治理的体系化。本书主要聚焦于传统经济风险，对碳期货跨境结算、SWIFT 制裁对期货清算体系影响等非传统安全研究关注不足，因而在确立期货立法域外适用效力、实施"预变性"跨境监管协作，以及如何通过颠覆性创新跨境监管合作范式、优化法治化路径等方面，研究深度及匹配度不足。

综合上述，本书研究对相应难点问题的认识和把握性、突破性不够，对此主题的完善仍有精进空间，在此认识基础上提出未来研究展望：

第一，跨境期货交易数据信息与实践案例的获取。境内对跨境期货交易业务与监管实践尚处于探索期，同时因境内各期货交易所强化信息管控机制，相关交易业务信息和实践案例基本不公开，之前产出的为数不多的专题研究报告基本限于行业内部参考，使得通过信息收集、数据处理和案例分析运用于理论实践研究尚存在相应难度，因而欲实现跨境期货交易理论及实践成果突破存在相当困难。今后可继续通过供职于境内期货交易所、期货公司以及期货机构的学者、业界从业者，努力获取行业持续性发展和实践资料，推进成果进一步的精深完善。

第二，跨法域、跨学科研究的整合。当前中国《期货和衍生品法》虽设专章对"跨境交易与监管协作"进行原则性规范，但跨境期货交易新业态存在法域差异和不平衡性。如何确立并达成跨境监管规则与监管协作的最佳边际均衡，应是最终构建跨境期货交易监管标准的法理逻辑，需要综合运用跨法域、跨学科的新视角和专业支撑提供理论创新基础，比如国际法学、金融学、经济学、信息技术学等。当前研究偏重法学规范性分析，而对金融工程学中的风险计量模型（如 VaR 在跨境保证金计算中的应用）、政治经济学中的监管俘获理论等交叉领域挖掘不够。对于跨学科整合不足的问题，可持续发挥多元学科背景、专家和业界力量协作论证的指导作用，亦应作为后续研究的重要参考和突破点。

第三，跨境期货监管技术范式的创新。后续研究可突破学科整合不足，如可以引入网络分析法等复杂科学理论模拟跨境期货风险传染路径，尤其在 DeFi（去中心化金融）背景下，跨境期货合约智能化执行亦可能会脱离法域管辖，因而需结合 Web3.0 技术特征重构监管逻辑。例如，开发监管科技沙盒测试区块链跨境监管可行性、构建和利用 NLP 技术自动识别各国跨境监管规则冲突点、推动"跨境期货监管公约"等软法硬化明确母国与东道国监管责任分担原则和比例、通过设立"跨境风险准备基金"应对系统性违约风险跨境传导等。

第四，跨境监管与协同共建治理体系的结合。当前国际金融市场监管制度处于重大变革阶段，要实现跨境期货监管协同共建的内外法治目标，必须汲取、甄别域外跨境监管协作案例展开实证研究。这需要在耗费大量人力财力资源的基础上，与相关期货交易所、期货公司、中国期货业协会等实务部门合作，通过域外案例查明、归集跨境监管实务资料，以缩短法理研究与实证方案差距，通过跨境数据和案例分析量化跨境交易监管协作效率，完成立法规范与政策建议的实践检视和纠偏，最终结合共建"一带一路"倡议，完善跨境期货监管协同机制的中国方案。

本章小结

跨境期货交易监管法治是一场永无止境的体现法律价值均衡的立法博弈。本书研究既是对以往学术经验的总结，亦是对本主题研究未来监管趋势的预判。在逆全球化暗流与新一轮科技革命并行的时代，一国监管者需在跨境期货市场"开放"与"安全"、"效率"与"公平"之间寻求一种最佳监管边际平衡，唯有持续深化跨境监管理论创新、推进跨境交易业务创新、加强国际监管协作实践，方能促动构建适应百年未有之大变局的金融监管治理新秩序。

参考文献

1. ［古希腊］亚里士多德：《政治学》，吴寿彭译，商务印书馆 1965 年版。

2. 王锡锌：《行政程序法理念与制度研究》，中国民主法制出版社 2007 年版。

3. ［美］小奥利弗·温德尔·霍姆斯：《普通法》，冉昊、姚中秋译，中国政法大学出版社 2006 年版。

4. 杨东：《监管科技：金融科技的监管挑战与维度建构》，载《中国社会科学》2018 年第 5 期。

5. 尹中卿、雷雯、黄平：《〈期货和衍生品法〉的制定对完善我国金融法律制度的重要意义》，载《清华金融评论》2022 年第 5 期。

6. 鲍仁：《努力实现规则、规制、管理、标准相通相容》，载《期货日报》2024 年 11 月 8 日，第 001 版。

7. 刘宏光：《我国期货市场行政处罚案例透视：1999—2018》，载《金融法苑》2019 年第 2 期。

8. 刘少军：《金融法制定中的基本范畴与体系结构研究》，载《新疆师范大学学报（哲学社会科学版）》2025 年第 2 期。

9. 李平、高椰：《制度型开放与全球经济治理体系改革的中国对策》，载《国际经济合作》2024 年第 1 期。

10. 赵蓓文：《新发展格局下制度型开放的目标、路径与构想》，载《思想理论战线》2023 年第 6 期。

11. 刘凌、黄建忠、汪建新：《扩大金融领域制度型开放的运行机理、现实风险和实施路径》，载《国际贸易》2024 年第 1 期。

12. 彭德雷、孙安艺：《跨境服务贸易制度型开放：趋势、特征与策略》，载《开放导报》2024 年第 1 期。

13. 韩宋辉：《加快制定金融监管法 统一监管标准》，载《上海证券报》2024 年 3 月 8 日，第 003 版。

14. 刘少军：《我国"期货法"制定中的主要问题研究》，载《南昌大学学报（人文社会科学版）》2017 年第 6 期。

15. 黄爱学：《论我国期货法的立法目的》，载《学术交流》2013 年第 3 期。

16. 楼建波、刘燕：《我国期货法的定位及其与〈证券法〉之关系———一种立法论的进路》，载《财经法学》2015 年第 2 期。

17. 叶林、钟维：《核心规制与延伸监管：我国〈期货法〉调整范围之界定》，载《法学杂志》2015 年第 5 期。

18. 刘道云：《关于完善期货法立法的导向性建议》，载《证券市场导报》2017 年第 11 期。

19. 吴凌翔：《关于完善我国期货市场法制的几点思考》，载《新金融》2017 年第 8 期。

20. 胡俞越、刘志超：《我国期货市场国际化的路径选择》，载《期货日报》2016 年 9 月 9 日，第 004 版。

21. 李强：《加快期货市场对外开放》，载《中国金融》2014 年第 10 期。

22. 张异冉：《我国期货市场对外开放问题研究》，载《中国物价》2017 年第 10 期。

23. 薛智胜、高基格：《中国期货市场国际化的市场准入问题探析》，载《天津法学》2016 年第 3 期。

24. 胡俞越、张少鹏：《期货市场的国际化发展》，载《中国金融》2015 年第 22 期。

25. 张帆：《内地期货公司探索国际化新路径》，载《期货日报》2014 年 7 月 17 日，第 001 版。

26. 姜哲：《期货市场国际化：现状、问题与应对》，载《证券市场导报》2021 年第 7 期。

27. 姜哲：《境内期货市场双向开放问题探讨》，载《证券市场导报》2019 年第 4 期。

28. 杨照东：《"一带一路"建设对期货市场的挑战及政策建议》，载《中国经济时报》2017 年 2 月 17 日，第 A05 版。

29. 邬梦雯：《"一带一路"背景下期市国际化发展新机遇》，载《期货日报》2017 年 9 月 4 日，第 001 版。

30. 张克：《"一带一路"对我国期货市场的影响及应对策略———基于交易所的视角》，载《郑州航空工业管理学院学报》2017 年第 2 期。

31. 中南大学证券期货研究中心：《境外期货交易的基本制度、风险管理及相关法律程序问题的研究》，中国期货业协会联合研究计划（第一期）资助项目，2004 年 2 月。

32. 刘志超主编：《境外期货交易》，中国财政经济出版社 2005 年版。

33. 邓梦燕：《关于推进我国境外期货交易的建议》，载《湖南医科大学学报（社会科学版）》2006 年第 1 期。

34. 唐波：《〈期货法〉应对涉外交易作出规定》，载《期货日报》2014 年 8 月 6 日，第 003 版。

35. 吴建斌：《对境外期货经纪公司的资格审查》，载《法学杂志》1994 年第 1 期。

36. 李颖：《中国期货公司境外期货代理业务研究》，首都经济贸易大学 2011 年硕士学位论文。

37. 邹功达：《放开境外期货代理的可行性及政策建议》，载《期货与金融衍生品》2012 年第 5 期。

38. 兰光：《境外期货业务风险及监管》，载《中国外汇管理》2002 年第 9 期。

39. 杨艳军、何怡静：《境外期货交易代理人收益制度的缺陷及其改正》，载《中南大学学报（社会科学版）》2004 年第 4 期。

40. 夏冰：《国有企业境外套期保值风险控制问题研究》，中国农业大学 2007 年硕士学位论文。

41. 安毅、王军：《与〈期货法〉立法相关的若干重要问题探讨》，载《证券市场导报》2015 年第 1 期。

42. 刘道云：《境外主要期货市场对外开放的监管沿革、制度路径及借鉴》，载《新金融》2022 年第 11 期。

43. 宋薇萍：《郑商所：为跨境交易创造更加积极有利条件》，载上海证券报·中国证券网，https://news. cnstock. com/news，bwkx-201909-4425055. htm，最后访问时间：2025 年 7 月 18 日。

44. 罗剑：《原油期货跨境监管的重点、难点与路径研究》，载《新金融》2014 年第 1 期。

45. 陈洁主编：《商法界论集（第 2 卷）期货法立法研究》，法律出版社 2018 年版。

46. 姜洋主编：《国际期货监管经验与借鉴：境外期货监管研讨会演讲集》，中国财政经济出版社 2011 年版。

47. Taylor, J. B. , "The Monetary Transmission Mechanism：An Empirical Framework", *Journal of Economic Perspectives*, 1995, 9（4）.

48. James, S. , Nobes, C. , *The Economics of Taxation*, Prentice Hall, 7（1999）.

49. Johnson, P. M. , Hazen, T. L. , *Derivatives Regulation*, West Academic, 2（2004）.

50. Awrey, D. , "The Limits of Private Ordering in International Financial Regulation：The Case of Credit Derivatives", *North Carolina Journal of International Law & Commercial Regulation*, 2010, 36（1）.

51. Jordan, C. , *International Capital Markets：Law and Institutions*, Oxford University Press, 2005.

52. Arner, D. W. , *Financial Stability, Economic Growth, and the Role of Law*, Cambridge University Press, 2016.

53. Kuo, W. ‐H. et al. , "Liquidity and Transaction Costs in the Taiwan Futures Market", *Journal of Futures Markets*, 2014, 34 (12).

54. Lin, S. ‐C. , Chen, Y. ‐T. , "Cross‐Border Hedging Effectiveness with Futures: Evidence from Asian Markets", *Journal of Futures Markets*, 2016, 36 (5).

55. Wang, J. H. , Zhang, L. , "Liquidity Commonality and Pricing in Futures Markets", *Journal of Financial Economics*, 2015, 118 (2).

56. Menkveld, A. J. , Dreber, A. , "Futures market liquidity and funding liquidity: Evidence from the FX market", *Review of Financial Studies*, 2016, 29 (8).

57. Basel Committee on Banking Supervision, *Principles for the sound management of operational risk in financial institutions*, Bank for International Settlements (BIS), 2021.

58. Ferrarini, G. , *Financial Regulation: A Transatlantic Perspective*, Oxford University Press, 2023.

59. Andrew Mcknight, *The law of International Finance*, Oxford University Pubns, 2009.

60. 中国期货业协会编:《中国期货业发展创新与风险管理研究 (6)》,中国金融出版社 2014 年版。

61. 周璐璐:《国内期货市场走出国际范儿》,载《中国证券报》2019 年 9 月 2 日,第 A04 版。

62. 韩雨芙:《期市"引进来"基础增厚 境外展业还需修炼》,载《期货日报》2020 年 6 月 17 日,第 001 版。

63. 杨毅:《我国期货市场对外开放再迎利好 合格境外机构投资者可参与部分期货期权交易》,载《金融时报》2022 年 9 月 8 日,第 007 版。

64. 潘之怡:《上海自贸区分账核算细则 区内期货公司风险管理子公司将可跨境交易》,载《期货日报》2014 年 5 月 23 日,第 001 版。

65. 饶红浩:《基金公司为跨境期货套利资金"架桥"》,载《期货日报》2014 年 2 月 27 日,第 001 版。

66. [美] 查尔斯·沃尔夫:《市场或政府——权衡两种不完善的选择/兰德公司的一项研究》,谢旭译,中国发展出版社 1994 年版。

67. [德] 迪特尔·梅迪库斯:《德国民法总论》,邵建东译,法律出版社 2000 年版。

68. [德] 卡尔·拉伦茨:《法学方法论》,陈爱娥译,商务印书馆 2003 年版。

69. 卓泽渊:《法的价值论》,法律出版社 2006 年版。

70. [美] 约翰·罗尔斯:《正义论》,何怀宏、何包钢、廖申白译,中国社会科学出版社 1988 年版。

71. [英] 哈特:《法律的概念》,张文显等译,中国大百科全书出版社 1996 年版。

72. 赵芸：《境内外投资者适当性制度研究》，载《中国证券期货》2021 年第 5 期。

73. ［美］E·博登海默：《法理学：法律哲学与法律方法》，邓正来译，中国政法大学出版社 2004 年版。

74. 吕忠梅、陈虹：《经济法原论》，法律出版社 2007 年版。

75. 何志鹏：《现代化强国的涉外法治》，载《吉林大学社会科学学报》2022 年第 3 期。

76. 常远：《中国期货市场的发展历程与背景分析》，载《中国经济史研究》2007 年第 4 期。

77. 陈东林：《七十年代前期的中国第二次对外引进高潮》，载《中共党史研究》1996 年第 2 期。

78. 熊亮华：《红色掌柜陈云》，湖北人民出版社 2005 年版。

79. 《陈云文选（第 3 卷）》，人民出版社 1995 年版。

80. 叶全良：《期货论——中美期货市场比较研究》，湖北人民出版社 2003 年版。

81. 沈开艳：《中国期货市场运行与发展》，学林出版社 2003 年版。

82. 马源平：《期货市场成长论——中国现阶段期货市场的理论思考》，陕西人民出版社 1998 年版。

83. 中国证监会期货部、中国期货业协会编著：《中国期货市场发展研究报告》，中国财政经济出版社 2004 年版。

84. 刘鸿儒：《制止期货市场盲目发展，保证试点工作健康运行》，载中国证券业年鉴编辑委员会编：《中国证券业年鉴（1994）》，新华出版社 1994 年版。

85. 李剑阁主编：《中国期货市场年鉴（1995 年）》，改革出版社 1995 年版。

86. 《国有企业境外期货套期保值业务管理办法》。

87. 索寒雪：《中储粮海外期货交易权申请或遭国资委否决》，载《中国经营报》2013 年 7 月 29 日，第 02 版。

88. 杨峰：《新形势下我国 QDII 监管制度的完善》，载《中国商法年刊》2008 年第 00 期。

89. 王战：《让试验田上培育出的种子尽快开花结果》，载《求是》2014 年第 23 期。

90. 中国期货业协会编：《中国期货业发展报告（2013 年度）》，中国金融出版社 2014 年版。

91. 沈宁：《期货公司积极"走出去"海外业务成重要增长突破口》，载《证券时报》2022 年 11 月 4 日，第 A05 版。

92. 董依菲：《法律护航 国际化业务迎来新发展》，载《期货日报》2022 年 12 月 16 日，第 002 版。

93. 蒋晓妍、方陈：《境外金融服务机构监管模式的特点及其启示》，载《学术界》2014 年第 1 期。

94. Arthur E. Wilmarth, Jr. , "The Transformation of the U. S. Financial Services Industry, 1975–2000: Competition, Consolidation, and Increased Risk", *U. ILL. L REV*, 2002.

95. Seema G. Sharma, "Over-the-Counter Derivatives: A New Era of Financial Regulation", *Law and Business Review of the Americas*, 17 (2011).

96. 上海期货交易所"境外期货法制研究"课题组编著:《美国期货市场法律规范研究》,中国金融出版社 2007 年版。

97. 上海期货交易所《"期货法"立法研究》课题组编著:《"期货法"立法研究(下册)》,中国金融出版社 2013 年版。

98. 《SEC 2019 财年预算申请及 2017 财年绩效评估报告》,载美国证券交易委员会官网,https://www. sec. gov/reports-and-publications/budget-reports/secfy19congbudgjust,最后访问时间:2024 年 11 月 17 日。

99. 张彩萍:《中美跨境证券监管机制比较研究》,外交学院 2018 年博士学位论文。

100. 陈建平、卢庆杰:《美国期货市场跨境监管实践及启示》,载《期货日报》2013 年 6 月 3 日,第 004 版。

101. 陈斌彬、张晓凌:《股指期货和股票现货跨市场交易监管研究》,厦门大学出版社 2015 年版。

102. Laurence, Henry, "The Rule of Law in the Era Globalization", *Global Legal Study*, 6 (1999).

103. 汪利娜:《英国金融期货市场:监管、发展及对中国的借鉴意义》,载《财贸经济》1996 年第 1 期。

104. Jerry W. Markham, "Super Regulator: A Comparative Analysis of Securities and Derivatives Regulation in the United States, United Kingdom, and Japan", *Brook. J. Int'l L.*, 28 (2003).

105. 熊玉莲:《金融衍生工具法律监管问题研究——以英、美为主要分析视角》,北京大学出版社 2009 年版。

106. 鲍晓晔:《场外衍生品市场法律监管制度研究》,法律出版社 2016 年版。

107. Dan Awrey, "The FSA, Integrated Regulation, and the Curious Case of OTC Derivatives", *University of Pennsylvania Journal of Business Law*, 13 (2010).

108. 上海期货交易所"境外期货法制研究"课题组编著:《新加坡期货市场法律规范研究》,中国金融出版社 2007 年版。

109. 新加坡《证券和期货法》。

110. 新加坡《商品交易法》。

111. 严嘉、于静：《香港金融法》，河南人民出版社 1997 年版。

112. 鲍晓晔：《香港场外衍生产品市场监管制度改革》，载《学术探索》2013 年第 11 期。

113. G30, The Structure of Financial Supervision: Approaches and Challenges in a Global Market-place, 2008. available at https://www. group30. org/publications/detail/4931.

114. 宋锡祥：《台湾"期货交易法"评析》，载《政治与法律》1999 年第 1 期。

115. David G. Mayes and Geoffrey E. Wood, *The Structure of Financial Regulation*, London: Routledge, 2007.

116. Robin Hui Huang and DirkSchoenmaker, *Institutional Structure of Financial Regulation: Fundamental Theories and International Experiences*, London: Routledge, 2015.

117. 石光乾：《金融科技赋能地方金融数智化监管：机制、挑战与对策》，载《湖南社会科学》2023 年第 6 期。

118. 刘少军：《法边际均衡论——经济法哲学》，中国政法大学出版社 2007 年版。

119. 《境外交易者和境外经纪机构从事境内特定品种期货交易管理暂行办法》。

120. 冯玉成：《境外期货公司业务模式借鉴》，载《中国证券期货》2014 年第 11 期。

121. 《期货和衍生品法》。

122. 杨美：《期货公司：加快双向开放步伐》，载《期货日报》2023 年 10 月 25 日，第 002 版。

123. 王在伟：《〈期货法〉（草案）中提到的"中央对手方"是什么意思?》，载商品交易场所创新服务智库公众号，https://mp. weixin. qq. com/s/y3h7w5XAZitmOYds96pglw，最后访问时间：2021 年 8 月 14 日。

124. 徐欣晗、石松、杜宸：《全球主要交易所清算模式与清算会员体系探析》，载《金融纵横》2021 年第 9 期。

125. 翟浩：《论我国商品期货交割库交割违约时的责任分配》，载《河北法学》2022 年第 5 期。

126. 上海期货交易所"境外期货法制研究"课题组编著：《德国期货市场法律规范研究》，中国金融出版社 2007 年版。

127. 南华期货研究所：《国内期货公司参与境外市场的可行性与模式建议》，载《中国期货》2021 年第 2 期。

128. 祝惠春：《期货市场助力构建新发展格局》，载《经济日报》2023 年 9 月 12 日，第 007 版。

129. 刘少军：《货币法学研究》，中国政法大学出版社 2022 年版。

130. Carmona R, Durrleman V., "Pricing and Hedging Spread Options", *SIAM Review*, 4 (2006).

131. Working, H, "New C on coming Futures Markets and Prices", *American Economics Reviews*, 52（1962）.

132. 王小丽：《股票与股指期货跨市场监管法律制度研究》，法律出版社 2017 年版。

133. 刘旭：《境外期货交易：内部风险管理至为关键》，载《国际商报》2005 年 9 月 10 日，第 002 版。

134. United States Congress Senate, Committee, "Illegal Insider Trading：How Widespread Is the Problem：Hearing Before Subcommittee on Judiciary", *109th Cong*, 10（2006）.

135. Julia Lees Allen, "Derivatives Clearinghouses and Systemic Risk：A Bankruptcy and odd-Frank Analysis", *Stanford Law Review*, 64（2012）.

136. 董铮铮：《服务"一带一路"期货市场探索国际化》，载《上海证券报》2015 年 12 月 7 日，第 002 版。

137. 李枫、李济广：《金融衍生品市场不具有价格发现功能》，载《南方金融》2019 年第 3 期。

138. 贺绍奇：《美国对关系国计民生商品过度投机的法律规制及其借鉴》，载《中国市场》2016 年第 26 期。

139. 綦相：《国际金融监管改革启示》，载《金融研究》2015 年第 2 期。

140. 沈宗灵：《现代西方法理学》，北京大学出版社 1992 年版。

141. ［美］唐·钱斯、罗伯特·布鲁克斯：《衍生工具与风险管理》，丁志杰等译，机械工业出版社 2010 年版。

142. 吴志攀：《金融法概论》，北京大学出版社 2011 年版。

143. 张美玲：《我国商品期货市场监管法律制度研究》，中国政法大学出版社 2018 年版。

144. 马文胜：《期货公司正在逐步转型成为期货经营机构》，载新浪财经网，https://finance. sina. com. cn/money/future/roll/2018-12-03/doc-ihprknvs7881878. shtml，最后访问时间：2024 年 10 月 12 日。

145. 崔蕾：《专家学者：国际化将给期货市场带来质变》，载《期货日报》2018 年 5 月 31 日，第 002 版。

146.《中国（上海）自由贸易试验区分账核算业务实施细则（试行）》。

147.《中共中央、国务院关于构建开放型经济新体制的若干意见》。

148. 杨美：《联合石化原油交易巨亏疑云引发业内深思》，载期货日报网，http://www. qhrb. com. cn/2019/0124/241308. shtml，最后访问时间：2020 年 6 月 25 日。

149. 杨松、郭金良：《"原油宝"事件再次提醒我们：场外金融衍生品市场监管漏洞必须弥补》，载金融法界公众号，https://mp. weixin. qq. com/s/a8eTyo4O4q86voEFTK-OTA，最后访问时间：2023 年 7 月 20 日。

150. ［德］卡尔·拉伦茨：《法学方法论》，陈爱娥译，商务印书馆 2003 年版。

151. 刘少军：《准金融"机构与业务"监管的法理研究》，载《金融法学家（第五辑）》2013 年。

152. （德）尤利乌斯·冯·基尔希曼：《作为科学的法学的无价值性——在柏林法学会的演讲》，赵阳译，商务印书馆 2016 年版。

153. Lawrence, G. B. "Adaptive Financial Regulation And Regtech: A Concept Article on Realistic Protection for Victims of Bank Failures", *Duke Law Journal*, 66 (2016).

153. Jurgen Basedow, Toshiyuki Kono, *Legal Aspects of Globalization: Conflicts of Law, Internet, Capital Markets and Insolvency in a Global Economy*, Boston: Kluwer Law International, 2000.

154. 邱润根：《证券跨境交易的监管模式研究》，载《当代法学》2006 年第 2 期。

155. 张永亮：《中国金融科技监管之法制体系构建》，载《江海学刊》2019 年第 3 期。

156. 中金所期货市场巡回审理协作部：《2019 年美国期货市场监管执法实践与借鉴》，载《期货日报》2020 年 1 月 21 日，第 005 版。

157. 石光乾：《我国众筹融资行业发展及监管启示：基于新金融业态视角》，载《北京科技大学学报（社会科学版）》2020 年第 3 期。

158. 陈雨露、汪昌云：《金融学文献通论·宏观金融卷》，中国人民大学出版社 2006 年版。

159. 马其家主编：《我国场外金融衍生品交易风险监管制度的构建》，知识产权出版社 2016 年版。

160. 熊玉莲：《金融衍生产品投资风险控制法律制度研究》，复旦大学出版社有限公司 2018 年版。

161. 郭锋：《全球金融危机下的中国证券市场法治》，知识产权出版社 2009 年版。

162. 马其家等：《我国场外金融衍生品交易风险监管制度的构建》，知识产权出版社 2016 年版。

163. 唐波等：《金融衍生品市场监管的法律规制——以场外交易为研究重点》，北京大学出版社 2013 年版。

164. 傅小燕：《境外期货经纪机构跨境交易发展带给中国的启示》，载《中国期货》2019 年第 5 期。

165. 沈宗灵主编：《法理学》，北京大学出版社 2000 年版。

166. 《期货交易管理条例》。

167. 《外汇管理条例》。

168. 贾宏伟：《金融跨境监管问题探析》，载《华北金融》2011 年第 2 期。

169. 葛永波、曹婷婷:《我国衍生品市场投资者适当性管理制度体系解读及评价》,载《武汉金融》2019 年第 5 期。

170. 《证券期货投资者适当性管理办法》。

171. 胡天存:《论期货公司业务创新空间》,载《南方金融》2009 年第 9 期。

172. 陆丰、顾元媚、黄思远:《中国期货市场国际化的现状及路径研究》,载《开发性金融研究》2017 年第 2 期。

173. 邱永红:《国际证券双边监管合作与协调研究》,载《经济法论丛》2005 年第 2 期。

174. Marc I Steinberg, " International Securities Law: A Contemporary and Comparative Analysis", *Kluwer Law International*, 1999.

175. 韩洪灵等:《瑞幸事件与中美跨境证券监管合作:回顾与展望》,载《会计之友》2020 年第 9 期。

176. European Commission, *White Paper on Financial Services Polity 2005 - 2010*, at 3, COM (2005) 629 final (Dec. 2005), available at http://ec. europa. eu/internalmarket/finances/docs/white-paper/white-paper. en. pdf.

177. 孙秀娟:《欧盟金融监管改革中的 Lamfalussy 程序》,载《内蒙古财经学院学报》2010 年第 5 期。

178. 吴英霞:《金融监管政策作为司法案件裁判依据的争议与方法论回应》,载《南方金融》2019 年第 11 期。

179. 刘辉:《股指期货与股票现货跨市场交易宏观审慎监管论——以国务院金融稳定发展委员会的设立为背景》,载《江西财经大学学报》2020 年第 1 期。

180. 贾纬:《期货交易风险和运行风险及其相关损失的司法认定》,载《人民司法》2014 年第 14 期。

181. 刘敬东、王路路:《"一带一路"倡议创制国际法的路径研究》,载《学术论坛》2018 年第 6 期。

182. 石光乾:《我国跨境期货交易法制体系研究论纲》,载《海峡法学》2021 年第 3 期。

183. 乔林生:《方星海:期货市场全面开放格局基本形成》,载《期货日报》2023 年 1 月 13 日,第 001 版。

184. 高国华:《新期货法修订将更重视国家金融安全》,载《金融时报》2015 年 12 月 5 日,第 007 版。

185. 赵吟:《金融安全视域下互联网股权众筹监管法律体系构建》,载《江西社会科学》2019 年第 3 期。

186. 安毅、常清:《我国期货市场监管改革与结构调整》,载《经济纵横》2013 年第

10 期。

187. 罗维鹏：《新论期货法律关系及构成》，载《沈阳大学学报（社会科学版）》2013 年第 3 期。

188. 兰晓为：《新加坡合格投资者制度发展路径分析》，载《期货日报》2019 年 11 月 19 日，第 003 版。

189. 潘毅华：《期货交易基本法律关系之创新》，载《中山大学学报论丛》2005 年第 1 期。

190. 吴庆宝：《解读最高人民法院〈关于审理期期货纠纷案件若干问题的规定〉》，载《法律适用》2003 年第 8 期。

191. 宋亚辉：《网络市场规制的三种模式及其适用原理》，载《法学》2018 年第 10 期

192. 王妍、赵杰：《"金融的法律理论"视域下的"穿透式"监管研究》，载《南方金融》2019 年第 5 期。

193. 张迈：《咖啡财务造假，中国证监会可否进行处罚？——且看〈证券法〉域外管辖条款的适用限度》，载北京大学金融法研究中心公众号，https://mp.weixin.qq.com/s/QB-26N7enTsE4zLLoOx5Pg，最后访问时间：2020 年 8 月 10 日。

194. 孙秋鹏：《期货交易所自律监管的有效性研究》，载《首都经济贸易大学学报》2017 年第 3 期。

195. 程丹：《易会满：建立打击跨境证券违法违规行为的执法联盟》，载证券时报网，https://kuaixun.stcn.com/cj/202006/t20200618_2049036.html，最后访问时间：2024 年 8 月 18 日。

196. 高俊、周杨洁：《快评〈期货和衍生品法〉——从合规与跨境监管视角》，载中伦律师事务所官网，https://www.zhonglun.com/research/articles/9046.html，最后访问时间：2025 年 3 月 5 日。

197. ［德］海尔默特·科殷：《法学中的体系思想：历史及其意义》，金可可译，载王洪亮等主编：《中德私法研究（19）：民法体系的融贯性》，北京大学出版社 2021 年版。

198. 付子堂等：《优化法学学科体系 创新发展法学理论研究体系》，载《西南政法大学学报》2023 年第 2 期。

199. 张晓君：《切实加强新时代区域国别法治人才的培养》，载《西南政法大学学报》2023 年第 2 期。

200. 国家开发银行编著：《"一带一路"国家法律风险报告（上）》，法律出版社 2016 年版。

201. 姜洋等：《期货市场国际化》，中信出版集团股份有限公司 2020 年版。

202. 董彪：《金融衍生品风险与责任配置的法律分析——以"原油宝"事件为例》，载

《南方金融》2020 年第 9 期。

203. 白默、牛越、王栋：《基于风险管理视角对中行"原油宝"事件的分析》，载《天津大学学报（社会科学版）》2021 年第 4 期。

204. 《国资委关于切实加强金融衍生业务管理有关事项的通知》。

205. 《合格境内机构投资者（QDII）投资额度审批情况表（截至 2023 年 8 月 31 日）》，载国家外汇管理局官网，http：//www. safe. gov. cn/safe/2018/0425/16849. html？ eqid = c2abd1000003de7a00000006645366c9，最后访问时间：2025 年 4 月 15 日。

206. 国家外汇管理局：《2025 年全国外汇管理工作会议在京召开》，载国家外汇管理局官网，http：//www. safe. gov. cn/safe/2025/0104/25618. html，最后访问时间：2025 年 3 月 5 日。

207. 钱玉文：《金融消费者保护法的立法逻辑及规范表达》，载《现代法学》2024 年第 3 期。

208. 沈道萍：《域外金融消费者法律保护概览》，载云南网，https：//fazhi. yunnan. cn/system/2024/03/15/032975699. shtml，最后访问时间：2025 年 4 月 15 日。

209. 邢会强：《论金融法的制定》，载《中国法学》2025 年第 2 期。

210. 刘少军：《"金融监督管理法"核心内容的基本构想》，载《贵州大学学报》（社科版）2024 年第 4 期。

211. 唐波：《国际化背景下中国衍生品市场法律问题研究》，法律出版社 2017 年版。

212. BetsiBeem, John Mikler, "National Regulations for a Bordeless Industry：US Versus UK Approaches to Online Gambling", *Policy and Society*, 30 （2011）.

213. 王越：《推进期货市场高质量发展 助力金融强国建设》，载中国金融新闻网，https：//www. financialnews. com. cn/2024－12/16/content_ 414574. html，最后访问时间：2025 年 4 月 25 日。

214. 许盈：《借力衍生品业务扩表 券商跨境业务存续规模破万亿》，载《证券时报》2024 年 1 月 30 日，第 A03 版。

215. CFTC Enforcement Action No. 18－13 （2018），https：//www. cftc. gov，最后访问时间：2025 年 4 月 26 日。

216. 《衍生品交易监督管理办法（征求意见稿）》，中国证监会 2023 年 3 月 17 日发布。

217. 霍政欣：《我国法域外适用体系之构建——以统筹推进国内法治和涉外法治为视域》，载《中国法律评论》2022 年第 1 期。

218. 刘旭：《关于完善我国金融法律域外适用体系的思考》，载《中国外汇》2021 年 Z1 期。

219. 杜涛:《期货市场开放需完善域外监管立法与执法》,载《检察风云》2020 年第 22 期。

220. IOSCO, *Principles for the Regulation of Cross-Border OTC Derivatives Activities*, 2023.

221. 陈洁:《我国金融法的立法逻辑与体系生成》,载《北京大学学报(哲学社会科学版)》2025 年第 2 期。

222.《证券法》。

223.《保险法》。

224. T. C. Pearson, "When Hedge Funds Betray a Creditor Committee's Fiduciary Role: New Twists on Insider Trading in the International Financial Markets", *Review of Banking and Financial Law*, 28 (2007).

225. 高承志、兰晓为:《境外期货市场跨境监管比较研究》,载中国期货业协会官网,http://www.cfachina.org//servicesupport/researchandpublishin/publication/chinafutures/2018/zgqh2018_ 3_ 63/201807/P020210303370350535563. pdf,最后访问时间:2025 年 3 月 10 日。

226. 常健:《论"穿透式"监管与我国金融监管的制度变革》,载《华中科技大学学报(社会科学版)》2019 年第 1 期。

227.《中国人民银行、中国银行保险监督管理委员会、中国证券监督管理委员会、国家外汇管理局关于规范金融机构资产管理业务的指导意见》。

228.《证券期货经营机构私募资产管理计划运作管理规定》。

229. 钟维:《期货立法要解决四个瓶颈问题》,载《经济参考报》2020 年 6 月 2 日,第 A08 版。

230.《期货交易所管理办法》。

231. 苟文均:《穿透式监管与资产管理》,载《中国金融》2017 年第 8 期。

232. 郭艳芳:《论"穿透式"监管原则在私募基金监管中的适用》,载《证券市场导报》2018 年第 12 期。

233. BIS, *OTC derivatives statistics at end-June 2022*, Basel: Bank for International Settlements, 2022.

234. HKEX, *Annual Report 2021-2022*, Hong Kong: Hong Kong Exchanges and Clearing Limited, 2022.

235. 中国人民银行:《金融科技发展规划(2022-2025 年)》,中国人民银行 2021 年发布。

236. SGX, *Derivatives Market Report Q4 2022*, Singapore: Singapore Exchange, 2023.

237. ESMA, *EMIR Implementation Report*, Paris: European Securities and Markets Authority, 2022.

238. CME Group, *Risk Management Handbook*, Chicago：CME Group Inc., 2021.

239. City of London LawSociety, *Cross-border Derivatives Dispute Resolution*, London：CLLS, 2020.

240. ESMA, *Data Standards for Derivative Reporting*, Paris：ESMA, 2021.

241. 王炜炫：《数据法视角下期货跨境监管的现实困境与制度抉择》，载《金融与经济》2023 年第 7 期。

242. Refinitiv, *DataScope Product Overview*, London：Refinitiv, 2023.

243. Bloomberg LP, *AI in Financial Research Report*, New York：Bloomberg, 2022.

244. 盛甫斌、刘晓冰：《区块链技术在跨境贸易场景中的应用》，载《企业管理》2021 年第 1 期。

245. HKMA, *Fintech Supervisory Sandbox Report*, Hong Kong：HKMA, 2023.

246. 《习近平主持召开中央全面依法治国委员会第二次会议强调 完善法治建设规划提高立法工作质量效率 为推进改革发展稳定工作营造良好法治环境》，载《人民日报》2019 年 2 月 26 日，第 001 版。

247. 周雪梅：《中国期货市场的路径依赖与轨迹创新》，载《中国证券期货》2019 年第 5 期。

248. 应松年主编：《当代中国行政法》，人民出版社 2018 年版。